Gerfried Tatzl

# Praktische Anwendungen mit dem PC-1500A

# Anwendungen von Mikrocomputern

**Digitale Regelung mit Mikroprozessoren**
von Norbert Hoffmann

**Wahrscheinlichkeitsrechnung, Statistik**
von Dietmar Herrmann

**Mathematische Routinen VC-20 (Elektrotechnik/Elektronik)**
von Ernst-Friedrich Reinking

**Numerische Mathematik**
von Dietmar Herrmann

**Video-Textverarbeitung (TI-99/4A und VC-20)**
von Arnim und Ingeborg Tölke

**Steuerberechnung mit dem Epson HX-20**
von Werner Grajewski und Eduard Sacktje

**Getriebelehre mit dem Mikrocomputer (SHARP PC-1500A)**
von Hans Bürde

**Dienstprogramme für VC-20, Commodore 64 und Executive SX 64**
von Ernst-Friedrich Reinking

**Musik mit dem TI-99/4A**
von Eugen Gehrer

**Spaß mit Algorithmen**
von Johann Weilharter

**Praktische Anwendungen mit dem PC-1500A**
von Gerfried Tatzl

**Vieweg**

Gerfried Tatzl

# Praktische Anwendungen mit dem PC-1500 A

30 BASIC-Programme

Herausgegeben von Harald Schumny

Springer Fachmedien Wiesbaden GmbH

ISBN 978-3-528-04309-4     ISBN 978-3-663-13979-9 (eBook)
DOI 10.1007/978-3-663-13979-9

1984



Umschlaggestaltung: Peter Lenz, Wiesbaden
Satz: Vieweg, Braunschweig

# Inhaltsverzeichnis

Die den jeweiligen Programmen vorangestellten Buchstaben bezeichnen den Programmnamen und die in Klammern gesetzten Zahlen den Speicherbedarf des Programms in Speicherstellen (Byte).

# Vorwort

Die auf das Rechnermodell PC-1500[1] abgestimmten Programme stützen sich auf eine Vielzahl in der Praxis bewährter Problemlösungen. In der Sammlung wird nicht vergessen, daß es gerade das Spiel ist, das den Menschen besonders fasziniert. Mit einem Spiel läßt sich darüberhinaus auch nahezu problemlos in die elektronische Datenverarbeitung eindringen, und es sollte auch das Spiel sein, das uns ja die Grundbegriffe der genannten Materie Stück für Stück näherbringt.

Die Programme sind sorgsam erstellt und genau geprüft. Sie sind auf die dem PC-1500 eigene BASIC-Version abgestimmt, lassen sich aber unter Beachtung besonderer Vorkehrungen auch auf anderen, ähnlich gebauten Rechnermodellen verwenden. Das Bedeutsame an den hier vorgestellten Problemlösungen ist die Tatsache, daß die Programme allein für sich genutzt werden können; das ist ja schließlich der Sinn der Sache. Sie können aber auch als Teile in umfangreichere Problemlösungen eingebaut werden, in denen dabei einige leicht durchführbare Programmanpassungen vorgenommen werden müssen.

In diesem Zusammenhang darf der Fa. Sharp, Hamburg aufrichtiger Dank für die Unterstützung ausgesprochen werden; ohne diese hätte die Erstellung praxisbezogener Anwendungsprogramme nicht durchgeführt werden können. Diese Programmsammlung liefert auch den Nachweis, daß ein Taschencomputer nicht allein als Heimcomputer, sondern auch in der Tagespraxis der Wirtschaft eingesetzt werden kann. Ob es sich dabei um kaufmännische Probleme (z.B. Zinsenrückrechnung), Energieprobleme (z.B. Wärmerechnungen), allgemeine technische Probleme (z.B. Erstellung eines Auszugs für Bewehrungsstahl für Stahlbetonbauteile) oder Probleme von Produktionsbetrieben (Zeitaufnahmen vor Ort und deren Auswertung im Büro in einem) handelt, spielt dabei keine Rolle.

Die vorliegende Sammlung gliedert sich in die drei Gruppen:

- Basisprogramme,
- Spiel und Hobby und
- Praktische Anwendungen.

Sollte sich trotz sorgsamer Prüfung ein Fehler eingeschlichen haben, danken Verlag und Autor im vorhinein für eine Benachrichtigung und für das entgegengebrachte Verständnis.


Graz, im September 1984                                         *Gerfried Tatzl*

---

[1] Alle Aussagen, die sich auf den PC-1500 beziehen, gelten natürlich auch für den baugleichen Taschencomputer PC-1500A, der mehr Speicherkapazität hat.

# Einleitung

Voraussetzung für die Programmausführung ist die Beherrschung der wesentlichsten Funktionen des PC-1500, im besonderen das Einspeichern von Programmen und womöglich auch deren Aufzeichnung und Wiedereinlesen unter Verwendung eines Kassettenrecorders. Programmierkenntnisse müssen erst dann dazukommen, wenn es um individuelle Programmadaptierungen oder den Einbau eines dieser Programme in eine umfangreichere Problemlösung geht. Vergessen Sie dabei auch nicht, daß dieses Rechnermodell den gleichzeitigen Aufenthalt von mehr als einem Programm im Speicher ermöglicht. Sie sollten daher Ihren PC-1500 auch von vornherein mit dem 8 Kbyte RAM-Speichermodul ausrüsten oder den neuen PC-1500 A mit größerer Speicherkapazität verwenden. Aber auch von der Seite der Datenspeicher wird zumindest in dem Fall der Lösung linearer Gleichungssysteme Wert auf ein großes Speichervermögen gelegt, um möglichst viele Gleichungen in einem lösen zu können.

Die in dieser Sammlung präsentierten Lösungen weisen folgende Gemeinsamkeiten auf:

- Die meisten Programme können sowohl mit, als auch ohne Drucker betrieben werden.
- Die Programme werden im TEXT-Modus mit Schriftgröße 2 und der Druckfarbe schwarz betrieben; Ausnahmen davon sind in den Programmbeschreibungen angegeben.

Die Programmpräsentation gliedert sich in folgende Teile:

- Programmbeschreibung, die im Bedarfsfall durch Skizzen und Flußdiagramme unterstützt wird, wo dies zum besseren Verständnis der Problemstellung erforderlich scheint.
- Programmlisting (Kopie des Originalausdrucks).
- Bedienungsanleitung mit Aufzählung sämtlicher Verarbeitungsvarianten.
- Testbeispiel; in den Fällen, in denen es aus Gründen vielfältiger Programmanwendungsmöglichkeiten sinnvoll ist, werden mehrere Beispielausdrucke vorgestellt.

In allen Fällen wird der Anwender mit Hilfe einer dialoggesteuerten Verarbeitung durch ein Programm geführt. Gleichgültig, ob mit oder ohne Drucker gearbeitet wird, erfolgt in allen Fällen im Programmvorlauf die Ausgabe einer kurzen Verarbeitungsanleitung, so daß die Bedienungsanleitung nur im Sonderfall herangezogen werden muß.

Auf diese Weise scheint die optimale Nutzung aller Programme am besten gewährleistet. Die Sammlung gibt dem fortgeschrittenen Anwender sehr viele Hinweise für individuelle Anpassungen und Gestaltungen seiner eigenen Probleme.

Das Wesentliche an dieser Sammlung ist auch deren Absicht, dem Benutzer aufzuzeigen, daß es im allgemeinen wenig sinnvoll ist, die Programme kritiklos und unbesehen nachzuvollziehen. Sie dienen nicht allein als wertvolle Arbeitshilfe, sondern bereichern auch den sinnvollen Zeitvertreib und dienen als Anregung zu eigenem kreativen Tun.

# Hinweise zur Eingabe und Verwendung der Programme

An den Beginn der Programmpräsentation sind noch einige wichtige Bemerkungen zu stellen:

### Programmeingabe

Da der Rechner PC-1500/1500 A einen BASIC-Interpreter aufweist, der im Gegensatz zu anderen BASIC-Versionen die Unterbringung von mehr als einer Anweisung in einer Programmzeile bis zur Ausschöpfung der 80 Zeichen umfassenden Kapazität gestattet, wird auch in unseren Programmen fallweise bis an diese Grenzkapazität herangegangen. Im allgemeinen besetzt jedes verwendete Zeichen eine Speicherstelle (Byte) einer Zeile; Ausnahmen hiervon bilden die BASIC-Steueranweisungen GOTO, GOSUB, PRINT, LPRINT, etc. und die BASIC-Kommandos CLEAR, CSIZE, COLOR, etc.. Anläßlich einer Programmzeileneingabe kann der Rechner den Sinn einer Tastenbetätigung noch nicht erkennen. Erst bei der Einspeicherung einer eingetasteten Programmzeile mit Betätigung der Taste (ENTER) erfolgt eine entsprechende Speicherzuordnung, in der nicht verwendete Speicherstellen wieder frei gegeben werden.

Bei Eingabe längerer Zeilen ist daher die Einspeicherung mit (ENTER) bei Anzeige der ausgeschöpften Zeilenkapazität — allenfalls auch schon früher — vorzunehmen und der Rest der Zeile im Wege einer fiktiven Programmänderung dazuzuspeichern.

### Parallelbetrieb

Die Verwendung von mehr als einem Programm, d.h. das gleichzeitige Vorhandensein von mehr als einem Programm im Rechner — bekanntlich vom Band mit dem Systembefehl MERGE durchzuführen — ist nicht allein von dem für den Datenbereich erforderlichen Speichervorrat zu betrachten, sondern bedingt die Beachtung einer weiteren wichtigen Voraussetzung:

Bei Parallelbetrieb dürfen die mit (DEF) A, (DEF) S, etc. gekennzeichneten Programmstarts *nicht* verwendet werden. In solchen Fällen ist das Listing abzusuchen und die Zeilennummer festzustellen, in der eine Programmzeile mit der betreffenden Marke eingeleitet ist. Zeile 15Ø beginne beispielsweise mit „A"; der damit gekennzeichnete Programmzweig ist daher nicht mit (DEF) A sondern mit RUN 15Ø zu starten.

# 1 Basisprogramme

Die in dieser Programmsammlung vorgenommene Teilung in drei Bereiche ist mehr oder minder willkürlich. Genau genommen sind alle Problemlösungen zur Bewältigung verschiedener praktischer Aufgabenstellungen einzusetzen. Einleitend zu den Programmbeschreibungen werden Anwendungshinweise angesprochen.

## 1.1 Primzahlenerzeugung

In verschiedenen Anwendungen ist es denkbar, daß Primzahlen entweder in einer Verarbeitung zu berücksichtigen sind oder von dieser ausgeschlossen bleiben müssen. Mit Hilfe dieses Programms können Primzahlen herausgefiltert werden.

Primzahlen sind bekanntlich Zahlen, die nur durch die Zahl 1 oder sich selbst ganzzahlig teilbar sind. Sie können mathematischen Handbüchern oder Tabellenwerken entnommen werden. In einer praktischen Anwendung ist mitunter davon auszugehen, daß nur Primzahlen herausgefiltert werden müssen, die zwischen zwei Grenzwerten einschließlich derselben liegen. Mit diesem Programm können die zwischen zwei Grenzwerten gelegenen Primzahlen bestimmt werden.

Der größte Teiler einer Zahl Z kann nur $\sqrt{Z}$ sein, da $\sqrt{Z} \cdot \sqrt{Z}$ gleich Z ist. Eine Primzahl liegt dann vor, wenn dieser größte Teiler erreicht ist und zuvor keine ganzzahlige Teilbarkeit gegeben war. Als Teiler sind außer der Zahl 2 nur die ungeraden Zahlen anzusetzen, da in jeder von 2 verschiedenen geraden Zahl ja wieder die Zahl 2 enthalten ist! Eine Teilbarkeit ist dann gegeben, wenn der Quotient eine ganze Zahl ist, d.h. wenn der Dezimalteil des Quotienten den Wert 0 annimmt.

Bei größeren Zahlenbereichen sind länger dauernde Verarbeitungen zu erwarten. Die Grenzwerte selbst müssen zwischen einschließlich 2 und 9999999999 liegen. Werden keine Grenzwerte beim Programmstart eingegeben, wählt der Rechner die genannten maximal möglichen Werte als Grenzwerte für die laufende Verarbeitung. Bei der Eingabe ist auch darauf zu achten, daß der obere Grenzwert größer als der untere Grenzwert ist. Die Primzahlenerzeugung kann mit oder ohne Drucker vorgenommen werden.

**Speicherbelegung**

A — unterer Grenzwert
B — oberer Grenzwert
D — Teiler
H — Zahl
K — Verarbeitungskennzeichen

**Flußdiagramm**

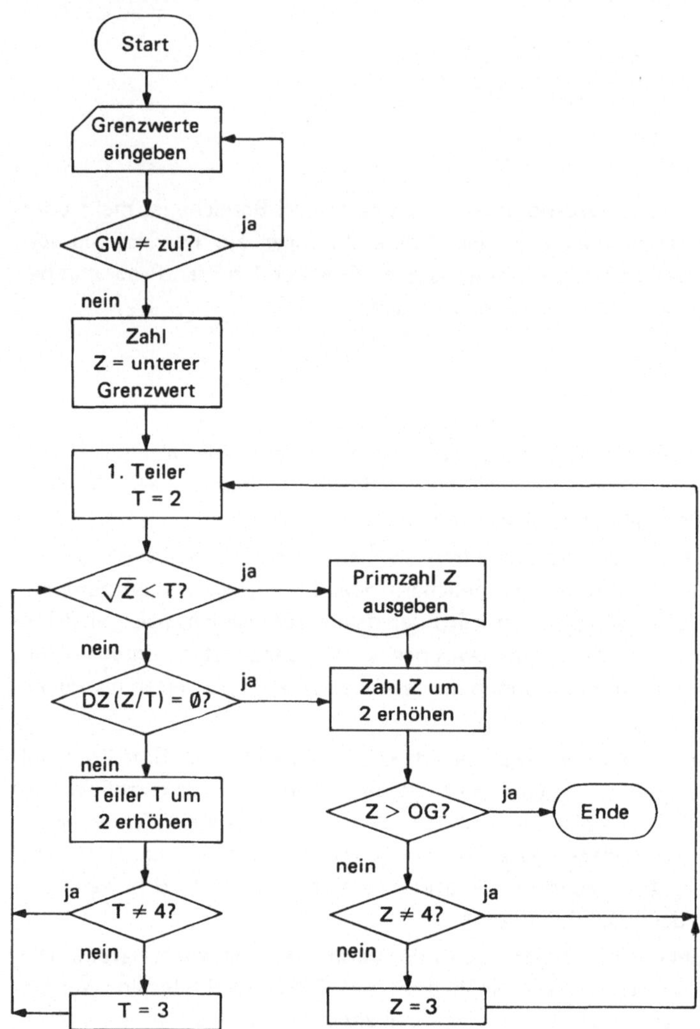

```
10: "PRIM":CLEAR :
    S$="Primzahlen
    ":T$="-Erzeugu
    ng"
20: K=1:INPUT "Anz
    eige 1/Druck 2
    (ENTER)";K
30: IF (K<1)OR (K>
    2)OR (K-INT K<
    >0)THEN 20
40: IF K=1PRINT S$
    ;T$:GOTO 60
50: LPRINT :CSIZE
    2:COLOR 0:
    GOSUB 240:
    LPRINT "     ";
    S$:LPRINT "
    ";T$:GOSUB 24
    0
60: A=2:B=1E10-1
70: INPUT "Unterer
    Grenzwert=";A

80: IF (A<=1)OR (A
    -INT A<>0)OR (
    INT LOG A>9)
    THEN 70
90: INPUT "Oberer
    Grenzwert=";B
100:IF (B<=1)OR (B
    -INT B<>0)OR (
    INT LOG B>9)OR
    (B<A)THEN 90
110:H=A:I=0:IF K=1
    PRINT "Primzah
    len zwischen":
    PRINT A;" und"
    ;B:GOTO 130
120:USING "#######
    ####":LPRINT :
    LPRINT "Primza
    hlen":LPRINT "
    zw.      ";A:
    LPRINT "und
    ";B:GOSUB 250
130:D=0

140:D=D+2:IF D=4
    LET D=3
150:IF √H<DLET I=H
    :GOTO 220
160:IF H/D-INT (H/
    D)THEN 140
170:H=H+1
180:IF ILET H=H+1:
    IF H=4LET H=3
190:IF H<=BTHEN 13
    0
200:IF K=1END
210:USING :LF 4:
    COLOR 0:END
220:IF K=1PRINT H:
    GOTO 170
230:COLOR 3:LPRINT
    H:GOTO 170
240:LPRINT "*****
    ************":
    RETURN
250:LPRINT "------
    ------------";
    RETURN
```

**Programmlisting 1.1** Primzahlenerzeugung


**Bedienungsanleitung**

1. Programm mit RUN (ENTER) oder RUN "PRIM" (ENTER) starten.

2. Beim Hinweis "Anzeige 1/Druck 2 (ENTER) _" Betriebsart wählen:

    2.1. Anzeige: 1 (ENTER) oder nur (ENTER) drücken und bei Punkt 3 fortsetzen.

    2.2. Druck: 2 (ENTER) drücken und bei Punkt 7 fortsetzen.

    Unzulässige Eingaben führen zum Verbleiben der Anzeige.

3. Kontrollanzeige "Primzahlen-Erzeugung" mit (ENTER) löschen.

4. Bei Anzeige "Unterer Grenzwert = _" unteren Grenzwert eintasten und (ENTER) drücken. Es werden nur ganze, zwischen 2 und 9999999999 gelegene Zahlen angenommen. Unzulässige Eingaben führen zur genannten Anzeige zurück. Die Betätigung von (ENTER) ohne vorangehende Zahleneingabe bewirkt die Anwahl der Zahl 2 als unteren Grenzwert.

5. Bei Anzeige "Oberer Grenzwert = _" oberen Grenzwert eintasten und (ENTER) drücken. Zu den zuvor genannten Beschränkungen muß auch noch die Bedingung, daß der obere Grenzwert größer als der untere sein muß, erfüllt sein. Die Betätigung von (ENTER) ohne vorangehende Zahleneingabe bedingt die Anwahl der Zahl 9999999999 als oberen Grenzwert.

6. Die Anzeigen "Primzahlen zwischen" sowie "unterer Grenzwert bis oberer Grenzwert" jeweils mit (ENTER) löschen. Die einzelnen Primzahlen sind nun mit der Betätigung der (ENTER)-Taste abzurufen. Die Zahl gilt als angezeigt, wenn der Verarbeitungshinweis "BUSY" in der Anzeige oben links verlöscht. Nach Anzeige der letzten Primzahl verlöscht die Anzeige bis auf das Bereitschaftssymbol.

7.  Beim Ausdruck wird ein einleitender Text ausgegeben, die Grenzwerte sind dann
    analog zu den Punkten 4 und 5 einzuspeichern, worauf die Eingabedokumentation
    und Ergebnisausgabe, letztere mit roten Zahlen, folgt. Die Verarbeitung ist mit
    einem mehrfachen Zeilenvorschub zum bequemen Abtrennen des Druckstreifens und
    dem Verlöschen der Anzeige sowie der Anzeige des Bereitschaftssymbols beendet.

8.  Weitere Verarbeitungen sind ab Punkt 1 aufzunehmen.

*Achtung:* Wurden in den Punkten 4 oder 5 unzulässige Eingaben vorgenommen, ist die
Betätigung von (ENTER) ohne vorangehende Zahleneingabe bei der Wiederholung einer
unzulässigen Eingabe gleichzusetzen.

Die drei Ausdruckbeispiele sind klar und deutlich und bedürfen keines weiteren zusätzlichen Kommentars.

```
****************          ****************          ****************
   Primzahlen               Primzahlen               Primzahlen
  -Erzeugung                -Erzeugung                -Erzeugung
****************          ****************          ****************

Primzahlen               Primzahlen               Primzahlen
zw.           2          zw.         175          zw.        1085
und          29          und         232          und        1152
-----------------        -----------------        -----------------
              2                      179                     1087
              3                      181                     1091
              5                      191                     1093
              7                      193                     1097
             11                      197                     1103
             13                      199                     1109
             17                      211                     1117
             19                      223                     1123
             23                      227                     1129
             29                      229                     1151
```

**Beispiele zu 1.1** Primzahlenerzeugung


## 1.2 Primfaktorenzerlegung

Die Zerlegung einer Zahl in Primfaktoren kann für verschiedene Problemlösungen erforderlich sein; so auch für die Bestimmung des kleinsten gemeinsamen Vielfachen oder des
größten gemeinsamen Teilers von zwei oder mehreren Zahlen; allerdings ist der Ermittlung dieser beiden Werte ein eigenes Programm gewidmet.

Das Zerlegen einer Zahl in Primfaktoren beruht auf dem Abspalten einer Primzahl aus
dem jeweiligen Zahlenrest (ganzzahliger Quotient aus dem letzten ganzzahligen Quotient
geteilt durch die aktuelle Primzahl). Damit eine Primzahl im jeweiligen Restquotienten
als enthalten gilt, muß der neue Quotientenrest eine ganze Zahl sein.

Auch hier muß der Ausgangswert einer Verarbeitung eine ganze zwischen einschließlich 2
und 9999999999 gelegene Zahl sein. Eine Primzahl ist eine Zahl, die nur durch 1 und
sich selbst ganzzahlig geteilt werden kann. Der größtmögliche Teiler einer Zahl ist dessen

Wurzel. Eine Zahl ist dann als Primzahl anzusprechen, wenn der Teiler den Wurzelwert erreicht hat und bis zu diesem Zeitpunkt eine ganzzahlige Teilbarkeit des Quotientenrests geteilt durch den Teiler nicht gegeben ist. Der Teiler ist dann die Primzahl. Die Verarbeitung ist wahlweise mit oder ohne Drucker möglich.

**Flußdiagramm**

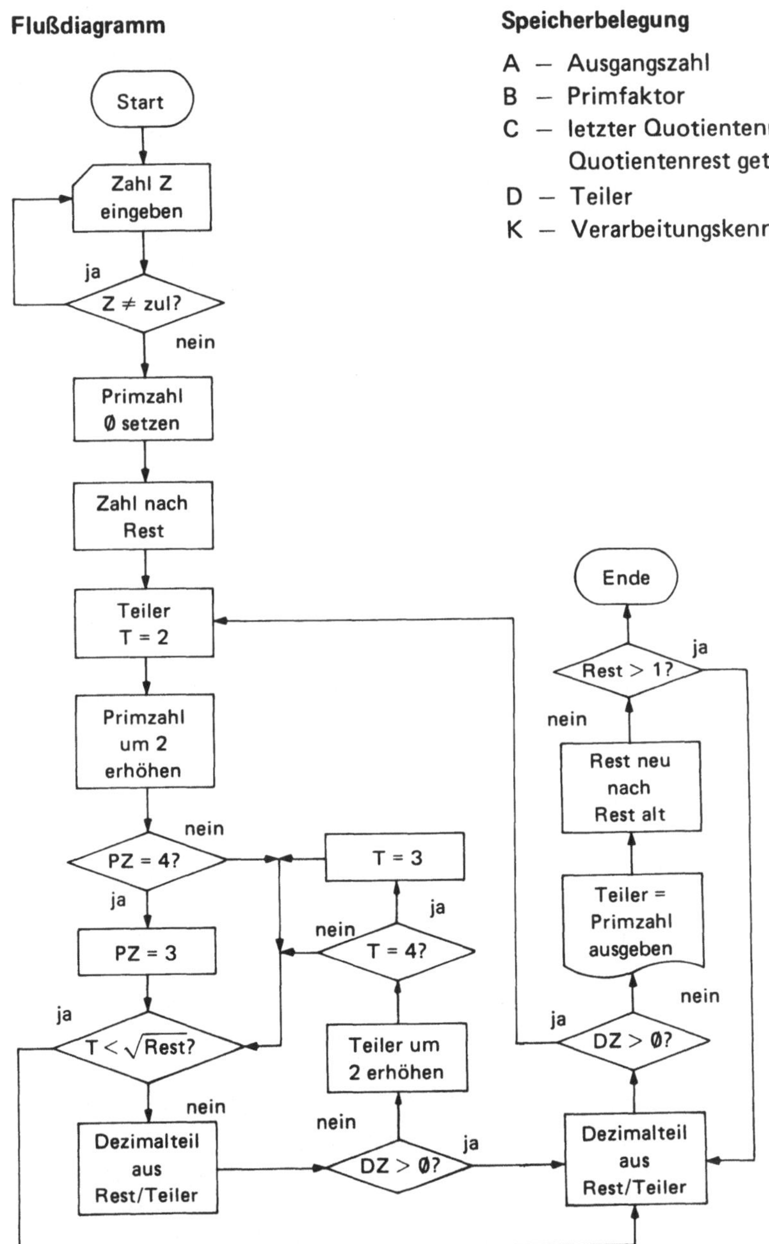


**Speicherbelegung**

A — Ausgangszahl
B — Primfaktor
C — letzter Quotientenrest aus vorletztem Quotientenrest geteilt durch Primfaktor
D — Teiler
K — Verarbeitungskennzeichnung

```
10: "PFAK":CLEAR :          70:B=0:C=A: IF (A<          130:D=D+2: IF D=4
    S$="Primfaktor             2)OR (INT LOG               LET D=3
    en":T$="-Zerle             A>9)OR (A-INT         140:GOTO 110
    gung"                      A<>0)THEN 60          150: IF C/B-INT (C/
20:K=1: INPUT "Anz         80: IF K=1PRINT "Z             B)THEN 100
    eige 1/Druck 2             = ";A:PRINT S        160:C=C/B
    (ENTER)";K                 $:GOTO 100           170: IF K=1PRINT "P
30: IF (K<1)OR (K>         90:USING "#######            rimzahl = ";B:
    2)OR (K-INT K<            ####":LPRINT :             GOTO 190
    >0)THEN 20                LPRINT "Z =           180:LPRINT B
40: IF K=1PRINT S$            ";A:GOSUB 230         190: IF C>1THEN 150
    ;T$:GOTO 60               :LPRINT S$;":"        200: IF K=1THEN 60
50:LPRINT :CSIZE             :COLOR 3              210:USING :COLOR 0
    2:COLOR 0:            100:D=2:B=B+2: IF B           :LF 4:GOTO 60
    GOSUB 220:               =4LET B=3             220:LPRINT "*****
    LPRINT "    ";S       110: IF D<JCTHEN 15           ***********":
    $:LPRINT "                0                         RETURN
    ";T$:GOSUB 220       120: IF C/D-INT (C/       230:LPRINT "------
60: INPUT "Zahl =            D)THEN 150               ------------";
    ";A: IF A=0THEN                                     RETURN
    60
```

**Programmlisting 1.2** Primzahlenzerlegung


## Bedienungsanleitung

1.  Programm mit RUN (ENTER) oder RUN "PFAK" (ENTER) starten.

2.  Beim Hinweis "Anzeige 1/Druck 2 (ENTER)_" Betriebsart wählen:

    2.1.  Anzeige: 1 (ENTER) oder nur (ENTER) drücken und bei Punkt 3 fortsetzen.
    2.2.  Druck: 2 (ENTER) drücken und bei Punkt 7 fortsetzen.

    Unzulässige Eingaben führen zum Verbleiben der beschriebenen Anzeige und somit zur Anwahlwiederholung.

3.  Kontrollanzeige "Primfaktoren-Zerlegung" mit (ENTER) löschen.

4.  Bei Anzeige "Zahl =_" über die weitere Fortsetzung entscheiden:

    4.1.  Neue Zahl eingeben: Ganze zwischen einschließlich 2 und 9999999999 gelegene Zahl eintasten und (ENTER) drücken. Unzulässige Eingaben führen zur genannten Anzeige zurück.
    4.2.  Letzte Zahl wiederholen: (ENTER) ohne vorangehende Zahleneingabe drücken. Von Punkt 1 kommend führt dieser Vorgang zum Fehlerhinweis "ERROR 39 IN 70". Diese Anzeige ist mit (CL) zu löschen und die Verarbeitung bei Punkt 1 neu zu starten.
    4.3.  Verarbeitung abbrechen: In diesem Fall die Tasten (BREAK) bzw. (ON) und (CL) betätigen; die Anzeige verlöscht bis auf das Bereitschaftssymbol.

5.  Kontrollanzeige "Z = NNN" (NNN = eingegebene Zahl) mit (ENTER) löschen.

6.  Anzeige "Primfaktoren" mit (ENTER) löschen und ersten Primfaktor abrufen. Alle weiteren Faktoren ebenfalls mit (ENTER) abrufen. Ein Abruf gilt als getätigt, wenn der Betriebshinweis "BUSY" in der Anzeige links oben verlöscht. Dies muß unbedingt bei Betrieb über die Anzeige beachtet werden, weil ein und derselbe Faktor

mehrmals auftreten kann. Nach Anzeige des letzten Primfaktors wird automatisch
zurück zu Punkt 4 gegangen.

7. Nach Ausdruck eines die Verarbeitung einleitenden Texthinweises wird eine Ausgangszahl analog zu Punkt 4 eingetastet und die Eingabe mit (ENTER) abgeschlossen.
Nach einer Eingabedokumentation werden die Primfaktoren rot ausgedruckt und
darauf wird automatisch bei Punkt 4 fortgesetzt.

Die Verarbeitung des dritten Testbeispiels nimmt geraume Zeit in Anspruch.

```
*****************              Z =              256       Z =        9680521139
    Primfaktoren             ------------------------     ------------------------
     -Zerlegung              Primfaktoren:               Primfaktoren:
*****************                              2                             97
                                              2                            439
Z =              30                           3                            463
------------------------                      3                            491
Primfaktoren:                                 3
                 2                            7
                 3
                 5
```

**Beispiele zu 1.2** Primzahlenzerlegung


## 1.3  Kleinstes gemeinsames Vielfaches − größter gemeinsamer Teiler

Auf derartige Aufgaben stoßen wir sehr oft im praktischen Leben, ohne daß wir uns
dieses Umstands bewußt werden. Wenn wir beispielsweise mit Rohmaterial sorgsam um-
gehen müssen, kommt es darauf an, dieses mit geringstmöglichem Verlust zu verarbeiten.
Die Berechnung des kleinsten gemeinsamen Vielfachen (kgV) bzw. des größten gemeinsamen Teilers (ggT) bieten uns für solche Fälle geeignete rechentechnischen Grundlagen
zur Lösung derartiger Probleme.

Das Verfahren unter Zuhilfenahme der Zerlegung einer Zahl in Primfaktoren scheint uns
für die Lösung der vorliegenden Problemstellung zwar möglich; es ist aber zu umständlich,
und so bedienen wir uns der weniger aufwendigen Methode des *Euklidschen Algorithmus*.
Wir werden die einzuschlagende Vorgangsweise für die Berechnung des ggT Schritt für
Schritt an den beiden Ausgangszahlen 12 und 18 erläutern:


**Berechnung des ggT**

1. Schritt: $18 \div 12 = 1,5$      Division beider Zahlen
2. Schritt: INT $(1,5) = 1$      ganzzahligen Quotienten bilden
3. Schritt: $1 \cdot 12 = 12$      Quotient mal Divisor
4. Schritt: $18 - 12 = 6$      Restbildung; da ungleich $\emptyset$, neue vier Schritte:
5. Schritt: $12 \div 6 = 2$      Divisor durch Rest teilen
6. Schritt: INT $(2) = 2$      ganzzahligen Quotienten bilden
7. Schritt: $2 \cdot 6 = 12$      Quotient mal neuer Divisor
8. Schritt: $12 - 12 = \emptyset$      Rest $\emptyset$; ggT mit letztem Rest $\neq \emptyset$ gefunden.

Nachdem der zweite Rest zu Null geworden ist, hat sich der ggT mit dem letzten Rest, hier 6, gefunden. Zum Beweis, daß auch ein Vertauschen der beiden Ausgangswerte am Ergebnis nichts ändern kann, sei der erste Teil der um einen Zyklus längeren zweiten Berechnung kommentarlos angeführt:

1. Schritt: $12 \div 18$ = $\emptyset,6$
2. Schritt: INT $(\emptyset,6)$ = $\emptyset$
3. Schritt: $\emptyset \cdot 18$ = $\emptyset$
4. Schritt: $12 - \emptyset$ = $12$ .

Die Schritte 5–12 gleichen den Schritten 1–8 des zuvor beschriebenen Berechnungsbeispiels. Hier hat der erste Zyklus nur die Umkehrung der beiden Ausgangswerte bewirkt. Die beiden Ausgangswerte können also in beliebiger Reihenfolge eingegeben werden.

**Berechnung der kgV**

An sich könnte in ähnlicher Weise wie zuvor beschrieben bei der Berechnung des kgV vorgegangen werden. Auch wenn die Rechenmethode recht kurz ist, bedienen wir uns eines wesentlich einfacheren Lösungsweges. Wir wissen, daß folgende Beziehung gilt:

$$A \cdot B = kgV \cdot ggT.$$

Nachdem sich nun der eine wie auch der zweite Wert aus der obigen Formel, in der A und B die beiden Ausgangswerte darstellen, berechnen läßt, ergibt sich für das kgV folgende Berechnungsformel:

$$kgV = \frac{A \cdot B}{ggT} \; .$$

Das kgV aus 12 und 18 errechnet sich somit zu 36.

Prüfen Sie selbst durch Zerlegung der Ausgangswerte in Primfaktoren von Hand dieses Ergebnis oder zerlegen Sie die beiden Werte mit dem Programm 1.1. Durch die vorliegende Problembeschreibung erübrigt sich hier auch die Präsentation eines Flußdiagramms.

**Speicherbelegung**

A — Ausgangszahl 1
B — Ausgangszahl 2
C — Berechnungskennzeichen (kgV oder ggT)
D — Dividend
E — Divisor
K — Verarbeitungskennzeichen (Anzeige oder Druck)
Z — Kennzeichnung (Einzel- oder Sammelberechnung)

Auch dieses Programm kann mit oder ohne Drucker gefahren werden.

```
10: "KVGT":CLEAR :          LPRINT V$:              180: "K":C=0
    S$="kgV -- ggT          LPRINT W$:              190: E=B:D=A
    "                       LPRINT X$:              200: F=D-E*(INT (D/
20: K=1: INPUT "Anz         LPRINT Y$:LF 3               E)):D=E:E=F: IF
    eige 1/Druck 2      80: "Z":A=0:B=0                  ETHEN 200
    (ENTER)";K          90: "A": INPUT "Zah         210: IF CTHEN 240
30: IF (K<1)OR (K>          l 1 = ";A              220: D=A*B/D:IF K=1
    2)OR (K-INT K<     100: IF (A<=0)OR (A              PRINT "kgV = "
    >0)THEN 20              >=1E10)OR (A-               ;D:GOTO 280
40: T$="(DEF)A-Zah          INT A<>0)THEN          230: USING "######
    l 1":U$="(DEF)          90                          ####":LPRINT "
    S-Zahl 2":V$="     110: IF B<>0THEN 15              kgV    =";D:
    (DEF)Z-Zahl 1,          0                           USING :GOTO 28
    2"                 120: "S": INPUT "Zah             0
50: W$="(DEF)K-kgV          l 2 = ";B              240: IF K=1PRINT "g
    ":X$="(DEF)G-g     130: IF (B<=0)OR (B              gT = ";D:GOTO
    gT":Y$="(DEF)B          >=1E10)OR (B-               280
    -kgV+ggT"              INT B<>0)THEN          250: USING "######
60: IF K=1PRINT S$          120                         ####":LPRINT "
    :PRINT T$:         140: IF A=0THEN 90               ggT    =";D:
    PRINT U$:PRINT     150: IF K=1PRINT "Z              USING :GOTO 28
    V$:PRINT W$:            (1)=";A;"/Z(2)              0
    PRINT X$:PRINT          =";B:END               260: LPRINT "*****
    Y$:GOTO 80         160: USING "######               **********":
70: LPRINT :CSIZE           ####":LPRINT :              RETURN
    2:COLOR 0:             LPRINT "Zahl 1         270: "B":Z=1:GOSUB
    GOSUB 260:             =";A:LPRINT "Z              "K":GOSUB "G":
    LPRINT "    ";         ah l 2=";B:                 Z=0:END
    S$:GOSUB 260:          USING :END             280: IF Z=1THEN
    LPRINT T$:         170: "G":C=1:GOTO 1              RETURN
    LPRINT U$:             90                      290: END
```

**Programmlisting 1.3** Kleinstes gemeinsames Vielfache — größter gemeinsamer Teiler

## Bedienungsanleitung

1. Programm mit RUN (ENTER) oder RUN "KVGT" (ENTER) starten.

2. Beim Hinweis "Anzeige 1/Druck 2 (ENTER)_" Betriebsart wählen:

    2.1. Anzeige: 1 (ENTER) oder nur (ENTER) drücken und bei Punkt 3 fortsetzen.

    2.2. Druck: 2 (ENTER) drücken und bei Punkt 9 fortsetzen.

    Unzulässige Eingaben führen zum Verbleiben der Anzeige.

3. Kontrollanzeige "kgV —— ggT" mit (ENTER) löschen.

4. Anzeige einer kurzen Verarbeitungsanleitung in Übereinstimmung mit dem Ausdruck des Testbeispiels, wobei auf jeden weiteren Verarbeitungshinweis mit (ENTER) weitergeschaltet werden muß.

5. Bei Anzeige "Zahl 1 = _" erste Zahl eintasten und (ENTER) drücken. Es werden nur ganze Zahlen zwischen einschließlich 2 und 9999999999 angenommen; andere Eingaben führen zum Verbleib der beschriebenen Anzeige, ebenfalls die Betätigung von (ENTER) ohne vorangehende Eingabe.

6. Bei Anzeige "Zahl 2 = _" zweite Ausgangszahl eintasten und (ENTER) drücken; es gelten die o.g. Bemerkungen. Kontrollanzeige beider Zahlen mit (ENTER) löschen.

    Die Anzeige verlöscht und das Bereitschaftssymbol wird angezeigt.

7. Abrufmöglichkeiten:

   7.1. Ausgabe kgV: Tasten (DEF) K drücken; das kgV wird angezeigt, und die Anzeige mit (ENTER) gelöscht.

   7.2. Ausgabe ggT: Tasten (DEF) G drücken; das ggT wird angezeigt, und die Anzeige mit (ENTER) gelöscht.

   7.3. Ausgabe kgV und ggT: Tasten (DEF) B drücken; das kgV wird angezeigt. Anzeige des ggT mit (ENTER) abrufen und mit (ENTER) löschen.

8. Weitere Eingabevarianten:

   8.1. Zahl 1 eingeben: (DEF) A drücken, bei Anzeige analog Punkt 5 Wert für Zahl 1 eintasten und (ENTER) drücken. Anzeige beider Ausgangszahlen mit (ENTER) löschen und Abruf in Punkt 7 anwählen.

   8.2. Zahl 2 eingeben: (DEF) S drücken, bei Anzeige analog Punkt 6 Wert für Zahl 2 eintasten und (ENTER) drücken. Anzeige beider Ausgangszahlen mit (ENTER) löschen und Abruf in Punkt 7 anwählen.

   8.3. Beide Ausgangswerte neu eingeben: (DEF) Z drücken und Eingaben analog Punkt 5 und 6 vornehmen, Anzeige beider Ausgangszahlen mit (ENTER) löschen und Abruf in Punkt 7 anwählen.

9. Ausdruck einer Titelzeile und einer kurzen Verarbeitungsanleitung.

10. Eingaben in Übereinstimmung mit den Punkten 5 und 6 vornehmen und mit (ENTER) abschließen. Die Eingabe wird grundsätzlich mit dem Ausdruck beider Ausgangswerte abgeschlossen.

11. Ergebnisabruf in Übereinstimmung mit Punkt 7 vornehmen; die Ausgangszahlen werden je nach Anwahl bzw. Eingabe ausgedruckt.

12. Weitere Verarbeitungen können ab Punkt 1, 7 oder 8 aufgenommen werden.

Die Darstellung der Ausdrucke der Testbeispiele ist klar und bedarf keines Kommentars.

```
*******************       Zahl 1=              18
    kgV -- ggT           Zahl 2=              12
*******************       kgV   =              36
(DEF)A-Zahl 1            ggT   =               6
(DEF)S-Zahl 2
(DEF)Z-Zahl 1,2          Zahl 1=            8316
(DEF)K-kgV               Zahl 2=           11466
(DEF)G-ggT               kgV   =          756756
(DEF)B-kgV+ggT           ggT   =             126

                         Zahl 1=           58905
                         Zahl 2=           40425
                         kgV   =         2061675
                         ggT   =            1155
```

**Beispiele zu 1.3**

Kleinstes gemeinsames Vielfache — größter gemeinsamer Teiler

## 1.4 Kreis durch drei Punkte

Bei der Bearbeitung konstruktiver geometrischer Aufgaben stößt man häufig auf das Problem einen Kreis durch drei Punkte zu legen. Dies trifft bei der abgebildeten geometrischen Form zu:

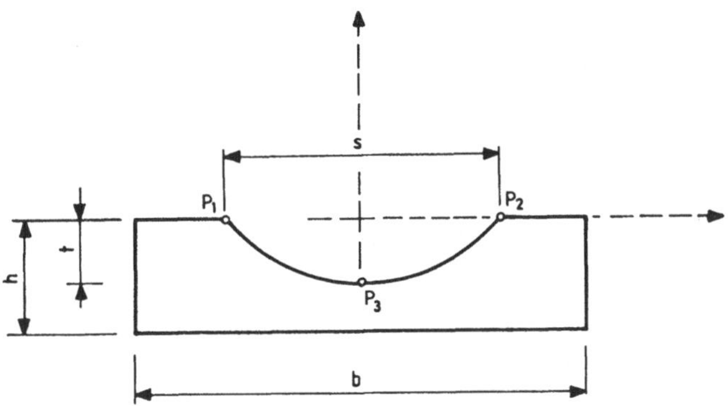


Der Radius dieses Kreises muß bekannt sein, damit der Querschnitt der Rinne gezeichnet und für die Herstellung eines Modells das entsprechende Modellteil gefertigt werden kann. Die gegebenen Punkte sind $P_1$, $P_2$ und $P_3$ mit den Koordinaten

| Punkt | x | y |
|---|---|---|
| 1 | $-\dfrac{s}{2}$ | $\emptyset$ |
| 2 | $\dfrac{s}{2}$ | $\emptyset$ |
| 3 | $\emptyset$ | $-t$ |

Der Koordinatenursprung wird in die Mitte der oberen, horizontal verlaufenden Kante gelegt.
Zur Bestimmung eines beliebigen Kreises muß die rechentechnische Grundlage der Problemlösung anhand des nachstehend dargestellten Kreises abgeleitet werden.

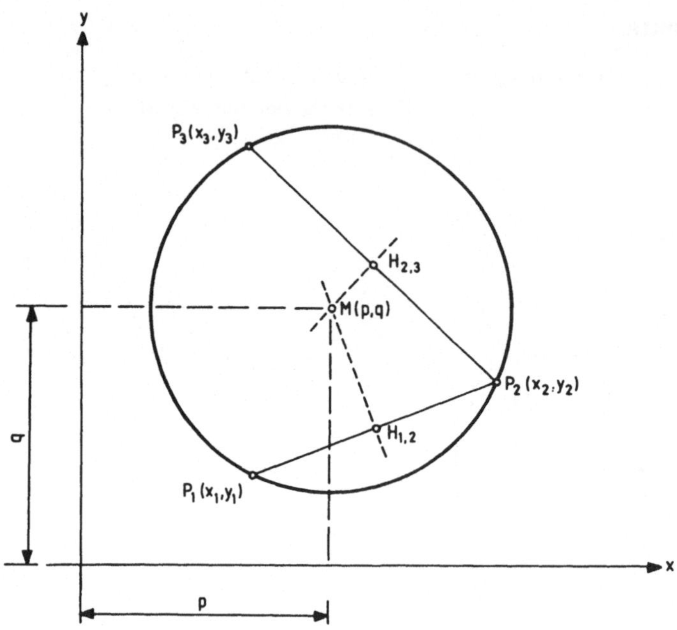

**Formelmechanismus**

Kreisgleichung:

$$(x - p)^2 + (y - q)^2 = r^2$$

Geradengleichung durch 2 Punkte:

$$y - y_1 = \frac{y_1 - y_2}{x_1 - x_2} \cdot (x - x_1); \quad m = \frac{y_1 - y_2}{x_1 - x_2}$$

Gerade durch Punkt und Richtung:

$$y - y_1 = m \cdot (x - x_1)$$

Normale Gerade:

$$y - y_1 = -\frac{1}{m} \cdot (x - x_1)$$

Halbpunkte $H_{1,2}$:

$$x_{1,2} = \frac{x_1 + x_2}{2}; \quad y_{1,2} = \frac{y_1 + y_2}{2}$$

$H_{2,3}$:

$$x_{2,3} = \frac{x_2 + x_3}{2}; \quad y_{2,3} = \frac{y_2 + y_3}{2}$$

Zu $\overline{P_1 P_2}$ durch $H_{1,2}$ normale Gerade:

$$y - y_{1,2} = m_{1,2} \cdot (x - x_{1,2}); \quad m_{1,2} = -\frac{x_1 - x_2}{y_1 - y_2}$$

Zu $\overline{P_2 P_3}$ durch $H_{2,3}$ normale Gerade:

$$y - y_{2,3} = m_{2,3} \cdot (x - x_{2,3}); \quad m_{2,3} = -\frac{x_2 - x_3}{y_2 - y_3}$$

Kreismittelpunkt:

$$p = \frac{m_{1,2} \cdot x_{1,2} - m_{2,3} \cdot x_{2,3} - y_{1,2} + y_{2,3}}{m_{1,2} - m_{2,3}}$$

$$q = m_{1,2} \cdot x - m_{1,2} \cdot x_{1,2} + y_{1,2} \quad \text{oder}$$
$$q = m_{2,3} \cdot x - m_{2,3} \cdot x_{2,3} + y_{2,3}$$

Kreisradius:

$$r^2 = (x_1 - p)^2 + (y_1 - q)^2 \quad \text{oder}$$
$$r^2 = (x_2 - p)^2 + (y_2 - q)^2 \quad \text{oder}$$
$$r^2 = (x_3 - p)^2 + (y_2 - q)^2$$

Zur Vereinfachung der Abwicklung der Berechnungen wurden die obigen Gleichungen angeschrieben, einzelne Zwischenergebnisse sehen so aus:

Zähler von p:

$$(x_1^2 + y_1^2) \cdot (y_3 - y_2) + (x_2^2 + y_2^2) \cdot (y_1 - y_3) + (x_3^2 + y_3^2) \cdot (y_2 - y_1);$$

Nenner von p:

$$2 \cdot (x_1 \cdot (y_3 - y_2) + x_2 \cdot (y_1 - y_3) + x_3 \cdot (y_2 - y_1));$$

Zähler von q:

$$2 \cdot (x_1 - x_2) \cdot p - (x_1^2 + y_1^2) + (x_2^2 + y_2^2);$$

Nenner von q:

$$2 \cdot (y_2 - y_1) \qquad \text{oder wenn } y_2 - y_1 = \emptyset;$$

Zähler von q:

$$2 \cdot (x_2 - x_3) \cdot p - (x_2^2 + y_2^2) + (x_3^2 + y_3^2);$$

Nenner von q:

$$2 \cdot (y_3 - y_2).$$

Wir wollen mit diesem Programm allein die Bestimmung des Kreismittelpunktes und des Radius lösen; Fragen einer Massenermittlung des zu Beginn dargestellten Rinnenquerschnitts könnten parallel dazu als eigener Programmteil behandelt werden.

Im Programm sind die Eingaben der Koordinaten der Punkte $P_1$, $P_2$ und $P_3$ bewußt vom Ergebnisabruf getrennt worden. Auf diese Weise lassen sich leichter Variantenrechnungen durchführen, ohne daß die unverändert in eine neue Rechnung zu übernehmenden Ausgangswerte jedes mal neu eingegeben werden müssen. Die Verarbeitung kann mit oder ohne Drucker erfolgen.

## Speicherorganisation

| | | |
|---|---|---|
| A $-$ $x_1$ | G $-$ $x_1^2 + y_1^2$ | M $-$ |
| B $-$ $y_1$ | H $-$ $x_2^2 + y_2^2$ | N $-$ |
| C $-$ $x_2$ | I $-$ $x_3^2 + y_3^2$ | O $-$ |
| D $-$ $y_2$ | J $-$ $y_3 - y_2$ | P $-$ p |
| E $-$ $x_3$ | K $-$ $y_1 - y_3$ | Q $-$ q |
| F $-$ $y_3$ | L $-$ $y_2 - y_1$ | R $-$ r |

```
10:"KRPT":CLEAR :
   S$="Kreis durc
   h ":T$="3 Pkte
   ":U$=" - Eing.
   ":A$="x(1),y(1
   )"
20:B$="x(2),y(2)"
   :C$="x(3),y(3)
   ":D$="A":E$="S
   ":F$="D":G$="X
    - Berechnung"
30:X=1:INPUT "Anz
   eige 1/Druck 2
   (ENTER)";X
40:IF (X<1)OR (X>
   2)OR (X-INT X<
   >0)THEN 30
50:IF X=1PRINT S$
   ;T$:PRINT D$;U
   $;A$:PRINT E$;
   U$;B$:PRINT F$
   ;U$;C$:PRINT G
   $:END
60:CSIZE 2:COLOR
   0:LPRINT :
   GOSUB 140:
   LPRINT S$;T$:
   GOSUB 140:
   LPRINT :LPRINT
   "DEF Verarbeit
   ung":GOSUB 150
70:LPRINT D$;U$;A
   $:LPRINT E$;U$
   ;B$:LPRINT F$;
   U$;C$:LPRINT G
   $:LF 3:END

80:"A":INPUT "x(1
   ) = ";A,"y(1)
   = ";B
90:PRINT "1:x=";A
   ;"/y=";B:END
100:"S":INPUT "x(2
   ) = ";C,"y(2)
   = ";D
110:PRINT "2:x=";C
   ;"/y=";D:END
120:"D":INPUT "x(3
   ) = ";E,"y(3)
   = ";F
130:PRINT "3:x=";E
   ;"/y=";F:END
140:LPRINT "******
   ************";
   RETURN
150:LPRINT "------
   ------------";
   RETURN
160:"X":H$="Kreisb
   erechnung": IF
   X=1PRINT H$:
   GOTO 210
170:LPRINT :LPRINT
   " ";H$:GOSUB 1
   50
180:LPRINT "1.Punk
   t:":LPRINT "x(
   1)=";A:LPRINT
   "y(1)=";B
190:LPRINT :LPRINT
   "2.Punkt:":
   LPRINT "x(2)="
   ;C:LPRINT "y(2
   )=";D

200:LPRINT :LPRINT
   "3.Punkt:";
   LPRINT "x(3)="
   ;E:LPRINT "y(3
   )=";F
210:G=A*A+B*B:H=C*
   C+D*D:I=E*E+F*
   F:J=F-D:K=B-F:
   L=D-B
220:P=(G*J+H*K+I*L
   )/(2*(A*J+C*K+
   E*L)):IF LTHEN
   240
230:Q=(2*P*(C-E)-H
   +I)/(2*J):GOTO
   250
240:Q=(2*P*(A-C)-G
   +H)/(2*L)
250:R=J(ABS (A-P)^
   2+ABS (B-Q)^2)
   :M$="Mittelpun
   kt:":R$="Radiu
   s:"
260:IF X=1PRINT M$
   :PRINT "p = ";
   P:PRINT "q = "
   ;Q:PRINT R$:
   PRINT "r = ";R
   :END
270:LPRINT :LPRINT
   M$:LPRINT "p
   =";P:LPRINT "
   q   =";Q:
   LPRINT R$:
   LPRINT "r   ="
   ;R:LF 4:END
```

**Programmlisting 1.4** Kreis durch 3 Punkte

**Bedienungsanleitung**

1. Programm mit RUN (ENTER) oder RUN "KRPT" (ENTER) starten.

2. Bei Anzeige "Anzeige 1/Druck 2 (ENTER)_" Ausgabeart wählen:

   2.1. Anzeige: 1 (ENTER) oder nur (ENTER) drücken und bei Punkt 3 fortsetzen.

   2.2. Druck: 2 (ENTER) drücken und bei Punkt 7 fortsetzen.

   Bei Eingabe anderer Zahlen als 1 und 2 verbleibt das Programm bei der beschriebenen Anzeige, so lange, bis eine gültige Eingabe vorliegt.

3. Kontrollanzeige "Kreis durch 3 Pkte" mit (ENTER) löschen.

4. Hinweise zur Verarbeitung analog dem Testbeispiel für den Ausdruck jeweils mit (ENTER) abrufen, bis die Anzeige verlöscht und das Bereitschaftssymbol erscheint.

5. Anwahl der Eingabe für die drei Punkte:

   5.1. Punkt 1: (DEF) A drücken; bei Anzeige "x(1) =_" Wert für $x_1$ eintasten und (ENTER) drücken. Bei Anzeige "y(1) =_" Wert für $y_1$ eintasten und (ENTER) drücken.

Wird anläßlich der Anzeige des ersten Eingabehinweises (ENTER) ohne vorangehende Zahleneingabe gedrückt, wird die letzte Eingabe von $x_1$ *und* $y_1$ wiederholt und angezeigt; die Eingabeanzeige erfolgt in allen Fällen zu Kontrollzwecken, um bei einer Fehleingabe diese durch eine erneute Anwahl von (DEF) A sofort richtig stellen zu können. Die Anzeige beider Eingaben in einer Zeile wird mit (ENTER) gelöscht; daraufhin erscheint das Bereitschaftssymbol.

5.2. Punkt 2: (DEF) S drücken; die Eingabe von $x_2$ und $y_2$ ist analog zu Punkt 5.1 vorzunehmen.

5.3. Punkt 3: (DEF) D drücken; die Eingabe von $x_3$ und $y_3$ analog zu Punkt 5.1 vornehmen.

6. Kommentare, Ergebnisse, Mittelpunktskoordinaten p und q sowie Radius r werden nach Anwahl mit (DEF) X jeweils mit der Betätigung der (ENTER)-Taste abgerufen, bis mit dem Erscheinen des Bereitschaftssymbols die Anzeige verlöscht.

7. Ausdruck eines Verarbeitungstitels und einer kurzen Verarbeitungsanleitung in Übereinstimmung mit dem Ausdruck der Testbeispiele. Mit dem Erscheinen des Bereitschaftssymbols und dem Verlöschen der Anzeige wird die Anwahl eines Punktes P freigegeben.

8. Anwahl und Durchführung der Eingaben werden analog zu Punkt 5 abgewickelt; eine Eingabedokumentation erfolgt erst anläßlich des Ergebnisabrufs.

9. Eingabedokumentation und Ergebnisse mit (DEF) X abrufen; die Abrufe sehen wie in den drei Testbeispielen dargestellt aus; daraufhin verlöscht die Anzeige, und mit dem Erscheinen des Bereitschaftssymbols ist die Verarbeitung beendet.

10. Weitere Verarbeitungen können ab den Punkten 1 sowie 5 bzw. 8 aufgenommen werden.

```
******************        Kreisberechnung        Kreisberechnung
Kreis durch 3 Pkte       -----------------       -----------------
******************        1.Punkt:                1.Punkt:
                          x(1)= 0                 x(1)= 1
DEF Verarbeitung          y(1)= 0                 y(1)= 4
-----------------
A - Eing.x(1),y(1)        2.Punkt:                2.Punkt:
S - Eing.x(2),y(2)        x(2)= 60                x(2)= 3
D - Eing.x(3),y(3)        y(2)= 0                 y(2)= 8
X - Berechnung
                          3.Punkt:                3.Punkt:
                          x(3)= 30                x(3)= 10
                          y(3)= 9                 y(3)= 7

                          Mittelpunkt:            Mittelpunkt:
                          p   = 30                p   = 6
                          q   =-45.5              q   = 4
                          Radius:                 Radius:
                          r   = 54.5              r   = 5
```

**Beispiele zu 1.4** Kreis durch 3 Punkte

```
Kreisberechnung
-------------------
1.Punkt:
x(1)=-3
y(1)=-1

2.Punkt:
x(2)=-1
y(2)= 4

3.Punkt:
x(3)= 7
y(3)= 3

Mittelpunkt:
p    = 2.523809524
q    =-3.095238096E
-01
Radius:
r    = 5.566797017
```

## 1.5 Schnitt zweier Geraden, Zentriwinkel

Dieses Programm stellt eines der vielen kleinen Problemlösungen zur Bewältigung verschiedener praktischer Konstruktionsaufgaben dar. Oftmals muß der Schnittpunkt von zwei Kanten und der von diesen eingeschlossene Winkel berechnet werden. Außerdem werden die von zwei Kanten festgelegten geraden Linien in ein Koordinatensystem transferiert und deren Schnittpunkte mit den Achsen des zweidimensionalen Koordinatensystems (Achsenabschnitte) ermittelt. Dieses kartesische Koordinatensystem operiert mit den Achsen x (Abszisse) und y (Ordinate).

Die beiden Geraden $g_1$ und $g_2$ liegen beliebig in diesem Koordinatensystem (siehe die Zeichnung) und können durch folgenden Formelmechanismus berechnet werden:

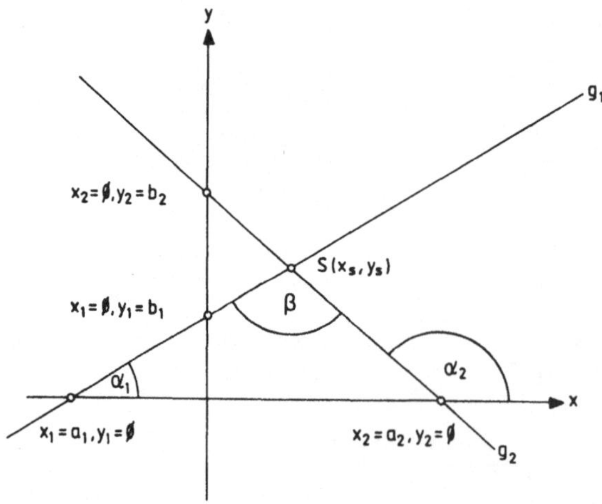

| | |
|---|---|
| Gleichung durch 2 Punkte: | $y - y_1 = \dfrac{y_2 - y_1}{x_2 - x_1} \cdot (x - x_1)$ |
| Gleichung durch Punkt und Richtung: | $y - y_1 = m \cdot (x - x_1)$ |
| | $m = \tan \alpha = \dfrac{y_2 - y_1}{x_2 - x_1}$ |
| Achsengleichung der Geraden: | $\dfrac{x}{a} + \dfrac{y}{b} = 1$ |
| Zentriwinkel: | $\beta = \alpha_2 - \alpha_1$ bzw. $\mathrm{abs}(\alpha_2 - \alpha_1)$ |
| Für $\alpha > 90$ Grad gilt | $\alpha = (180 + \alpha)$ |

Die beiden Geraden können also entweder durch die Koordinaten von zwei Punkten als auch durch einen Punkt und die Steigung m der Geraden bestimmt sein. Der Sonderfall der Parallelität ($\alpha_1 = \alpha_2$) und die Sonderfälle der parallelen Lage einer Gerade zur x- bzw. y-Achse müssen berücksichtigt werden.

Dieses Programm kann mit und ohne Drucker betrieben werden.

Wegen der Unmöglichkeit der Darstellung einer Zahl plus oder minus Unendlich wurden an deren Stelle die Zahlen $1^{99}$ bzw. $-1^{99}$ gesetzt.

**Speicherorganisation**

| | | | | |
|---|---|---|---|---|
| A | — Gerade 1: | $x_1$ | N — Gerade 2: | m |
| B | — | $y_1$ | O — | a |
| C | — | $x_2$ | P — | b |
| D | — | $y_2$ | Q — | $x_1$ aktuell |
| E | — | $\alpha$ | R — | $y_1$ aktuell |
| F | — | m | S — | $x_2$ aktuell |
| G | — | a | T — | $y_2$ aktuell |
| H | — | b | U — | $\alpha$ aktuell |
| I | — Gerade 2: | $x_1$ | V — | m aktuell |
| J | — | $y_1$ | W — | a aktuell |
| K | — | $x_2$ | X — | b aktuell |
| L | — | $y_2$ | Y — Koordinate | $x_s$ |
| M | — | $\alpha$ | Z — Geradenkennziffer, Koordinate | $y_s, \beta$ |

```
10:"GEWI":CLEAR :
   PRINT "Gerade,
   Winkel":A$="G
   erade":B$="A -
   ":C$="S - ":D
   $="X - "
20:E$="Schnittpun
   kt":F$="x(1) =
   ":G$="y(1) =":
   H$="x(2) =":I$
   ="y(2) ="
30:J$="Steigungs"
   :K$="Zentri":L
   $="alpha=":M$=
   "beta =":N$="A
   bschnitt":O$="
   -Achse"
40:R$="winkel":S$
   =":y=-bx/a+b":
   KZ=1:INPUT "An
   zeige 1/Druck
   2(ENTER)";KZ
50:P$=" parallel"
   :IF (KZ<1)OR (
   KZ>2)OR (KZ-
   INT KZ<>0)THEN
   40
60:IF KZ=1PRINT B
   $;A$;" 1":
   PRINT C$;A$;"
   2":PRINT D$;E$
   ;" 1+2":END
```

```
 70:CSIZE 2:COLOR        190:IF (U=0)OR (U=      310:LPRINT :LPRINT
    0:LPRINT :              180)LET U=0:V=           N$;" x";O$:
    GOSUB 90:               0:W=1E99:X=R:           LPRINT "a      =
    LPRINT "   ";A$         GOTO 210                ";W:LPRINT :
    ;", Winkel":        200:V=TAN U:W=Q-R/          LPRINT N$;" y"
    GOSUB 90:               V:X=R-Q*V               ;O$:LPRINT "b
    LPRINT :LPRINT      210:PRINT L$;U:             =";X:LF 3:
    "DEF Verarbeit         GOTO 270                RETURN
    ung":GOSUB 100      220:INPUT "y(2) =       320:"X":T$="Schnit
 80:LPRINT B$;A$;"         ";T                     t ":U$=" 1+2":
    1":LPRINT C$;       230:IF (S=Q)AND (R          V$="x(s) =":W$
    A$;" 2":LPRINT         =T)PRINT "Eing          ="y(s) =":IF K
    D$;E$:LF 3:END         abefehler":             Z=2THEN 350
 90:LPRINT "******         RETURN              330:PRINT T$;A$;U$
    ***********":       240:PRINT Z;":";H$          :IF M=EPRINT A
    RETURN                 ;S:PRINT Z;":"          $;P$:END
100:LPRINT "------         ;I$;T:IF S=Q       340:GOSUB 370:
    ------------":         LET U=90:V=1E9          PRINT E$:PRINT
    RETURN                 9:W=Q:X=V:GOTO          V$;Y:PRINT W$;
110:"A":Z=1:Q=A:R=         270                     Z:GOSUB 400:
    B:S=C:T=D:U=E:      250:IF T=RLET U=0:          PRINT K$;R$:
    GOSUB 130:A=Q:         V=0:W=1E99:X=R          PRINT M$;Z:END
    B=R:C=S:D=T:E=         :GOTO 270           350:LPRINT :LPRINT
    U:F=V:G=W:H=X:      260:V=(T-R)/(S-Q):         T$;A$;U$:GOSUB
    END                    U=ATN V:W=Q-R/          100:IF M=E
120:"S":Z=2:Q=I:R=         V:X=R-Q*V:IF U          LPRINT A$;P$:
    J:S=K:T=L:U=M:         <0LET U=180+U           END
    GOSUB 130:I=Q:      270:IF KZ=1PRINT J      360:GOSUB 370:
    J=R:K=S:L=T:M=         $;R$:PRINT L$;          LPRINT E$:
    U:N=V:O=W:P=X:         U:PRINT N$;" x          LPRINT V$;Y:
    END                    ";O$:PRINT "a           LPRINT W$;Z:
130:PRINT A$;Z:            = ";W:PRINT N$          GOSUB 400:
    INPUT "x(1) =          ;" y";O$:PRINT          LPRINT :LPRINT
    ";Q, "y(1) = ";        "b = ";X:               K$;R$:LPRINT M
    R                      RETURN                  $;Z:LF 3:END
140:PRINT Z;":";F$     280:LPRINT :LPRINT      370:IF F=1E99LET Y
    ;Q:PRINT Z;":"         A$;Z:S$:GOSUB           =A:Z=N*(Y-I)+J
    ;G$;R                  100:LPRINT F$;          :RETURN
150:INPUT "x(2) =          Q:LPRINT G$;R:      380:IF N=1E99LET Y
    ";S:GOTO 220           IF (S=0)AND (T          =I:Z=F*(Y-A)+B
160:S=0:T=0:INPUT          =0)THEN 300             :RETURN
    "Winkel alpha       290:LPRINT :LPRINT      390:Y=(F*A-N*I+J-B
    = ";U:GOTO 180         H$;S:LPRINT I$          )/(F-N):Z=F*(Y
170:GOTO 150               ;T                      -A)+B:RETURN
180:IF (U<0)OR (U>     300:LPRINT :LPRINT      400:Z=ABS (M-E):
    180)THEN 160           J$;R$:LPRINT L          RETURN
                           $;U
```

**Programmlisting 1.5** Schnitt zweier Geraden, Zentriwinkel


**Bedienungsanleitung**

1.  Programm mit RUN (ENTER) oder RUN "GEWI" (ENTER) starten.
2.  Kontrollanzeige "Gerade, Winkel" mit (ENTER) löschen.

3. Bei Anzeige "Anzeige 1/Druck 2 (ENTER) _" über die weitere Fortsetzung entscheiden:

   3.1. Anzeige: 1 (ENTER) oder nur (ENTER) drücken und bei Punkt 4 fortsetzen.

   3.2. Druck: 2 (ENTER) drücken und bei Punkt 6 fortsetzen.

4. Anzeige der drei Verarbeitungshinweise in Übereinstimmung mit dem Ausdruck des Testbeispiels (Programmvorlauf) jeweils mit (ENTER) abrufen. Darauf verlöscht mit dem Erscheinen des Bereitschaftssymbols die Anzeige.

5. Verarbeitung anwählen:

   5.1. Gerade 1 eingeben: (DEF) A drücken.

      5.1.1. Kontrollanzeige "Gerade 1" mit (ENTER) löschen.

      5.1.2. Bei Anzeige "x(1) = _" Wert $x_1$ eintasten und (ENTER) drücken. Die Betätigung von (ENTER) ohne vorherige Zahleneingabe führt zur Eingabewiederholung von $x_1$ und $y_1$ und zur Fortsetzung bei Punkt 5.1.4.

      5.1.3. Bei Anzeige "y(1) = _" Wert $y_1$ eintasten und (ENTER) drücken. Die Betätigung von (ENTER) ohne Zahleneingabe führt zur Eingabewiederholung von $y_1$.

      5.1.4. Kontrollanzeigen "1: x(1) = NN" und "1: y(1) = NN" jeweils mit (ENTER) löschen.

      5.1.5. Bei Anzeige "x(2) = _" über die weitere Fortsetzung entscheiden:

         5.1.5.1. Koordinateneingabe Punkt 2: Wert $x_2$ eintasten, (ENTER) drücken und bei Punkt 5.1.6. fortsetzen.

         5.1.5.2. Eingabe der Steigung: (ENTER) ohne vorangehende Zahleneingabe drücken und bei Punkt 5.1.8. fortsetzen.

      5.1.6. Bei Anzeige "y(2) = _" Wert $y_2$ eintasten und (ENTER) betätigen.

      5.1.7. Kontrollanzeigen "2: x(2) = NN" und "2: y(2) = NN" jeweils mit (ENTER) löschen und bei Punkt 5.1.10. fortsetzen.

      5.1.8. Bei Anzeige "Winkel alpha = _" Steigungswinkel der Geraden in Altgraden eingeben und (ENTER) drücken. Die Betätigung von (ENTER) ohne vorangehende Zahleneingabe führt zu Punkt 5.1.5 zurück.

      5.1.9. Kontrollanzeige "alpha = NN" mit (ENTER) löschen.

      5.1.10. Die Ergebnisse werden jeweils mit (ENTER) abgerufen und zwar:

         Steigungswinkel, alpha = NN, Abschnitt x-Achse: a = nn, Abschnitt y-Achse: b = nn. Daraufhin verlöscht die Anzeige bis auf das Bereitschaftssymbol.

   5.2. Gerade 2 eingeben: (DEF) S drücken. Eingabe und Verarbeitung laufen in Übereinstimmung mit Punkt 5.1 ab. In beiden Fällen dürfen nicht zwei gleiche Punkte eingegeben werden; der Rechner reagiert darauf mit dem Fehlerhinweis "Eingabefehler", die Anzeige verlöscht und die Eingabe ab Punkt 5.1 bzw. 5.2 kann wiederholt werden.

   5.3. Abruf der Koordinaten des Geradenschnittpunkts und des Zentriwinkels: (DEF) S drücken; die Ergebnisse werden in Übereinstimmung mit dem Ausdruck der Testbeispiele angezeigt; die einzelnen Ausgaben werden jeweils mit der Betätigung von (ENTER) so lange abgerufen, bis die Anzeige bei Erscheinen des Bereitschaftssymbols verlöscht.

6. Ausdruck eines Verarbeitungstitels und einer kurzen Verarbeitungsanleitung; die Anzeige verlöscht; Verbleiben des Bereitschaftssymbols.

7. Beginn der Verarbeitung analog Punkt 5; Eingabedokumentation und Ergebnisausgabe erfolgen entsprechend der ausgedruckten Testbeispiele. Beim Ausdruck der Ausgangswerte der Geraden wird die Geradengleichung nicht in der Achsenabschnittsform (Normalform), sondern mit y = − bx/a + b angegeben.

Bei gleichem Steigungswinkel wird in der Ergebnisausgabe der Texthinweis "Gerade parallel" verwendet.

```
******************                Gerade 1:y=-bx/a+b          Gerade 1:y=-bx/a+b
  Gerade, Winkel                 ------------------          ------------------
******************                x(1) = 1                    x(1) = 2
                                  y(1) = 3                    y(1) = 5
DEF Verarbeitung
------------------                x(2) = 6                    x(2) = 4
A - Gerade 1                      y(2) = 5                    y(2) = 7
S - Gerade 2
X - Schnittpunkt                  Steigungswinkel             Steigungswinkel
                                  alpha= 21.80140949          alpha= 45

                                  Abschnitt x-Achse           Abschnitt x-Achse
Gerade 1:y=-bx/a+b                a     =-6.5                 a     =-3
------------------
x(1) = 0                          Abschnitt y-Achse           Abschnitt y-Achse
y(1) = 3                          b     = 2.6                 b     = 3

x(2) = 125
y(2) = 3                          Gerade 2:y=-bx/a+b          Gerade 2:y=-bx/a+b
                                  ------------------          ------------------
Steigungswinkel                   x(1) = 6                    x(1) = 4
alpha= 0                          y(1) = 2                    y(1) = 0

Abschnitt x-Achse                 Steigungswinkel             x(2) = 6
a     = 1E 99                     alpha= 45                   y(2) = 2

Abschnitt y-Achse                 Abschnitt x-Achse           Steigungswinkel
b     = 3                         a     = 4                   alpha= 45


Gerade 1:y=-bx/a+b                Abschnitt y-Achse           Abschnitt x-Achse
------------------                b     =-4                   a     = 4
x(1) = 15
y(1) = 25                                                     Abschnitt y-Achse
                                  Schnitt Gerade 1+2          b     =-4
x(2) = 15                         ------------------
y(2) = 30                         Schnittpunkt
                                  x(s) = 11
Steigungswinkel                   y(s) = 7
alpha= 90
                                  Zentriwinkel                Schnitt Gerade 1+2
Abschnitt x-Achse                 beta = 23.19859051          ------------------
a     = 15
                                                              Gerade parallel
Abschnitt y-Achse
b     = 1E 99
```

**Beispiele zu 1.5**  Schnitt zweier Geraden, Zentriwinkel

## 1.6 Wurzeloperationen

Computerunterstützte mathematische Wurzeloperationen haben meist nur den positiven Ergebnisteil als Ergebnis. Dabei wird zusätzlich vorausgesetzt, daß die Zahl, aus der die Wurzel zu ziehen ist, auch positiv ist. Das Ziehen von Wurzeln aus negativen oder gar komplexen Zahlen ist normalerweise mit Computern nicht möglich; diese Aufgabe läßt sich aber durch eine individuelle Programmierung lösen, für die wir im folgenden Beispiel die Voraussetzungen schaffen wollen.

Nachdem außer der Quadratwurzelfunktion meist keine weitere Wurzelfunktion vorhanden ist, wohl aber eine Exponentialfunktion, werden wir — was vor allem bei höheren Wurzelexponenten wichtig ist — auf folgende geänderte Aufgabenstellung zurückgreifen:

$$\sqrt[n]{x} = x^{1/n}.$$

Dazu kommt aber noch, daß wir nicht allein aus positiven, sondern auch aus negativen und komplexen Zahlen eine n-te Wurzel ziehen wollen. Eine komplexe Zahl besteht aus zwei Zahlenteilen und zwar aus dem reellen und dem imaginären. Der imaginäre Zahlenteil erhält anstelle der Wurzel aus $-1$ die Kennzeichnung i. Eine komplexe Zahl wird durch

$$z = a + b \cdot i$$

allgemein dargestellt.

Von den beiden möglichen Lösungsmethoden aus einer komplexen Zahl, die natürlich auch die positiven reellen Zahlen enthält, die Wurzel zu ziehen, wählen wir wegen der universellen Anwendbarkeit die goniometrisch/vektorielle. In einem zweiachsigen Koordinatensystem wird die Zahl z nicht durch die Koordinaten x und y, sondern durch den Vektor r und die Winkel $\varphi$ dargestellt, wie dies aus der Skizze abgelesen werden kann:

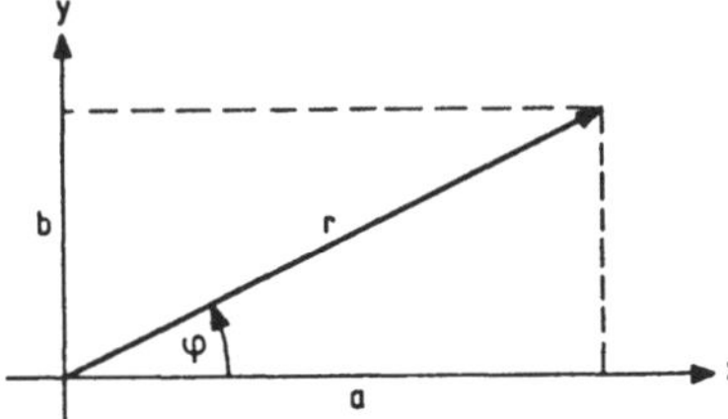


Die n Lösungen der n-ten Wurzel lassen sich durch die nachstehende Skizze verdeutlichen, in der für n stillschweigend die Zahl 3 gewählt wurde.

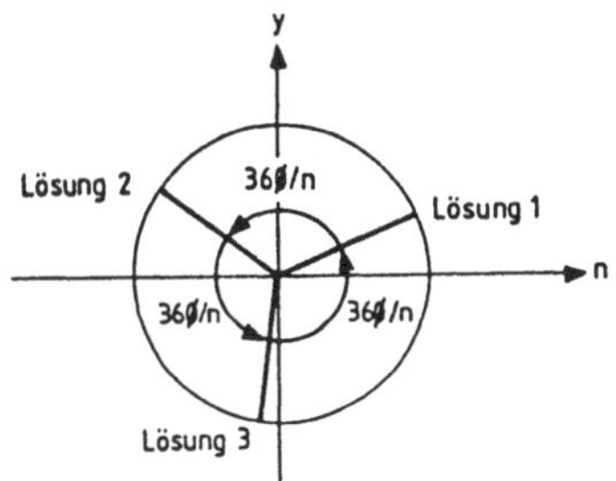

Es gelten folgende Beziehungen:

$$a = r \cdot \cos\varphi; \quad b = r \cdot \sin\varphi; \quad \tan\varphi = b/a; \quad r = \sqrt{a^2 + b^2}.$$

Um den Winkeln $\varphi = 180$ und $\varphi = 270$ Altgraden auszuweichen, berechnen wir $\varphi$ aus der Beziehung

$$\varphi = \text{arc cos } (a/r).$$

Bei negativem Vorzeichen des Imaginärteils gilt

$$\cos\varphi = \cos(36\emptyset - \varphi).$$

Die Ausgangszahl z wird nun umgewandelt wie folgt angeschrieben:

$$z = r \cdot \cos\varphi + i \cdot r \cdot \sin\varphi = r \cdot (\cos\varphi + i \cdot \sin\varphi).$$

Es gilt nun

$$x = \sqrt[n]{a + b \cdot i} = \sqrt[n]{r \cdot (\cos\varphi + i \cdot \sin\varphi)} = \sqrt[n]{r} \cdot (\cos\varphi + i \cdot \sin\varphi)^{1/n}.$$

Mit Hilfe der Moivre'schen Umwandlungsformel ergibt sich nachstehender Lösungsansatz:

$$(\cos\varphi + \sin\varphi)^x = \cos\varphi x + \sin\varphi x \quad \text{und}$$

$$x = \sqrt[n]{r} \cdot (\cos(\varphi + k \cdot 36\emptyset)/n + i \cdot \sin(\varphi + k \cdot 36\emptyset)/n).$$

Der Wert k läuft von 0 bis n − 1 und ergibt somit alle n Lösungen.


**Speicherorganisation**

A — Realteil a der komplexen Zahl
B — Imaginärteil b der komplexen Zahl
F — Winkel $\varphi/n$
G — $36\emptyset/n$
H — $(\varphi + k \cdot 36\emptyset)/n$
I — laufender Index
N — Wurzelexponent, der im Programm als ganze Zahl zwischen 2 und 99 als zulässig an-
    gesehen wird
R — Radius r
S — Realteil der Wurzel
T — Imaginärteil der Wurzel
Z — $\sqrt[n]{r}$

Die Verarbeitung kann sowohl mit als auch ohne Drucker abgewickelt werden; da die Anzahl der Dezimalstellen mit 9 beschränkt wird, lassen sich bei der Anzeige komplexe
Zahlen in einer Zeile darstellen. Im Ausdruck finden Sie anhand der Testbeispiele wegen
der Beschränkung auf 18 Zeichen je Zeile bei der Schriftgröße 2 eine zweizeilige Zahlen-
darstellung.

```
 10:"ROOT":CLEAR :
    S$="Wurzel-Ope
    ration";T$="**
    **":PRINT T$;"
     ";S$;" ";T$:N
    =2
 20:KZ=1:INPUT "An
    zeige 1/Druck
    2(ENTER)";KZ
 30:IF (KZ<1)OR (K
    Z>2)OR (KZ-INT
    KZ<>0)THEN 20
 40:IF KZ=2CSIZE 2
    :COLOR 0:LF 1:
    GOSUB 360:
    LPRINT " ";S$;:
    GOSUB 360:LF 1
 50:INPUT "Wurzele
    xponent = ";N
 60:IF (N<2)OR (N>
    99)OR (N-INT N
    <>0)THEN 50
 70:N$=STR$ N
 80:PRINT "Z=

    ;";
 90:CURSOR 2:INPUT
    A
100:CURSOR 14:
    INPUT B
110:CLS :IF (A=0)
    AND (B=0)THEN
    80
120:R=√(A*A+B*B):F
    =ACS (A/R):A$=
    STR$ A:B$=STR$
    B:IF B<0LET F=
    360-F
130:F=F/N:G=360/N:
    Z=R^(1/N)
140:IF KZ=1THEN 20
    0
150:LF 1:LPRINT N$
    ;". Wurzel aus"
160:IF A<>0LPRINT
    A$
170:IF (A<>0)AND (
    B>0)LPRINT "+"
    ;
180:IF B<>0LPRINT
    B$;"i"
190:LPRINT "-------
    -----------"
200:FOR I=1TO N
210:I$=STR$ I:H=F+
    G*(I-1):S=INT
    (1E9*Z*COS H+.
    5)/1E9:T=INT (
    1E9*Z*SIN H+.5
    )/1E9
220:S$=STR$ S:T$=
    STR$ T:IF KZ=1
    THEN 290
230:LPRINT "W(";I$
    ;")=";
240:IF S<>0LPRINT
    S$
250:IF (S<>0)AND (
    T>0)TAB 5:
    LPRINT "+";
260:IF T<0TAB 5
270:IF T<>0LPRINT
    T$;"i"
280:CLS :LF 1:GOTO
    330
290:W$="":IF S<>0
    LET W$=S$
300:X$="":IF (S<>0
    )AND (T>0)LET
    X$="+"
310:Y$="":Z$="":IF
    T<>0LET Y$=T$:
    Z$="i"
320:PRINT W$;X$;Y$
    ;Z$
330:NEXT I:INPUT "
    Weiter? ja 1(E
    NTER)";W:GOTO
    50
340:IF KZ=2LF 4
350:END
360:LPRINT "*****
    ***********";:
    RETURN
```

**Programmlisting 1.6** Wurzeloperationen

## Bedienungsanleitung

1.  Programm mit RUN (ENTER) oder RUN "ROOT" (ENTER) starten.

2.  Kontrollanzeige "**** Wurzel-Operation ****" mit (ENTER) löschen.

3.  Bei Anzeige "Anzeige 1/Druck 2 (ENTER)_" über die weitere Fortsetzung entscheiden:

    3.1.  Anzeige: 1 (ENTER) oder nur (ENTER) drücken.

    3.2.  Druck: 2 (ENTER) drücken; Ausdruck eines Verarbeitungstitels.

    Unzulässige Eingaben führen zur beschriebenen Anzeige zurück.

4.  Bei Anzeige "Wurzelexponent =_" Wert für den Wurzelexponenten als ganze zwischen einschließlich 2 und 99 liegende Zahl eintasten und (ENTER) drücken. Bei Wiederholungen kann die Eingabe einer Zahl unterbleiben (Eingabewiederholung), wobei (ENTER) ohne vorangehende Zahleneingabe gedrückt wird. Unzulässige Eingaben führen zum Verbleiben bei der beschriebenen Anzeige.

5.  Bei Anzeige "Z =                              i" (ENTER)
    drücken.

6.  Bei Anzeige "Z = ?                           i" Realteil
    a der Ausgangszahl eingeben und (ENTER) drücken.

7.  Bei Anzeige "Z = NNN.NN          ?          i" Imagi-
    närteil b der Ausgangszahl eintasten und (ENTER) drücken. Auch in diesen beiden
    Fällen läßt sich bei Betätigung von (ENTER) ohne vorangehende Zahleingabe eine
    Eingabewiederholung bewerkstelligen. Nulleingaben sind mit Betätigung der Taste 0
    möglich. Wird allerdings in beiden Fällen die Zahl 0 eingegeben, geht der Rechner
    zu Punkt 5 zurück.

8.  Ergebnisausgabe über Anzeige oder Drucker. Werden n Lösungen angezeigt, ist je-
    weils die nächste mit Betätigung der (ENTER)-Taste abzurufen.

9.  Bei Anzeige "Weiter? ja 1 (ENTER) _" soll über die weitere Fortsetzung entschieden
    werden:

    9.1.  Verarbeitung fortsetzen: Beliebige Zahl eintasten, (ENTER) drücken und bei
          Punkt 4 fortsetzen.

    9.2.  Verarbeitung beenden: (ENTER) ohne vorangehende Zahleneingabe drücken.
          Bei angeschlossenem Drucker erfolgt ein mehrfacher Zeilenvorschub zum be-
          quemen Abtrennen des Druckstreifens. Eine neue Verarbeitung kann in diesem
          Fall nur von Punkt 1 aus vorgenommen werden.

Aus den nachstehenden Testbeispielen ist ersichtlich, daß Leermeldungen beim Druck
nicht berücksichtigt werden.

```
*******************          3.Wurzel aus          W(1)=2
  Wurzel-Operation          25.56
*******************          -2.13i                W(2)=2i
                            -------------------
                            W(1)=-1.403206787      W(3)=-2
2.Wurzel aus                    +2.593865109i
81                                                 W(4)=-2i
-------------------         W(2)=-1.544749685
W(1)=9                          -2.512145278i
                                                   5.Wurzel aus
W(2)=-9                     W(3)=2.947956471        7.59375
                                -0.08171983i       -------------------
                                                   W(1)=1.5
3.Wurzel aus                2.Wurzel aus
-0.008                      -6.589489             W(2)=0.463525492
-------------------         -------------------        +1.426584774i
W(1)=0.1                    W(1)=2.567i
    +0.173205081i                                  W(3)=-1.213525492
                            W(2)=-2.567i               +0.881677878i
W(2)=-0.2
                                                   W(4)=-1.213525492
W(3)=0.1                    4.Wurzel aus               -0.881677878i
    -0.173205081i           16
                            -------------------     W(5)=0.463525492
                                                       -1.426584774i
```

**Beispiele zu 1.6** Wurzeloperationen

## 1.7 Zweidimensionale Statistik

Zur Lösung verschiedener meßtechnischer Probleme oder Auswertungen von Prüfergebnissen bedient man sich häufig der Methoden der Statistik. Einen der häufigsten Werte stellt der Mittelwert einer Reihe von Messungen dar, und die Güte desselben wird durch die Standardabweichung bestimmt. Vielfach werden Mittelwert und Standardabweichung von Meßpunkten in einem zweidimensionalen Koordinatensystem errechnet. Wird nur je ein Element benötigt, könnte man ein einfacheres Programm schreiben; die Lösung ist aus dem angeschriebenen Formelmechanismus leicht abzulesen.

Unser vorliegendes Programm ermittelt also die Mittelwerte und die Standardabweichungen von Meßpunkten eines zweidimensionalen Feldes. Die Lage eines Meßpunkts wird durch die Koordinaten $x_i$ und $y_i$ bestimmt. Die statistischen Funktionen sind im allgemeinen Teil der Grundeinrichtung von Taschenrechnern; bei BASIC-Computern fehlen sie.

**Formelmechanismus**

Mittelwerte:
$$\bar{x} = \frac{\Sigma\, x_i}{n} \; ; \quad \bar{y} = \frac{\Sigma\, y_i}{n}$$

Standardabweichungen:
$$\sigma_x = \sqrt{\frac{\Sigma\, x_i^2 - (\Sigma\, x_i)^2/n}{n-1}} \qquad \sigma_y = \sqrt{\frac{\Sigma\, y_i^2 - (\Sigma\, y_i)^2/n}{n-1}}$$

**Speicherbelegung**

A — Summe $x_i$
B — Summe $x_i^2$
C — Summe $y_i$
D — Summe $y_i^2$
E — aktueller Wert $x_i$
F — aktueller Wert $y_i$
G — Hilfsspeicher
H — Hilfsspeicher
N — Anzahl der eingegebenen Wertepaare $x_i$, $y_i$

Der Wert $x_i \cdot y_i$ bzw. die Summe dieser Werte, an sich Teil des Formelmechanismus, wird für die Ermittlung der beiden genannten statistischen Funktionen nicht benötigt und entfällt in der Aufstellung sowohl der Formeln als auch der Speicherbelegung.

Das Programm berücksichtigt die einzelnen Varianten in einer Verarbeitung; es ermöglicht so die Korrektur einer Fehleingabe, ohne daß deswegen mit der Verarbeitung von vorne zu beginnen ist.

Da eine Eingabekontrolle fehlt, ist dieses Programm nur für einen Betrieb mit angeschlossenem Drucker konzipiert.

```
10:"STXY":CLEAR :
   S$="  XY-Stati
   stik  ":T$="**
   ***":PRINT T$;
   S$;T$:CSIZE 2:
   COLOR 0:LF 1:
   GOSUB 140
20:LPRINT "*";S$;
   "*":GOSUB 140:
   LF 1:LPRINT "E
   ingaben:":
   GOSUB 150
30:N=N+1:X$=STR$
   N
40:LF 1:PRINT "x(
   ";X$;") = ";
50:INPUT E
60:CLS :LPRINT "x
   (";X$;") =";E:
   PRINT "y(";X$;
   ") = ";
70:INPUT F
80:CLS :LPRINT "y
   (";X$;") =";F
90:INPUT "OK? nei
   n 1(ENTER)";H:
   LPRINT "Irrtum
   ":GOTO 40
100:A=A+E:B=B+E*E
105:C=C+F:D=D+F*F:
   INPUT "Loesung
   ? nein 1(ENTER
   )";H:GOTO 30
110:LF 1:GOSUB 150
   :LPRINT "Mitte
   lwerte:":
   LPRINT "M(x) =
   ";A/N:LPRINT "
   M(y) =";C/N:LF
   1
120:LPRINT "Standa
   rdabw.:":G=A:H
   =B:U$="x":
   GOSUB 130:G=C:
   H=D:U$="y":
   GOSUB 130:
   GOSUB 150:LF 4
   :END
130:LPRINT "S(";U$
   ;") =";√((H-G*
   G/N)/(N-1)):
   RETURN
140:LPRINT "******
   ***********":
   RETURN
150:LPRINT "------
   -------------":
   RETURN
```

**Programmlisting 1.7** Zweidimensionale Statistik


### Bedienungsanleitung

1. Programm mit RUN (ENTER) oder RUN "STXY" (ENTER) starten.

2. Kontrollanzeige "***** XY-Statistik *****" mit (ENTER) löschen; Ausdruck eines die Verarbeitung einleitenden Titeltextes.

3. Bei Anzeige "x(i) =" (i = laufende Positionsnummer eines Punktes $P_i$) nur (ENTER) drücken.

4. Bei Anzeige "x(i) = ?" Wert für $x_i$ eintasten und (ENTER) drücken; die Eingabe wird zur Kontrolle ausgedruckt.

5. Bei Anzeige "y(i) =" nur (ENTER) drücken.

6. Bei Anzeige "y(i) = ?" Wert für $y_i$ eintasten und (ENTER) drücken; die Eingabe wird ebenfalls zur Kontrolle ausgedruckt.

7. Bei Anzeige "OK? nein 1 (ENTER) _" über die weitere Fortsetzung entscheiden:

    7.1. Eingabe korrekt: (ENTER) unbedingt ohne vorangehende Zahleneingabe drücken und bei Punkt 8 fortfahren.

    7.2. Eingabe nicht korrekt: Beliebige Zahl eintasten, (ENTER) drücken und nach Textausdruck "Irrtum" Eingabe ab Punkt 3 wiederholen.

8. Bei Anzeige "Loesung? nein 1 (ENTER) _" und über weitere Fortsetzung entscheiden:

    8.1. Eingaben fortsetzen: Beliebige Zahl eintasten, (ENTER) drücken und nächste Eingabe ab Punkt 3 aufnehmen.

    8.2. Eingaben beenden und Ergebnisse abrufen: (ENTER) ohne vorangehende Zahleneingabe drücken; Mittelwerte und Standardabweichungen werden in Übereinstimmung mit dem Ausdruckbeispiel ausgegeben.

9. Eine weitere Verarbeitung ist ab Punkt 1 der Bedienungsanleitung aufzunehmen.

Im nachfolgenden Beispielausdrucke wurden drei Eingabeirrtümer begangen und sofort behoben. Aus der jeweils folgenden Eingabe ist die Eingabewiederholung zu erkennen. Obwohl beide Mittelwerte in gleicher Höhe vorliegen, ist an den Standardabweichungen die höhere Qualität des Mittelwerts für die Koordinaten x zu erkennen.

```
*******************        x(4) = 50           x(9) = 46
*  XY-Statistik  *         y(4) = 54           y(9) = 34
*******************
                           x(5) = 54           x(10) = 66
Eingaben:                  y(5) = 46           y(10) = 50
-------------------                            Irrtum
                           x(6) = 52
x(1) = 50                  y(6) = 62           x(10) = 50
y(1) = 50                                      y(10) = 66
                           x(7) = 48
x(2) = 52                  y(7) = 50           -------------------
y(2) = 38                                      Mittelwerte:
                           x(8) = 50           M(x) = 50
x(3) = 48                  y(8) = 42           M(y) = 50
y(3) = 38
Irrtum                     x(9) = 66           Standardabw.:
                           y(9) = 36           S(x) = 2.309401077
x(3) = 48                  Irrtum              S(y) = 10.32795559
y(3) = 58                                      -------------------
```

**Beispiel zu 1.7** Zweidimensionale Statistik


## 1.8 Kurvenanpassung

Regressionsrechnungen benötigt man häufig zur Auswertung von Meßergebnissen. Dabei bedient man sich verschiedener Standardprogramme, die mit Rechnern als Formelsammlungsteil mitgeliefert werden oder die man zusätzlich käuflich erwerben kann. In diesen Programmen sind meist die vier folgenden Ausgleichskurven vereinigt; sie können aber nur einzeln berechnet werden:

- Lineare Regression,
- Exponentielle Regression,
- Logarithmische Regression und
- Potentielle Regression.

Die Statistik liefert uns zu einer Ausgleichskurve auch die Güte der jeweiligen Anpassung in Form eines Korrelationskoeffizienten bzw. Bestimmtheitsmaßes. Wenn nun die Form der optimalen Anpassung nicht abgeschätzt werden kann, bedeutet dies, daß alle Anpassungen durchgerechnet werden müssen. Dies wäre nicht problematisch; jedoch müßten jeweils alle Werte nochmals eingegeben werden. Das aber erhöht die Wahrscheinlichkeit von Eingabefehlern.

Diesem Problem begegnet das vorliegende Programm. Die vier Regressionsarten können natürlich auch einzeln durchgerechnet werden; wesentlich ist, daß alle vier Regressionsformen in einem bei nur einmaliger Eingabe der Ausgangswerte durchgerechnet werden können. Damit nun die Ausgleichskurven leichter gezeichnet werden können, werden automatisch neben der Möglichkeit des Einzelabrufs wie bei Standardprogrammen üblich auch 20 bis 22 Meßpunkte ausgegeben. Dafür ist die laufende Feststellung von Kleinst- und Größtwerten notwendig.

Einen weiteren Vorteil bietet dieses Programm mit der Anwahlmöglichkeit der Genauigkeit von Ergebnisausgaben: Es kann die Anzahl der Dezimalstellen angewählt werden,
mit der Eingaben dokumentiert und die Ergebnisse ausgegeben werden. Dieses Programm
kann nur mit einem Drucker benutzt werden.

Eingabefehler können sofort, aber auch später richtig gestellt werden.

### Formelmechanismus

| Regression | Beziehung | Linearform |
|---|---|---|
| linear | $y = a + b \cdot x$ | $y = a + b \cdot x$ |
| exponentiell | $y = a \cdot e^{b \cdot x}$ | $\ln y = \ln a + b \cdot x$ |
| logarithmisch | $y = a + b \cdot \ln x$ | $y = a + b \cdot \ln x$ |
| potentiell | $y = a \cdot x^b$ | $\ln y = \ln a + b \cdot \ln x$ |

Aus der Tabelle kann der Status der einzelnen Werte abgelesen werden; die Verhältnisse
werden aber wegen der besseren Übersicht in einer weiteren Tabelle zusammengefaßt dargestellt.

| Regression | x | y | a | b |
|---|---|---|---|---|
| linear | $x$ | $y$ | $a$ | $b$ |
| exponentiell | $x$ | $\ln y$ | $\ln a$ | $b$ |
| logarithmisch | $\ln x$ | $y$ | $a$ | $b$ |
| potentiell | $\ln x$ | $\ln y$ | $\ln a$ | $b$ |

Bestimmtheitsmaß:

$$r^2 = \frac{\left(\Sigma\, x_i \cdot y_i - \Sigma\, y_i/n\right)^2}{\left(\Sigma\, x_i^2 - (\Sigma\, x_i)^2/n\right) \cdot \left(\Sigma\, y_i^2 - (\Sigma\, y_i)^2/n\right)}$$

Regressionskoeffizienten:

$$a = \frac{\Sigma\, x_i \cdot y_i - \Sigma\, x_i \cdot \Sigma\, y_i/n}{\Sigma\, x_i^2 - (\Sigma\, x_i)^2/n}$$

$$b = (\Sigma\, y_i - b \cdot \Sigma\, x_i)/n$$

### Speicherorganisation

A — aktuelle Eingabe $x_i$; später $r^2$  
B — aktuelle Eingabe $y_i$; später a  
C — $x_{i\,min}$  
D — $y_{i\,min}$  
E — $x_{i\,max}$  
F — $y_{i\,max}$  
G — $x_i$ für aktuelle Verarbeitung, später a  
H — $y_i$ für aktuelle Verarbeitung, später b  

I — Zahl der Wertepaare $x_i$, $y_i$  
J — Regressionskennziffer  
M — Vorzeichenwandler  
N bis R — Indexspeicher  
DZ — Dezimalstellenzahl  
XI — Rückstellspeicher $x_{i\,min}$  
YI — Rückstellspeicher $y_{i\,min}$  
XA — Rückstellspeicher $x_{i\,min}$  
YA — Rückstellspeicher $y_{i\,max}$

Statistische Werte im Datenfeld nach DIM A (30):

**Tabelle** *der Indexziffern*

| Stat. Wert | OPT | LIN | EXP | LOG | POT |
|---|---|---|---|---|---|
| $\Sigma\, x_i$ | 1 | 7 | 13 | 19 | 25 |
| $\Sigma\, x_i^2$ | 2 | 8 | 14 | 20 | 26 |
| $\Sigma\, y_i$ | 3 | 9 | 15 | 21 | 27 |
| $\Sigma\, y_i^2$ | 4 | 10 | 16 | 22 | 28 |
| $\Sigma\, x_i \cdot y_i$ | 5 | 11 | 17 | 23 | 29 |
| $r^2$ | 6 | 12 | 18 | 24 | 30 |

```
10:"OREG":CLEAR :
   S$=" Kurven-":
   T$="Anpassung
   ":DIM A(30):
   PRINT "****";S
   $;T$;"****"
20:CSIZE 2:COLOR
   0:DZ=4:LF 1:
   GOSUB 70:
   LPRINT S$;T$:
   GOSUB 70:LF 1:
   LPRINT "DEF Ve
   rarbeitung":
   GOSUB 80
30:LPRINT "       ";
   T$:LPRINT "A -
   linear":
   LPRINT "S - ex
   ponentiell"
40:LPRINT "D - lo
   garithmisch":
   LPRINT "F - po
   tentiell":
   LPRINT "G - op
   timal":LF 1
50:LPRINT "N - De
   zimalen":
   LPRINT "C - Ir
   rtum beheben":
   LPRINT "L - Lo
   esungsabruf"
60:LPRINT "J - x,
   y eingeben":
   LPRINT "X - Sc
   haetzwert x":
   LPRINT "Z - Sc
   haetzwert y":
   GOSUB 80:LF 4:
   END
70:LPRINT "******
   ***********":
   RETURN
80:LPRINT "------
   -----------";
   RETURN
90:"N":INPUT "Dez
   imalen = ";DZ:
   IF (DZ<0)OR (D
   Z>8)OR (DZ-INT
   DZ<>0)LET DZ=4
   :GOTO 90
100:PRINT DZ;" Dez
    imalen":END
110:"G":K$="OPT ":
    J=0:GOTO 160
120:"A":K$="LIN":J
    =1:GOTO 160
130:"S":K$="EXP":J
    =2:GOTO 160
140:"D":K$="LOG":J
    =3:GOTO 160
150:"F":K$="POT":J
    =4:GOTO 160
160:FOR I=1TO 30
170:A(I)=0:NEXT I:
    I=0:Q=J:C=9E99
    :D=C:E=-C:F=E:
    PR=0:GOSUB 660
    :LPRINT "Einga
    ben:"
180:M=1
185:IF M=1LET I=I+
    1
190:"J":WAIT 1:
    USING :I$=STR$
    I:PRINT "x(";I
    $;") = ";
200:INPUT A
210:CLS :PRINT "y(
    ";I$;") = ";
220:INPUT B
224:CLS :WAIT :IF
    M=1THEN 230
225:IF A=CLET C=XI
226:IF A=ELET E=XA
227:IF B=DLET D=YI
228:IF B=FLET F=YA
229:GOTO 270
230:IF A<CLET XI=C
    :C=A
240:IF A>ELET XA=E
    :E=A
250:IF B<DLET YI=D
    :D=B
260:IF B>FLET YA=F
    :F=B
270:G=M*A:H=M*B:IF
    M=1LF 1
280:GOSUB (DZ+79)*
    10:LPRINT "x";
281:CSIZE 1:LPRINT
    I$;
282:CSIZE 2:LPRINT
    " =";TAB 6;G:
    LPRINT "y";
283:CSIZE 1:LPRINT
    I$;
284:CSIZE 2:LPRINT
    " =";TAB 6;H
290:IF J=0THEN 410
300:G=A:H=B:N=1+6*
    Q
310:IF (Q=3)OR (Q=
    4)LET G=LN G
320:IF (Q=2)OR (Q=
    4)LET H=LN H
```

```
330: O=M*G:GOSUB 40
     0
340: O=O*G:GOSUB 40
     0
350: O=M*H:GOSUB 40
     0
360: O=O*H:GOSUB 40
     0
370: O=M*G*H:GOSUB
     400
375: IF I>999THEN 4
     30
380: IF J=0RETURN
385: IF M=-1LET I=I
     -1
390: GOTO 180
400: A(N)=A(N)+O:N=
     N+1:RETURN
410: FOR Q=1TO 4
420: GOSUB 300:NEXT
     Q:IF M=-1LET I
     =I-1
425: IF I<999THEN 1
     80
430: "L":CLS :I=I-1
     :GOSUB 80:IF J
     =0THEN 490
440: B=1+6*J:FOR A=
     1TO 5
450: A(A)=A(B):B=B+
     1:NEXT A:A=A(5
     )-A(1)*A(3)/I:
     H=A/(A(2)-A(1)
     *A(1)/I)
460: G=(A(3)-H*A(1)
     )/I:A=H*A/(A(4
     )-A(3)*A(3)/I)
     :A(B)=A:IF (J=
     2)OR (J=4)LET
     G=EXP G
470: IF R<>0THEN 57
     0
480: RETURN
490: FOR J=1TO 4
500: R=0:GOSUB 440:
     NEXT J:A=0:FOR
     B=12TO 30STEP
     6

510: IF A(B)>ALET A
     =A(B)
515: NEXT B
520: L$="LIN":J=1:
     IF A=A(12)THEN
     560
530: L$="EXP":J=2:
     IF A=A(18)THEN
     560
540: L$="LOG":J=3:
     IF A=A(24)THEN
     560
550: L$="POT":J=4
560: GOSUB 440
570: PR=1:GOSUB 660
     :LPRINT "Ergeb
     nisse:":LF 1:
     LPRINT "r =";
     TAB 6;A:P=G:
     GOSUB 750:
     LPRINT "a =";
     TAB 6;P:P=H
580: GOSUB 750:
     LPRINT "b =";
     TAB 6;P:M=(E-C
     )/10:N=C:O=670
     :GOSUB 640:M=(
     F-D)/10:N=D:O=
     710:GOSUB 640
585: GOSUB 80:LF 4:
     END
590: "C":CLS :M=-1:
     LF 1:LPRINT "K
     orrektur":I=I-
     1:GOTO 190
640: FOR Q=1TO 11
650: GOSUB O:N=N+M:
     NEXT Q:RETURN
660: IF PR=0PRINT T
     $;K$;L$:LF 2:
     LPRINT T$;K$;L
     $:GOSUB 80:R=1
     :GOTO 760
665: LF 2:LPRINT T$
     ;K$;L$:GOSUB 8
     0:R=1:GOTO 760
670: A=N:P=N:B=G:IF
     (J=3)OR (J=4)
     LET A=LN A

680: IF (J=2)OR (J=
     4)LET B=LN B
690: I=B+H*A:IF (J=
     2)OR (J=4)LET
     I=EXP I
700: GOTO 730
710: A=N:I=N:B=G:IF
     (J=2)OR (J=4)
     LET A=LN A:B=
     LN B
720: P=(A-B)/H:IF (
     J=3)OR (J=4)
     LET P=EXP P
730: GOSUB 740:LF 1
     :LPRINT "x =";
     TAB 6;P:LPRINT
     "y =";TAB 6;I:
     RETURN
740: R=9:GOSUB 760
750: R=16
760: Q(R)=INT (10^D
     Z*Q(R)+.5)/10^
     DZ:GOSUB (DZ+7
     9)*10:RETURN
770: "Z":INPUT "x =
     ";N:GOSUB 670
775: END
780: "X":INPUT "y =
     ";N:GOSUB 710
785: END
790: USING "#######
     #####":RETURN
800: USING "#######
     ###.#":RETURN
810: USING "#######
     ##.##":RETURN
820: USING "#######
     #.###":RETURN
830: USING "#######
     .####":RETURN
840: USING "######.
     #####":RETURN
850: USING "#####.#
     #####":RETURN
860: USING "####.##
     #####":RETURN
870: USING "###.###
     #####":RETURN
```

**Programmlisting 1.8** Kurvenanpassung

**Bedienungsanleitung**

1. Programm mit RUN (ENTER) oder RUN "OREG" (ENTER) starten.

2. Kontrollanzeige "**** Kurven-Anpassung ****" mit (ENTER) löschen. Ausdruck einer Verarbeitungsanleitung. Die Anzeige verlöscht, und das Bereitschaftssymbol erscheint.

3. Im Bedarfsfall sollte an dieser Stelle die Anzahl der Dezimalstellen mit (DEF) N angewählt werden, wenn nicht mit der standardmäßig eingestellten Anzahl 4 gearbeitet wird. Bei Anzeige "Dezimalen = _" zwischen einschließlich 0 und 8 gelegene ganze Zahl eintasten und (ENTER) drücken; Kontrollanzeige "n Dezimalen" mit (ENTER) löschen. Mit der Anzeige des Bereitschaftssymbols ist die Eingabe beendet. Die Betätigung von (ENTER) ohne vorangehende Zahleneingabe bewirkt die Anwahl von 4 Dezimalstellen.

4. Anwahl der Regressionsart:

    4.1. Lineare Regression:            (DEF) A drücken.
    4.2. Exponentielle Regression:      (DEF) S drücken.
    4.3. Logarithmische Regression:    (DEF) D drücken.
    4.4. Potentielle Regression:        (DEF) F drücken.
    4.5. Optimale Regression:         (DEF) G drücken.

    In allen Fällen wird daraufhin die angewählte Regressionsart angezeigt und nach der Betätigung von (ENTER) ein einleitender Text ausgedruckt.

5. Die Anzeige "x(i) = ?" entscheidet über die weitere Fortsetzung:

    5.1. Eingaben fortsetzen: Wert für $x_i$ eintasten, (ENTER) drücken und bei Punkt 6 fortsetzen.

    5.2. Eingabeirrtum richtigstellen: (DEF) C drücken und bei den in den Punkten 5 und 7 beschriebenen Anzeigen jeweils (ENTER) drücken, wenn es sich um einen sofort erkannten Eingabefehler handelt, bzw. die früher irrtümlich eingegebenen Werte nochmals eingeben, (ENTER) drücken und bei Punkt 5 fortsetzen.

    5.3. Eingaben beenden und Ergebnisse abrufen: (DEF) L drücken, worauf Bestimmtheitsgrad, die Regressionskoeffizienten a und b sowie die Koordinaten von 20 bis 22 Meßpunkten ausgegeben werden. Nach einem mehrfachen Zeilenvorschub zum bequemen Abtrennen des Druckstreifens ist die Verarbeitung mit Anzeige des Bereitschaftssymbols beendet. Eine neue Verarbeitung ist ab Punkt 1 vorzunehmen.

6. Bei Anzeige "y(i) = ?" Wert für $y_i$ eintasten und (ENTER) drücken; Kontrollausdruck. Die Betätigung von (ENTER) ohne vorangehende Zahleneingabe bewirkt in beiden Fällen die Wiederholung der zuletzt getätigten Eingabe. Es wird bei Punkt 5 fortgesetzt.

7. Folgende Einzelabrufe der Koordinaten von Punkten der Ausgleichskurve können vorgenommen werden:

    7.1. Schätzwert x: (DEF) X drücken; bei Anzeige "y = _" Vorgabe y eintasten und (ENTER) drücken. Der Schätzwert x wird ausgedruckt. Die Betätigung von (ENTER) ohne vorangehende Zahleneingabe führt zum Verlöschen der Anzeige. Eingaben zu großer Vorgaben führen zur ERROR-Anzeige; dieselbe mit (CL) löschen und neue Anwahl treffen.

    7.2. Schätzwert y: (DEF) Z drücken und Eingabe analog zu Punkt 7.1. durchführen.

Im Beispielausdruck ist der Bestimmtheitsgrad mit r bezeichnet, obwohl damit tatsächlich $r^2$ gemeint ist. In Punkt 4 wurde ein Eingabeirrtum begangen, der aber sofort erkannt und richtig gestellt wurde. Bei dieser Korrektur erfolgt gleichzeitig auch eine allenfalls erforderliche Richtigstellung der Kleinst- bzw. Größtwerte für die eingegebenen $x_i$ und $y_i$.

```
*******************
 Kurven-Anpassung
*******************

DEF Verarbeitung           Anpassung OPT EXP
-------------------        -------------------
       Anpassung           Ergebnisse:
A - linear                                        x =         5.0000
S - exponentiell           r =       0.9989       y =       296.3761
D - logarithmisch          a =       2.0062       x =         0.9978
F - potentiell             b =       0.9991       y =         5.4366
G - optimal
                           x =       1.0000       x =         2.8495
N - Dezimalen              y =       5.4484       y =        34.5759
C - Irrtum beheben
L - Loesungsabruf          x =       1.4000       x =         3.4614
J - x,y eingeben           y =       8.1250       y =        63.7153
X - Schaetzwert x
Z - Schaetzwert y          x =       1.8000       x =         3.8383
-------------------        y =      12.1167       y =        92.8546

                           x =       2.2000       x =         4.1115
                           y =      18.0693       y =       121.9940
Anpassung OPT
-------------------        x =       2.6000       x =         4.3259
Eingaben:                  y =      26.9462       y =       151.1333

x1 =       1.0000          x =       3.0000       x =         4.5024
y1 =       5.4366          y =      40.1842       y =       180.2726

x2 =       3.9100          x =       3.4000       x =         4.6524
y2 =     100.0000          y =      59.9257       y =       209.4120

x3 =       5.0000          x =       3.8000       x =         4.7828
y3 =     296.8300          y =      89.3657       y =       238.5513

x4 =   16094.0000          x =       4.2000       x =         4.8981
y4 =      10.0000          y =     133.2687       y =       267.6907

Korrektur                  x =       4.6000       x =         5.0015
x4 =  -16094.0000          y =     198.7402       y =       296.8300
y4 =     -10.0000                                 -------------------

x4 =       1.6094
y4 =      10.0000

x3 =       3.0000
y3 =      40.1711
-------------------
```

**Beispiel zu 1.8** Kurvenanpassung

## 1.9 Lineare Gleichungssysteme

Standardprogramme zur Lösung linearer Gleichungssysteme weisen aus der Sicht von Wiederholungsverarbeitungen einen entscheidenden Mangel auf: Sämtliche Ausgangswerte, auch die unverändert in eine neue Rechnung zu übernehmenden, müssen erneut eingegeben werden. Was dies für umfangreichere Gleichungssysteme bedeutet, braucht nicht näher erläutert zu werden.

Aus diesem Grund wird hier ein Programm angeboten, das dem genannten Nachteil begegnet. Trotz großem Speichervermögen (PC-1500 mit 8 K-RAM-Modul oder PC-1500A) können deshalb nur Systeme mit im Höchstfall 14 Gleichungen verarbeitet werden. Eine zusätzliche Aufgabe lag darin, die Eingaben in einem Archivspeicherbereich vorzunehmen und erst bei Verarbeitungsabruf die Ausgangswerte in einen Arbeitsspeicherbereich umzulagern. Auf diese Weise ist es möglich, Änderungen im Archivspeicherbereich durchzuführen, ohne daß die übrigen Ausgangswerte erneut eingegeben werden müssen. Eine Aufteilung des Speicherraums in zwei Zonen muß allerdings zu Lasten der Größe eines Gleichungssystems gehen.

Systeme bestehend aus e Gleichungen mit e Unbekannten werden in allgemeiner Form wie folgt dargestellt:

Koeffizientenmatrix ($a_{11}$ bis $a_{ee}$)          b-Vektor ($b_1$ bis $b_e$)

$$a_{11}x_1 + a_{12}x_2 + a_{13}x_3 + \ldots + a_{1e}x_e = b_1$$
$$a_{21}x_1 + a_{22}x_2 + a_{23}x_3 + \ldots + a_{2e}x_e = b_2$$
$$\vdots$$
$$a_{e1}x_1 + a_{e2}x_2 + a_{e3}x_3 + \ldots + a_{ee}x_e = b_e$$

Von den zwei möglichen Lösungsmethoden — Determinanten- und Eliminationsmethode — haben wir die zweite gewählt und uns dabei an das Standardprogramm zum PC-1211/1212 angelehnt. Das dort angewendete Verfahren läuft wie folgt ab:

$$p = a_{mm} \qquad \text{für } m = 2 \text{ bis e}$$
$$q = a_{im}/p \qquad \text{für } i = 1 \text{ bis } m - 1$$
$$a_{ij} = a_{ij} - q \cdot a_{mj} \qquad \text{für } i = 1 \text{ bis } m - 1$$
$$b_i = b_i - q \cdot b_m .$$

Durch wiederholte Berechnung mit $i < j$ wird $a_{ij} = \emptyset$; es ergeben sich folgende Lösungsansätze:

$$a_{11}x_1 = b_1 \qquad \text{daraus folgt } x_1 = b_1/a_{11}$$
$$a_{21}x_1 + a_{22}x_2 = b_2 \qquad \text{daraus folgt } x_2 = (b_2 - a_{21}x_1)/a_{22}$$

usw.

Die einzelnen Abschlußmöglichkeiten des Programms lesen Sie bitte aus der Bedienungsanleitung ab. Wesentlich für dieses Programm ist, daß die Ausgabegenauigkeit mit der Anwahl der Dezimalstellen entsprechend eingestellt werden kann.

## Speicherorganisation

Die Anlage der Speicherbereiche ist dynamisch, damit werden bei der Lösung kleinerer Systeme durchaus auch noch andere Programme im Speicher vorliegen können.

B — m
D — p
E — Anzahl der Gleichungen bzw. Unbekannten
G — i
H — Hilfsspeicher, später j          C, F, I, J, K — Indexspeicher
M — q                                 $A(E \cdot (E+1))$ — Arbeitsspeicher für $a_{ij}$ und $b_i$
Z — Anzahl der Dezimalstellen         R(E, E)       — Archivspeicher für $a_{ii}$
                                      S(E)          — Archivspeicher für $b_i$

```
10:"LING":CLS :S$          70:DIM A(E*(E+1))        190:INPUT " OK? ne
   ="Gleichungs-"             ,R(E,E),S(E)              in 1(ENTER)";H
   :T$="Systeme":         75:"N":Z=9:INPUT            :CLS :GOTO 160
   PRINT "*** ";S             "Dezimalen = "      210:CLS :FOR I=ZTO
   $;T$;" ***":               ;Z:IF (Z<0)OR           E
   TEXT :CSIZE 2:             (Z>9)OR (Z-INT      220:FOR J=1TO E
   COLOR 0:LF 1               Z<>0)THEN 75        230:GOSUB 340:NEXT
20:GOSUB 80:              76:P=10^Z:END               J:NEXT I:END
   LPRINT S$;T$:          80:LPRINT "*****        240:"S":CLS :PRINT
   GOSUB 80:LF 1:            **********":             "Eingabe spalt
   LPRINT "DEF Ve            RETURN                   enweise":USING
   rarbeitung";          90:LPRINT "------       250:S=1:PRINT "Spa
   GOSUB 90                  ------------";           lte = ";
25:LPRINT "N - De            RETURN              260:INPUT S
   zimalstellen";       100:"B":CLS :PRINT       270:CLS :IF (S<1)
   LPRINT "G - Gl            "Eingabe b-Vek          OR (S>E)OR (S-
   eichungszahl"            tor":USING :            INT S<>0)THEN
30:LPRINT "Z - Ei            FOR I=1TO E             250
   ng. p.Zeile";        110:I$=STR$ I:          275:PRINT "Sp=";S;
   LPRINT "S - Ei            PRINT "b(";I$;      280:INPUT " OK? ne
   ng. p.Spalte";           ") = ";                 in 1(ENTER)";H
   LPRINT "D - LO       120:INPUT H                  :CLS :GOTO 250
   RU-Diagonale"        130:CLS :S(I)=H:        300:CLS :FOR J=STO
40:LPRINT "X - LU            PRINT "b(";I$;          E
   RO-Diagonale";           ") = ";H:INPUT      310:FOR I=1TO E
   LPRINT "B - b-           "OK? nein 1(EN      320:GOSUB 340:NEXT
   Vektor":LPRINT           TER)";H:GOTO 1          I:NEXT J:END
   "A - Element a           10                  340:I$=STR$ I:J$=
   , b"                 140:NEXT I:END              STR$ J:PRINT "
45:LPRINT "L - Lo        150:"Z":CLS :PRINT          a(";I$;",";J$;
   esungsabruf";            "Eingabe zeile          ") = ";
   GOSUB 90:LF 4            nweise":USING      350:INPUT H
50:"G":CLEAR :           160:Z=1:PRINT "Zei      360:CLS :R(I,J)=H:
   USING :CLS :             le = ";                 PRINT "a(";I$;
   INPUT "Zahl Gl       170:INPUT Z                 ",";J$;") = ";
   eichungen = ";       180:CLS :IF (Z<1)           H:INPUT "OK? n
   E:IF E>=2IF E<            OR (Z>E)OR (Z-          ein 1(ENTER)";
   =14IF E-INT E=           INT Z<>0)THEN           H:GOTO 340
   0THEN 70                160                 370:RETURN
60:GOTO 50               185:PRINT "Zi=";Z;     380:"D":CLS :PRINT
```

```
     "Eingabe a(1,1
     ) bis a(e,e)";
     I=1:J=1:USING
     :FOR K=1TO E
390:GOSUB 340:I=1+
     1:J=J+1:NEXT K
     :END
400:"X":CLS :PRINT
     "Eingabe a(e,1
     ) bis a(1,e)";
     I=E:J=1:USING
     :FOR K=1TO E
410:GOSUB 340:I=I-
     1:J=J+1:NEXT K
     :END
420:"A":CLS :PRINT
     "Eing. Element
     a(i,j)/b(i)"
430:USING :I=1:
     PRINT "Zeile =
     ";
440:INPUT I
445:CLS :I$=STR$ I
     :IF (I<1)OR (I
     >E)OR (I-INT I
     <>0)THEN 430
450:INPUT "b(i)? n
     ein 1(ENTER)";
     H:GOTO 500
460:PRINT "b(";I$;
     ") = ";
470:INPUT H
480:CLS :S(I)=H:
     PRINT "b(";I$;
     ") = ";H:INPUT
     "OK? nein 1(EN
     TER)";H:GOTO 4
     60
490:END
500:J=1:PRINT "Spa
     lte = ";
510:INPUT J
515:CLS :J$=STR$ J
     :IF (J<1)OR (J
     >E)OR (J-INT J
     <>0)THEN 500
520:GOSUB 340:END
530:"L":CLS :PRINT
     "Loesungabruf"
     :LF 1:LPRINT "
     Ausgangswerte:
     ";GOSUB 90:
     LPRINT "Koeff.
     Matrix:";B=E
535:K=E:USING :FOR
     I=1TO E
540:LF 1:FOR J=1TO
     E

550:K=K+1:A(K)=R(I
     ,J):I$=STR$ I:
     J$=STR$ J:X=A(
     K):X$="a":
     GOSUB 800:NEXT
     J:NEXT I
560:LF 1:LPRINT "b
     -Vektor:";LF 1
     :K=0:FOR I=1TO
     E
570:K=K+1:A(K)=S(I
     ):I$=STR$ I:J=
     0:X=A(K):X$="b
     ":GOSUB 800:
     NEXT I:LF 1:
     LPRINT "Loesun
     gen:";GOSUB 90
580:F=B:GOSUB 790:
     D=A(K):IF D<>0
     THEN 650
590:FOR G=1TO B-1
600:GOSUB 770:D=A(
     C):IF D<>0LET
     A(K)=D:GOTO 63
     0
610:NEXT G
620:LPRINT "Keine
     Loesung";LF 4:
     USING :END
630:FOR H=1TO B-1
640:F=H:GOSUB 770:
     GOSUB 740:NEXT
     H:GOSUB 780:
     GOSUB 740
650:FOR G=1TO B-1
660:F=B:GOSUB 770:
     M=A(C)/D:FOR H
     =1TO B-1
670:F=H:GOSUB 770:
     GOSUB 750:NEXT
     H:GOSUB 780:
     GOSUB 750:NEXT
     G:B=B-1:IF B>1
     THEN 580
680:FOR B=1TO E-1
690:F=B:GOSUB 790:
     IF A(K)=0THEN
     620
700:GOSUB 760:M=A(
     C):FOR G=B+1TO
     E
710:F=G:GOSUB 790:
     GOSUB 750:NEXT
     G:NEXT B:B=E:F
     =E:GOSUB 790:
     IF A(K)=0THEN
     620
720:GOSUB 760:FOR

     G=1TO E
730:F=G:GOSUB 790:
     I$=STR$ G:J=0:
     X=A(C):X$="x":
     GOSUB 800:NEXT
     G:GOSUB 90:LF
     4:USING :END
740:A(K)=A(K)+A(C)
     :RETURN
750:A(C)=A(C)-M*A(
     K):RETURN
760:A(C)=INT (P*A(
     C)/A(K)+.5)/P:
     RETURN
770:K=E*B+F:C=E*G+
     F:RETURN
780:K=B:C=G:RETURN
790:C=F:K=E*F+B:
     RETURN
800:Y=X:Z=0
810:IF Y-INT Y<>0
     LET Y=10*Y:Z=Z
     +1:GOTO 810
815:X=INT (P*X+.5)
     /P
820:GRAPH :SORGN :
     LPRINT X$:
     GLCURSOR (13,-
     5):CSIZE 1:
     LPRINT I$:IF J
     <>0LPRINT ",";
     J$
830:GLCURSOR (50,0
     ):CSIZE 2:
     LPRINT "=":
     TEXT :TAB 6:
     GOSUB (Z+84)*1
     0:LPRINT X:
     RETURN
840:USING "#######
     ####":RETURN
850:USING "#######
     ###.#":RETURN
860:USING "#######
     ##.##":RETURN
870:USING "#######
     #.###":RETURN
880:USING "#######
     .####":RETURN
890:USING "######.
     #####":RETURN
900:USING "#####.#
     #####":RETURN
910:USING "####.##
     #####":RETURN
920:USING "###.###
     #####":RETURN
930:USING "##.####
     #####":RETURN
```

**Programmlisting 1.9** Lineare Gleichungssysteme

**Bedienungsanleitung**

1. Programm mit RUN (ENTER) oder RUN "LING" (ENTER) starten.

2. Kontrollanzeige "∗∗∗ Gleichungs-Systeme ∗∗∗" mit (ENTER) löschen; es wird eine kurze Verarbeitungsanleitung ausgedruckt.

3. Dieser Punkt kann ab der zweiten von mehreren Verarbeitungen auch mit (DEF) G angewählt werden. Bei Anzeige "Zahl Gleichungen = _" eine zwischen einschließlich 2 und 14 gelegene ganze Zahl eintasten und (ENTER) drücken. Unzulässige Eingaben wie auch die Betätigung von (ENTER) ohne vorangehende Eingabe führen zur beschriebenen Anzeige zurück. Bei mangelndem Datenspeicher kommt es zu einer ERROR-Anzeige. Diese mit (CL) löschen, Speichererweiterung einsetzen und bei Punkt 1 oder 3 neu beginnen.

4. Auch dieser Punkt kann ab der zweiten von mehreren Verarbeitungen mit (DEF) N angewählt werden. Bei Anzeige "Dezimalen = _" eine zwischen einschließlich 0 und 9 gelegene ganze Zahl eintasten und (ENTER) drücken. Die Betätigung von (ENTER) ohne vorangehende Zahleneingabe bewirkt die Einstellung auf automatisch 9 Dezimalstellen. Unzulässige Eingaben führen zur beschriebenen Anzeige zurück. Bei Eingabeannahme verlöscht die Anzeige und das Bereitschaftssymbol erscheint.

5. Programmanwahl:

    5.1. Zeilenweise Eingabe der Matrixelemente $a_{ij}$: (DEF) Z drücken und bei Punkt 6 fortsetzen.

    5.2. Spaltenweise Eingabe der Matrixelemente $a_{ij}$: (DEF) S drücken und bei Punkt 15 fortsetzen.

    5.3. Eingabe der Diagonalelemente $a_{11}$ bis $a_{ee}$: (DEF) D drücken und bei Punkt 16 fortsetzen.

    5.4. Eingabe der Diagonalelemente $a_{e1}$ bis $a_{1e}$: (DEF) X drücken und bei Punkt 18 fortsetzen.

    5.5. Eingabe der Elemente des b-Vektors $b_i$: (DEF) B drücken und bei Punkt 20 fortsetzen.

    5.6. Eingabe eines Einzelelements $a_{ij}$ oder $b_i$: (DEF) A drücken und bei Punkt 22 fortsetzen.

    5.7. Lösungen abrufen: (DEF) L drücken. Daraufhin erfolgt die zeilenweise Auflistung der Ausgangswerte, Berechnung und Ausgabe der Lösungen in Übereinstimmung mit dem Ausdruck eines Testbeispiels. Weitere Verarbeitungen können ab den Punkten 1, 3, 4 oder 5 aufgenommen werden.

6. Kontrollanzeige "Eingabe zeilenweise" bei Gutbefund mit (ENTER) löschen; andernfalls ab Punkt 5 neu beginnen.

7. Bei Anzeige "Zeile = " (ENTER) drücken.

8. Bei Anzeige "Zeile = ?" eine zwischen einschließlich 1 und e gelegene ganze Zahl eintasten und (ENTER) drücken. Die Betätigung von (ENTER) ohne Zahleneingabe bewirkt die Anwahl von Zeile 1, was für den Beginn einer neuen Verarbeitung wichtig ist. Die Eingabe der Zahlen 2 bis e ist nur für Wiederholungsverarbeitungen für Änderungseingaben sinnvoll.

9. Bei Anzeige "ZI = z" (z = eingegebene Zeilennummer) (ENTER) drücken.

10. Bei Anzeige "ZI = z OK? nein 1 (ENTER) _" über die weitere Fortsetzung entscheiden:

    10.1. Anwahl nicht korrekt: Beliebige Zahl eintasten, (ENTER) drücken und Eingabe ab Punkt 7 wiederholen.

    10.2. Anwahl korrekt: (ENTER) ohne vorangehende Zahleneingabe drücken.

11. Bei Anzeige "a (z, s) = " (ENTER) drücken.

12. Bei Anzeige "a (z, s) = ?" Wert des angezeigten Elements $a_{ij}$ eintasten und (ENTER) drücken.

13. Kontrollanzeige "a (z, s) = n" mit (ENTER) löschen.

14. Bei Anzeige "OK? nein 1 (ENTER) _" über die weitere Fortsetzung entscheiden:

    14.1. Eingabe nicht korrekt: Beliebige Zahl eintasten, (ENTER) drücken und Eingabe ab Punkt 11 wiederholen.

    14.2. Eingabe korrekt: (ENTER) ohne vorangehende Zahleneingabe drücken. Ist das letztmögliche Element $a_{ee}$ noch nicht eingegeben, wird mit der Eingabe des nächsten Elements in Punkt 11 fortgesetzt. Andernfalls ist die Eingabe mit Verlöschen der Anzeige und dem Erscheinen des Bereitschaftssymbols beendet. Es ist bei Punkt 5 fortzufahren.

15. Die spaltenorientierte Eingabe der Matrixelemente $a_{ij}$ verläuft wie die zuvor beschriebene für die zeilenweise Eingabe in Übereinstimmung mit den Punkten 6 bis 14.

16. Kontrollanzeige "Eingabe a(1,1) bis a(e,e)" bei Gutbefund mit (ENTER) löschen, andernfalls Neuanwahl ab Punkt 5 vornehmen.

17. Elemente in der Reihenfolge $a_{11}$ bis $a_{ee}$ in Übereinstimmung mit den Punkten 7 bis 14 eingeben und nach Verlöschen der Anzeige bei Punkt 5 fortsetzen.

18. Kontrollanzeige "Eingabe a(e,1) bis a(1,e)" bei Gutbefund mit (ENTER) löschen, andernfalls Neuanwahl ab Punkt 5 vornehmen.

19. Elemente in der Reihenfolge $a_{e1}$ bis $a_{1e}$ in Übereinstimmung mit den Punkten 7 bis 14 eingeben und nach Verlöschen der Anzeige bei Punkt 5 fortsetzen.

20. Kontrollanzeige "Eingabe b-Vektor" bei Gutbefund mit (ENTER) löschen, andernfalls Neuanwahl ab Punkt 5 vornehmen.

21. Bei Anzeigen "b (z) = " (z = Zeilennummer) Elemente des B-Vektors $b_i$ in Übereinstimmung mit den Punkten 7 bis 14 eingeben und nach Verlöschen der Anzeige bei Punkt 5 fortsetzen.

22. Kontrollanzeige "Eing. Element a (i, j)/b (i)" bei Gutbefund mit (ENTER) löschen, andernfalls Neuanwahl bei Punkt 5 vornehmen.

23. Bei Anzeige "Zeile = " Zeilenanwahl analog Punkten 7 und 8 vornehmen.

24. Bei Anzeige "b (i)? nein 1 (ENTER) _" über die weitere Fortsetzung entscheiden:

    24.1. Matrixelement $a_{ij}$ eingeben: Beliebige Zahl eintasten, (ENTER) drücken und bei Punkt 25 fortsetzen.

    24.2. Element des b-Vektors eingeben: (ENTER) ohne vorangehende Zahleneingabe drücken und bei Punkt 27 fortsetzen.

25. Bei Anzeige "Spalte = " Spaltennummer analog zu den Punkten 7 und 8 eingeben.

26. Bei Anzeige "a (z, s) = " angezeigtes Matrixelement $a_{ij}$ in Übereinstimmung mit den Punkten 11 bis 14 eingeben. Nach Verlöschen der Anzeige bei Punkt 5 fortsetzen.

27. Bei Anzeige "b (z) = " angezeigtes Element des b-Vektors $b_i$ in Übereinstimmung mit den Punkten 11 bis 14 eingeben. Nach Verlöschen der Anzeige bei Punkt 5 fortsetzen.

Für die Darstellung von Testbeispielen ist noch nachzutragen, daß ein nicht zu lösendes Gleichungssystem (singuläre Matrix) wie im ersten Fall zum Textausdruck "Keine Loesung" führt. Der Unterschied zwischen den Beispielen 2 und 3 liegt in der unterschiedlichen Wahl der Genauigkeit. Beispiel 2 wurde mit 9 Dezimalstellen abgewickelt. Daraufhin wurde nur die Anzahl der Dezimalstellen auf 8 zurückgenommen und ohne neuerliche Eingabe der Lösungsabruf nochmals für das vorliegende Gleichungssystem ausgelöst.

```
****************
Gleichungs-Systeme
****************

DEF Verarbeitung
------------------
N - Dezimalstellen
G - Gleichungszahl
Z - Eing. p.Zeile
S - Eing. p.Spalte
D - LORU-Diagonale
X - LURO-Diagonale
B - b-Vektor
A - Element a, b
L - Loesungsabruf
------------------
```

```
Ausgangswerte:              Ausgangswerte:              Ausgangswerte:
------------------          ------------------          ------------------
Koeff.Matrix:              Koeff.Matrix:               Koeff.Matrix:

a(1,1)  =          1        a(1,1)  =          8        a(1,1)  =          8
a(1,2)  =          1        a(1,2)  =          2        a(1,2)  =          2
                           a(1,3)  =          1        a(1,3)  =          1
a(2,1)  =          1
a(2,2)  =          1        a(2,1)  =          2        a(2,1)  =          2
                           a(2,2)  =          4        a(2,2)  =          4
b-Vektor:                  a(2,3)  =          2        a(2,3)  =          2

b(1)  =          4.3       a(3,1)  =          1        a(3,1)  =          1
b(2)  =          8.5       a(3,2)  =          2        a(3,2)  =          2
                          a(3,3)  =          6        a(3,3)  =          6
Loesungen:
------------------         b-Vektor:                  b-Vektor:
Keine Loesung
                          b(1)  =          14        b(1)  =          14
                          b(2)  =          14        b(2)  =          14
                          b(3)  =          22        b(3)  =          22

                          Loesungen:                 Loesungen:
                          ------------------         ------------------
                          x(1) =  0.999999999        x(1) =             1
                          x(2) =  1.500000001        x(2) =           1.5
                          x(3) =            3        x(3) =             3
                          ------------------         ------------------
```

**Beispiele zu 1.9** Lineare Gleichungssysteme

## 1.10 Zahlenumwandlung

Die Umwandlung einer Dezimalzahl in eine einem anderen System angehörende Zahl ist vor allem in der Computertechnik notwendig. Es gibt aber auch andere Verarbeitungsbeispiele, die eine Zahlenumwandlung erforderlich machen. Es läßt sich beispielsweise durch die Umwandlung einer Monatszahl (1 bis 12) nach Abzug einer 1 in eine Zahl des Systems mit der Basis 7 eine bessere Ordnung für die Enddaten 30 bzw. 31 Tage unter Ausklammerung des Monats Februar finden. Dies hebt den Knick in der Systematik der dezimalen Monatszahlen — Juli und August mit 31 Tagen — auf, und die Ermittlung des Enddatums eines Monats aus der Monatszahl wird wesentlich erleichtert.

Das vorliegende Programm unterscheidet sich von anderen gleichartigen Lösungen in folgendem Punkt: Im Rahmen der Kapazität der Anzeige einer Zahl mit maximal 10 wertführenden Ziffern ist nicht nur die Umwandlung bzw. Rückumwandlung von Zahlen aus dem bzw. in das Dezimalsystem möglich, sondern auch die Direktumwandlungen von Zahlen aus bzw. nach Systemen mit von 10 verschiedener Basiszahl können mit diesem Programm bewältigt werden.

In der Computertechnik spielt das Binärsystem (Zahlensystem mit der Basis 2, den Ziffern 0 und 1) und das Oktalsystem (Zahlensystem mit der Basis 8 und den Ziffern 0 bis 7) eine bedeutende Rolle.

Eine Direktumwandlung erfolgt programmintern in zwei Stufen:

*Stufe 1:* Umwandlung einer Zahl mit der Basis a in eine Dezimalzahl.

Die Ziffern sind mit Variablen von $z_1$ bis $z_n$ und die Stellenwertfaktoren mit $a^0$ bis $a^{n-1}$ bezeichnet:

$$Z_d = z_n \cdot a^{n-1} + z_{n-1} \cdot a^{n-2} + \ldots + z_2 \cdot a^1 + z_1 \cdot a^0.$$

*Stufe 2:* Umwandlung einer Dezimalzahl in eine Zahl mit der Basis b.

Die Ziffern sind wieder mit $z_1$ bis $z_n$ und die Stellenwertfaktoren mit $10^0$ (= 1!) bis $10^{n-1}$, wobei n die Anzahl der Stellen bezeichnet, angeschrieben:

$$Z_b = z_n \cdot 10^{n-1} + z_{n-1} \cdot 10^{n-2} + \ldots + z_2 \cdot 10^1 + z_1 \cdot 10^0.$$

**Speicherorganisation**

A  —  Basiszahl Ausgabe
B  —  Basiszahl Eingabe
E  —  eingegebene umzuwandelnde Zahl
F  —  zu verarbeitende Zahl (Arbeitswert)
G  —  umgewandelte Zahl
H  —  Exponent
I  —  Index
J  —  Stellenwertfaktor

```
 10:"ZUMW":CLEAR :
    S$="Zahlenumwa
    ndlung"
 20:X=1:INPUT "Anz
    eige 1/Druck 2
    (ENTER)";X
 30:IF (X<1)OR (X>
    2)OR (X-INT X<
    >0)THEN 20
 40:A$="(DEF)":B$=
    " Verarbeitung
    ":C$="A - ";D$
    ="Dezimal-Bina
    er"
 50:E$="S - ":F$="
    Dezimal-Oktal"
    ;G$="D - ";H$=
    "Oktal-Binaer"
 60:I$="F - ":J$="
    Oktal-Dezimal"
    ;K$="G - ";L$=
    "Binaer-Oktal"
 70:M$="H - ";N$="
    Binaer-Dezimal
    ";O$="N - ";P$
    ="Basiszahlen"
 80:T$="Z - ";U$="
    Zahleneingabe"
 90:IF X=2THEN 120
100:PRINT "Taste "
    ;A$;B$:PRINT C
    $;D$:PRINT E$;
    F$:PRINT G$;H$
    :PRINT I$;J$:
    PRINT K$;L$
110:PRINT M$;N$:
    PRINT O$;P$:
    PRINT T$;U$:
    END
120:LPRINT :CSIZE
    2:COLOR 0:
    GOSUB 140:
    LPRINT " ";S$:
    GOSUB 140:
    LPRINT :LPRINT
    A$;B$:GOSUB 15
    0:LPRINT C$;D$

130:LPRINT E$;F$:
    LPRINT G$;H$:
    LPRINT I$;J$:
    LPRINT K$;L$:
    LPRINT M$;N$:
    LPRINT :LPRINT
    O$;P$:LPRINT T
    $;U$:LF 3:END
140:LPRINT "******
    ***********":
    RETURN
150:LPRINT "------
    ------------":
    RETURN
160:"A":B=10:A=2:
    GOTO 280
170:"S":B=10:A=8:
    GOTO 280
180:"D":B=8:A=2:
    GOTO 280
190:"F":B=8:A=10:
    GOTO 280
200:"G":B=2:A=8:
    GOTO 280
210:"H":B=2:A=10:
    GOTO 280
220:"N":INPUT "Bas
    is Eingabe = "
    ;B
230:IF (B<2)OR (B>
    10)OR (B-INT B
    <>0)THEN 220
240:INPUT "Basis A
    usgabe = ";A
250:IF (A<2)OR (A>
    10)OR (A-INT A
    <>0)THEN 240
260:IF A=0THEN 240
270:IF B=0THEN 220
280:IF X=1PRINT P$
    ;"; Ein";B;"/A
    us";A:END
290:Y$=" ":IF A=10
    LET Y$=""
300:X$=" ":IF B=10
    LET X$=""

310:LF 2:LPRINT P$
    ;";":LPRINT "E
    ingabe = ";B:
    LPRINT "Ausgab
    e = ";A:LF 1:
    END
330:"Z":INPUT "Zah
    l = ";E
340:IF E=0LET G=0:
    GOTO 420
350:IF (E<0)OR (E>
    1E10-1)OR (E-
    INT E<>0)THEN
    330
360:H=0:G=0:F=E
370:F=F/10:I=10*(F
    -INT F):F=INT
    F:IF I>=BTHEN
    330
380:J=B^H:G=I*J+G:
    H=H+1:IF FTHEN
    370
390:H=LOG G/LOG A:
    H=INT H:F=A^10
    :IF G>=FTHEN 3
    30
400:F=G:G=0:FOR I=
    HTO 0STEP -1
410:J=A^I:K=F/J:K=
    INT K:G=10*G+K
    :F=F-K*J:NEXT
    I
420:IF X=1PRINT "Z
    (";B;")=";E;"
    ergibt":PRINT
    "Z(";A;")=";G:
    END
430:LPRINT :LPRINT
    "Z(";B;") ";X$
    ;USING "######
    #####";E:GOSUB
    150:USING
440:LPRINT "Z(";A;
    ") ";Y$;USING
    "##########";
    G:USING :END
```

**Programmlisting 1.10** Zahlenumwandlung

Während des Programmablaufs erfolgt eine Zuverlässigkeitsüberprüfung der eingegebenen Zahl nicht nur auf ihre Zugehörigkeit zum vorgegebenen Zahlensystem (die Zahl 3 gehört nicht zum Dualsystem), sondern auch auf ihre Gesamtgröße (Ziffernanzahl, Länge) im Hinblick auf eine 10-ziffrige Darstellbarkeit (Ausdruck).

Irrtümliche Eingaben bewirken keine Fehleranzeige, sondern führen zu einer erneuten Eingabe zurück.

Für Umwandlungen zwischen Zahlensystemen wurden besondere Starttasten mit automatischer Festlegung der Basiszahlen eingerichtet; ebenso aber ist auch die individuelle Anwahl der beiden Basiszahlen möglich. Ein Betrieb ist mit oder ohne Drucker möglich.

**Bedienungsanleitung**

1. Programm mit RUN (ENTER) oder RUN "ZUMW" (ENTER) starten.

2. Bei Anzeige des Hinweises "Anzeige 1/Druck 2 (ENTER) _" über die weitere Fortsetzung entscheiden:

   2.1.  Anzeige: 1 (ENTER) oder nur (ENTER) drücken und bei Punkt 3 fortsetzen.
   2.2.  Druck: 2 (ENTER) drücken und bei Punkt 10 fortsetzen.

   Bei Eingabe anderer Zahlen als 1 und 2 verbleibt das Programm bei Anzeige des beschriebenen Entscheidungshinweises.

3. Der Reihe nach werden nun mit (ENTER) die einzelnen Eingabe- und Verarbeitungshinweise in Übereinstimmung mit dem im Testbeispiel ausgedruckten Programmverlauf angezeigt. Darauf verlöscht die Anzeige, und das Bereitschaftssymbol weist auf Wahlmöglichkeiten hin.

4. Anwahl einer der 6 Fixumwandlungen mit (DEF) A, S, D, F, G oder H bzw. N für eine individuelle Eingabe von Basiszahlen. Im Fall der ersten 6 Anwahlmöglichkeiten wird bei Punkt 7 fortgesetzt.

5. Bei Anzeige "Basis Eingabe = _" beliebige zwischen einschließlich 2 und 10 gelegene ganze Zahl eintasten und (ENTER) drücken; unzulässige Eingaben führen zum Verbleiben bei der beschriebenen Anzeige.

6. Bei Anzeige "Basis Ausgabe = _" beliebige zwischen einschließlich 2 und 10 gelegene ganze Zahl eintasten und (ENTER) drücken; unzulässige Eingaben führen auch hier zum Verbleiben bei der beschriebenen Anzeige.

7. Kontrollanzeige der gewählten Basiszahlen mit (ENTER) löschen; das Bereitschaftssymbol zeigt sich in der verlöschten Anzeige.

8. Eingabe einer umzuwandelnden Zahl mit (DEF) Z anwählen.

9. Bei Anzeige "Zahl = _" eine zwischen einschließlich der Grenzen 0 und 9999999999 gelegene ganze Zahl eintasten und (ENTER) drücken. Unzulässige Eingaben führen zum Verbleiben der beschriebenen Anzeige. Die angezeigte Eingabe "Z (a) = NNNNNN" wird durch Betätigung von (ENTER) gelöscht, um das Ergebnis in der Form "Z (b) = = NNNNNNN" abzurufen. Nach nochmaliger Betätigung der (ENTER)-Taste verlöscht die Anzeige, und das Bereitschaftssymbol wird angezeigt; weitere Verarbeitungen können ab den Punkten 1, 4 oder 8 aufgenommen werden.

10. Ausgabe eines Titeltextes und einer kurzen Verarbeitungsanleitung; die Anzeige verlöscht und das Bereitschaftssymbol erscheint.

11. Anwahl der Basiszahlen in Übereinstimmung mit den Punkten 4 bis 6 vornehmen; die angewählten Basiszahlen werden zur Kontrolle ausgedruckt.

12. Das gleiche gilt auch für die Eingabe einer umzuwandelnden Zahl analog der Punkte 8 und 9; eingegebene und umgewandelte Zahlen werden mit Angabe der jeweiligen Basiszahl ausgedruckt.

Weitere Verarbeitungen können ab den Punkten 1, 4 oder 8 aufgenommen werden.

Die ersten vier Testbeispiele sind paarweise zu betrachten, da ein Beispiel jeweils die Umkehrung des nächstfolgenden darstellt. Im Fall der Eingabebasis 10 und der Ausgabebasis 7 wurden drei Umwandlungen hintereinander abgewickelt.

Nachzutragen wäre ein kleines Detail zur Umwandlung einer Dezimalzahl in die Zahl eines anderen Systems. Diese Umwandlung basiert auf folgendem Verarbeitungsvorgang:

1. Schritt: Zahl $Z_d$ durch $b^{n-1}$ teilen, ganzzahliger Teil des Quotienten ist $z_n$.

2. Rest aus vorangegangener Division bildet den Dividenden der nächsten Division; Divisor ist nun $b^{n-2}$. Der ganzzahlige Teil des Quotienten ist $z_n - 1$.

3. Es wird nun so lange in der beschriebenen Weise fortgesetzt, bis der letzte Rest die Ziffer $z_1$ ergeben hat.

```
******************
 Zahlenumwandlung
******************
```

```
(DEF) Verarbeitung        Basiszahlen:              Basiszahlen:
-------------------        Eingabe  =   8            Eingabe  =  10
A - Dezimal-Binaer        Ausgabe  =   2            Ausgabe  =   8
S - Dezimal-Oktal
D - Oktal-Binaer
F - Oktal-Dezimal         Z( 8)          1762       Z( 10)         27845
G - Binaer-Oktal          ------------------        ------------------
H - Binaer-Dezimal        Z( 2)   1111110010        Z( 8)          66305

N - Basiszahlen
Z - Zahleneingabe         Basiszahlen:              Basiszahlen:
                          Eingabe  =   2            Eingabe  =   8
                          Ausgabe  =   8            Ausgabe  =  10


Basiszahlen:
Eingabe  =  10            Z( 2)   1111110010        Z( 8)          66305
Ausgabe  =   7            ------------------        ------------------
                          Z( 8)          1762       Z( 10)         27845


Z( 10)             0
------------------
Z( 7)              0

Z( 10)             7       Beispiele zu 1.10   Zahlenumwandlung
------------------
Z( 7)             10

Z( 10)           175
------------------
Z( 7)            340
```

**Beispiele zu 1.10   Zahlenumwandlung**

# 2 Spiel und Hobby

Einer der ältesten und auch der natürlichsten Triebe des Menschen ist der Spieltrieb. Dazu kommt noch, daß ein Lernerfolg dann am größten ist, wenn das Wissen auf spielerische Weise erworben wird. Daher darf in einer Programmsammlung für den PC-1500 auch diese Sparte nicht fehlen.

Dabei erkennen wir, daß — von den beiden ersten echten Spielprogrammen abgesehen — auch ein Programm aus diesem Bereich seinen Einsatz in praktischen Anwendungen findet. Die Datumsrückrechnung ist beispielsweise dann unerläßlich, wenn man von einem fixen Datum aus die Laufzeit eines Vertrages in Tagen bestimmen will bzw. aus der Laufzeit das genaue Ablaufdatum, ohne im Kalender nachzusehen, feststellen muß. Laufzeiten in Tagen finden wir vorrangig bei Kreditverträgen, bei deren Verwaltung eine Datumsrückrechnung von großem Vorteil ist.

Auch der zum Teil weniger ernst genommene Einfluß der Geburt eines Menschen auf seinen weiteren Lebensweg in Form des bekannten Bio-Rhythmus ist für den, der an diese Einflüsse glaubt, eine in diesem Fall zwar subjektive, aber dennoch praktische Anwendung, aus der wir abweichend von vielen ähnlichen Programmen einen Teil zur Berechnung der besonderen und kritischen Tage herausgearbeitet haben.

## 2.1 LOGO-Ratespiel

Im Mikrocomputer-Jahrbuch 1984 (Vieweg Verlag) findet sich eine Version dieses Spiels für den PC-1211/1212. Aufgrund der für den PC-1500 gegebenen Möglichkeiten kann dieses Spielproblem in anderer Weise noch besser gelöst werden; diese Programmversion ist mit und ohne Drucker lauffähig.

Das Spiel selbst wurde dem PARKER-Spiel 611 1088 nachempfunden und von einem Spiel zweier Partner in ein Spiel eines Spielers gegen den Rechner PC-1500 umgebaut. Das Ziel des Spiels besteht darin, die Lage eines aus 4 oder 5 Atomen bestehenden Moleküls in einem 8 X 8 Kästchen umfassenden Spielfeld mit möglichst wenigen Versuchen zu erraten. Im Spiel eines Spielers gegen den Computer übernimmt der Rechner immer den Part des vorgebenden Spielers und setzt die 4 bzw. 5 Atome mit Hilfe des Zufallszahlengenerators.

Der ratende Spieler sendet von einem um das Feld angeordneten Balken, deren Kästchen beginnend von links unten entgegen dem Uhrzeigersinn von 1 bis 32 durchnumeriert sind, einen Strahl in das Feld ab. Ebenfalls von links unten beginnend sind die Kästchen dieses Feldes zeilenweise nach oben von 1 bis 64 numeriert; siehe dazu die Abbildung des Spielfeldes.

| 24 | 23 | 22 | 21 | 20 | 19 | 18 | 17 |
|----|----|----|----|----|----|----|----|

| 25 | | 57 | 58 | 59 | 60 | 61 | 62 | 63 | 64 | | 16 |
|----|---|----|----|----|----|----|----|----|----|---|----|
| 26 | | 49 | 50 | 51 | 52 | 53 | 54 | 55 | 56 | | 15 |
| 27 | | 41 | 42 | 43 | 44 | 45 | 46 | 47 | 48 | | 14 |
| 28 | | 33 | 34 | 35 | 36 | 37 | 38 | 39 | 40 | | 13 |
| 29 | | 25 | 26 | 27 | 28 | 29 | 30 | 31 | 32 | | 12 |
| 30 | | 17 | 18 | 19 | 20 | 21 | 22 | 23 | 24 | | 11 |
| 31 | | 9 | 10 | 11 | 12 | 13 | 14 | 15 | 16 | | 10 |
| 32 | | 1 | 2 | 3 | 4 | 5 | 6 | 7 | 8 | | 9 |

| 1 | 2 | 3 | 4 | 5 | 6 | 7 | 8 |
|---|---|---|---|---|---|---|---|

Aufgrund des Verlaufs, den ein Strahl auf seinem Weg durch das Feld nimmt, kann auf die Lage der einzelnen Atome geschlossen werden. Für den Spielablauf sind drei Varianten kennzeichnend:

*1. Strahl tritt an anderer Stelle aus (2 Punkte)*

Diese Möglichkeit wird anhand von zwei Strahlenverläufen demonstriert. Während im ersten Fall keine Ablenkung eintritt und der Strahl an der gegenüberliegenden Seite das Feld wieder verläßt, wird im zweiten Fall ein Strahl aufgrund eines Atoms, das in einem zum Strahlenweg angrenzenden Feld liegt, abgelenkt. Es ist sowohl eine Rechtsablenkung, die im Bild dargestellt ist, als auch eine Linksablenkung möglich.

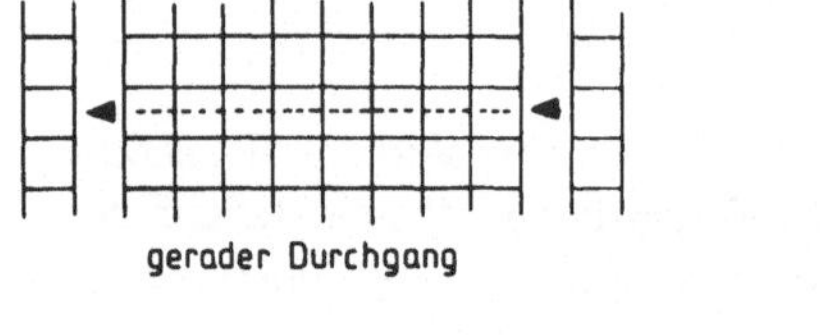

gerader Durchgang

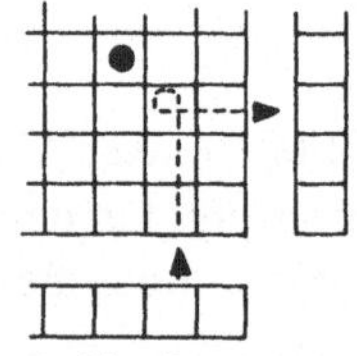

abgelenkter Durchgang

*2. Der Strahl wird reflektiert (1 Punkt)*

Der Strahl tritt an der gleichen Stelle aus, von der aus er abgeschickt wurde. Die Reflexion ist nichts anderes als eine Umlenkung um 180 Grad. Zwei Atome liegen genau in der gleichen Höhe links bzw. rechts vom Strahlenverlauf. Der Normalfall ist links im Bild dargestellt. Als Sonderfall gilt die Umlenkung durch ein links oder rechts vom Strahleneintritt gelegenes Atom am Feldrand, wie im zweiten Beispiel dargestellt. Es ist noch hinzuzufügen, daß vor dieser als Normalfall geschilderten Atomlage durchaus bereits eine Strahlenumlenkung nach links oder rechts erfolgt sein kann.

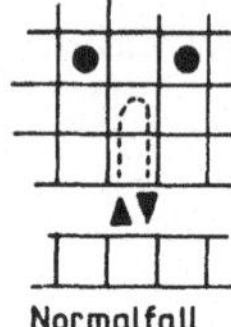

Normalfall

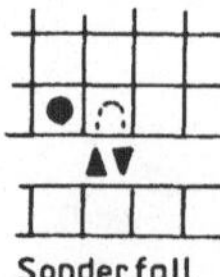

Sonderfall

### 3. Der Strahl wird absorbiert (1 Punkt)

Auf dem Weg durch das Atomgitter kann ein Strahl auch verschluckt werden; dazu muß sich auf dem Strahlenweg ein Atom befinden. Auch in diesem Fall kann der Strahl vor dem direkten Auftreffen auf ein Atom bereits ein- oder mehrmals umgelenkt worden sein. Daß heißt, daß neben dem im Bild dargestellten einmal abgelenkten Strahlenverlauf ein Auftreffen auch ohne vorherige Ablenkung möglich ist.

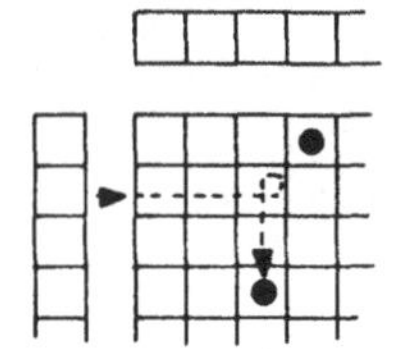

Strahlenverlauf mit Umlenkung

Wenn man nun meint, genügend Strahlen abgeschickt zu haben, werden die vermuteten Positionen der einzelnen Atome eingegeben. Falsch geratene Positionen werden mit zusätzlichen 5 Punkten bewertet.

Die Lage des Moleküls sollte mit möglichst wenig Punkten erraten werden.

```
10: "LOGO":CLEAR :
    S$=" Logo-Rate
    spiel ";T$="**
    ***":PRINT T$;
    S$;T$:RANDOM :
    DIM A(5),R(32)
20: KZ=1:INPUT "An
    zeige 1/Druck
    2(ENTER)";KZ:
    IF (KZ<1)OR (K
    Z>2)OR (KZ-INT
    KZ<>0)THEN 20
30: IF KZ=1PRINT "
    (DEF)A: Atompo
    sitionen";
    PRINT "(DEF)S:
     Spielstart";
    END
40: CSIZE 2:COLOR
    0:LF 2:GOSUB 6
    0:LPRINT "*";S
    $;"*":GOSUB 60
    :LF 1:LPRINT "
    DEF Spielzug";
    GOSUB 70
50: LPRINT "A - At
    ompositionen";
    LPRINT "     se
    tzen":LPRINT "
    S - Spielstart
    ";GOSUB 70:LF
    4:END
60: LPRINT "*****
    ***********":
    RETURN
70: LPRINT "------
    -----------";
    RETURN
80: "A":N=4:INPUT
    "Atome (4,5) =
    ";N:IF (N<4)
    OR (N>5)OR (N-
    INT N<>0)THEN
    80
90: RANDOM :FOR I=
    1TO N
100: F=RND 64:GOSUB
     440:IF K=1THEN
     100
110: A(I)=F:NEXT I:
     BEEP N:PRINT "
     (DEF)S: Spiels
     tart":END
120: S=INT ((F-1)/8
     ):Y=F-1-8*S:T=
     T+1:RETURN
130: "S":T=0:FOR I=
     1TO 32
140: R(I)=0:NEXT I:
     IF KZ=2LF 2:
     LPRINT "Eingab
     en":GOSUB 70
150: "X":X=0:WAIT 1
     :PRINT "Strahl
     (1-32) = ";
160: INPUT X
170: CLS :WAIT :IF
     (X<1)OR (X>32)
     OR (X-INT X<>0
     )THEN 150
175: IF R(X)=1THEN
     150
180: F=X:GOSUB 120:
     R(X)=1:P=1:Z=1
     :GOTO (S+19)*1
     0
190: O=1+Y:GOSUB 51
     0:GOTO 230
200: O=8+8*Y:GOSUB
     520:GOTO 230
210: O=64-Y:GOSUB 5
     30:GOTO 230
220: O=57-8*Y:GOSUB
     540
230: L=0:R=0:F=0:
     GOSUB 440:IF K
     =1THEN 490
240: IF Y=0THEN 270
250: F=O-Q:GOSUB 44
     0:IF K=1LET L=
     1
260: IF Y=7THEN 280
270: F=O+Q:GOSUB 44
     0:IF K=1LET R=
     1
280: IF P=1IF L=1
     THEN 470
```

```
290: IF P=1IF R=1
     THEN 470
300: IF L=1IF R=1
     THEN 470
310: IF L=0THEN 340
320: IF S=0LET S=4
330: H=Y:Y=9-Z:Z=H+
     1:S=S-1:GOTO 3
     70
340: IF R=0THEN 380
350: IF S=3LET S=-1
360: H=Z:Z=8-Y:Y=H-
     2:S=S+1
370: O=0-V:H=(S+51)
     *10:GOSUB H
380: O=0+V:Z=Z+1:P=
     0:IF VIF O<=G
     THEN 230
390: IF VTHEN 410
400: IF O>=GTHEN 23
     0
410: O=O-V:S=S+2:IF
     S>3LET S=S-4
420: F=8*(S+1)-Y:
     GOSUB 120:R(F)
     =1:BEEP 3:X$="
      --->":IF KZ=1
     PRINT X;X$;F:
     GOTO 560
430: LPRINT X;X$;F:
     GOTO 560
440: K=0:FOR J=1TO
     N
450: IF F=A(J)LET K
     =1
460: NEXT J:RETURN
470: BEEP 2:X$=" re
     flektiert":IF
     KZ=1PRINT X;X$
     :GOTO 560
480: LPRINT X;X$:
     GOTO 560
490: BEEP 1:X$=" ab
     sorbiert":IF K
     Z=1PRINT X;X$:
     GOTO 560
500: LPRINT X;X$:
     GOTO 560
510: O=1:V=8:GOTO 5
     50
520: O=8:V=-1:GOTO
     550
530: O=-1:V=-8:GOTO
     550
540: O=-8:V=1
550: G=O+(8-Z)*V:
     RETURN
560: INPUT "Spielen
     de? ja 1(ENTER
     )";H:GOTO 580
570: GOTO 150
580: IF KZ=2LF 2:
     LPRINT "Moegl.
      Positionen":
     GOSUB 70
585: FOR I=1TO N
590: F=0:WAIT 1:
     PRINT "Atom (1
     -64) = ";
600: INPUT F
610: CLS :WAIT :IF
     (F<1)OR (F>64)
     OR (F-INT F<>0
     )THEN 590
620: GOSUB 440:IF K
     =1THEN 640
630: BEEP 1:X$=" fa
     lsch":T=T+5:
     GOTO 650
640: BEEP 3:X$=" ri
     chtig"
650: IF KZ=1PRINT F
     ;X$:GOTO 670
660: LPRINT F;X$
670: NEXT I:IF KZ=2
     THEN 720
680: WAIT 150:PRINT
     "Atome:";
690: FOR I=1TO N
700: PRINT A(I);
710: NEXT I:CLS :
     WAIT :PRINT "E
     rgebnis";T;" P
     unkte";END
720: LF 2:LPRINT "T
     ats. Positione
     n":GOSUB 70
730: FOR I=1TO N
740: LPRINT A(I);
750: NEXT I:LPRINT
     " ";LF 2:
     LPRINT "Abrech
     nung":GOSUB 70
760: LPRINT "Sie ha
     ben":LPRINT T;
     " Punkte erzie
     lt":GOSUB 70:
     LF 4:END
```

**Programmlisting 2.1** LOGO-Ratespiel

## Bedienungsanleitung

1. Programm mit RUN (ENTER) oder RUN "LOGO" (ENTER) starten.

2. Kontrollanzeige "***** Logo-Ratespiel *****" mit (ENTER) löschen.

3. Bei Anzeige "Anzeige 1/Druck 2 (ENTER)_" über die weitere Fortsetzung entscheiden:

   3.1. Anzeige: 1 (ENTER) oder nur (ENTER) drücken. Es werden die beiden Verarbeitungshinweise, die auch aus dem Ausdruckbeispiel abgelesen werden können, jeweils nach Betätigung der Taste (ENTER) angezeigt. Nach der letzten Anzeige erscheint das Bereitschaftssymbol.

   3.2. Druck: 2 (ENTER) drücken; Ausdruck eines Verarbeitungstitels und einer kurzen Verarbeitungsanleitung, worauf die Anzeige verlöscht und das Bereitschaftssymbol angezeigt wird.

4. Spiel mit (DEF) A starten.

5. Bei Anzeige "Atome (4,5) = _" nur die Zahl 4 oder 5 eintasten und (ENTER) drük-
   ken. Unzulässige Eingaben führen zur beschriebenen Anzeige zurück. Die 4 bzw. 5
   Positionen werden im Rechner erzeugt und die Beendigung dieser Erzeugung mit 4
   bzw. 5 Piepstönen angezeigt. Mit der Anzeige "(DEF) S: Spielstart", die mit (ENTER)
   gelöscht werden kann, wird auf die weitere Fortsetzung im Spiel hingewiesen.

6. Spiel mit (DEF) S starten.

7. Bei Anzeige "Strahl (1–32) = ?" zwischen einschließlich 1 und 32 gelegene ganze
   Zahl eintasten und (ENTER) drücken. Unzulässige Eingaben sowie bereits von
   Strahlenein- bzw. Austritten in Anspruch genommene Randfelder führen zum Verbleiben bei der beschriebenen Anzeige. Der Erfolg (siehe Beispiel) wird je nach Spielbetrieb angezeigt oder ausgedruckt.

8. Bei Anzeige "Spielende? ja 1 (ENTER) _" über die weitere Fortsetzung entscheiden:
   8.1. Weitere Strahlen abschicken: (ENTER) ohne vorangehende Zahleneingabe
        drücken und nächste Eingabe bei Punkt 7 vornehmen.
   8.2. Strahlenbeschuß beenden: Beliebige Zahl eintasten und (ENTER) drücken.

9. Bei Anzeige "Atom (1–64) = _" so lange vermutete Atompositionen eingeben und
   (ENTER) drücken, als Atome angewählt wurden. Zur Kontrolle wird die eingegebene
   Atomnummer mit dem Zusatztext "richtig" oder "falsch" gekennzeichnet angezeigt
   bzw. ausgedruckt.

10. Nach Eingabe der letzten Atomposition und Ausgabe der Eingabekontrolle werden
    die tatsächlichen Positionen selbsttätig angezeigt bzw. ausgedruckt. In beiden Fällen
    verlöscht die Anzeige und das Bereitschaftssymbol erscheint.

11. Ein weiteres Spiel kann ab Punkt 1 oder 4 auf genommen werden.

Im Testbeispiel lagen die Atome recht günstig, so daß mit wenigen Rateversuchen sämtliche Positionen festgestellt werden konnten.

Für den Spielbetrieb zeichnet man sich am besten ein Spielfeld wie einleitend dargestellt
und vervielfältigt es je nach Bedarf.

```
******************
* Logo-Ratespiel *
******************

DEF Spielzug          Moegl. Positionen        Tats. Positionen
----------------      ------------------        ----------------
A - Atomposition       6 richtig               29 6 54 25 52
    setzen            25 richtig
S - Spielstart        29 richtig
----------------      52 richtig               Abrechnung
                      54 richtig               ----------------
Eingaben
----------------                               Sie haben
                                                9 Punkte erzielt
 5 reflektiert                                 ----------------
 4 ---> 2
29 absorbiert
13 absorbiert
14 ---> 10
22 ---> 25
```

**Beispiel zu 2.1 LOGO-Ratespiel**

## 2.2 DART — Der goldene Schuß

In diesem Spiel kommt es darauf an, auf eine fiktive Zielscheibe zu schießen und möglichst viele Punkte zu machen, die aber nicht allein nach den tatsächlich erzielten Treffern vergeben werden. An einer kurz angezeigten 10-stelligen Zahl muß festgestellt werden, ob in den Positionen 3, 5 oder 8 die Ziffer 5 steht. Erst in diesem Fall sollte ein Schuß abgegeben werden; andernfalls führt ein Versuch zu einer Fehleranzeige. Während eines etwa 9 Sekunden angezeigten Texthinweises kann ein Schuß abgegeben werden; je nach der Zeitdauer wird ein unterschiedliches Trefferergebnis erzielt. Man wird es nach einiger Übung bald zu recht hohen Punkteergebnissen bringen. Punktzu- bzw. -abrechnungen ergeben sich bei den folgenden Situationen:

1. Jede angezeigte Zahl:           − 1 Punkt
2. Fehlschuß:                 − 5 Punkte
3. Treffer:                    + Punkte nach Anzeige
4. "zu hoch" bzw. "zu tief"    Ø Punkte.

In jedem Spiel können 5 Schüsse abgegeben werden; die Anzahl der angezeigten Zahlen ist nicht beschränkt und kann auch nicht beeinflußt werden.

Das Spiel kann mit oder ohne Drucker gespielt werden. Trefferhinweise und Endergebnis werden je nach Betriebsart angezeigt oder ausgedruckt.

```
10:"DART":CLEAR :
   S$="Der golden
   e ";T$="Schuss
   ";WAIT 100:
   PRINT "*** ";S
   $;T$;" ***";
   RANDOM
20:K=1:INPUT "Anz
   eige 1/Druck 2
   (ENTER)";K:IF
   (K<1)OR (K>2)
   OR (K-INT K<>0
   )THEN 20
30:IF K=2CSIZE 2:
   COLOR 0:GOTO 5
   0
40:PRINT "Spiel s
   tarten: (DEF)
   A";PRINT "Schu
   ss abgeben: S"
   :WAIT :END
50:LF 2:GOSUB 70:
   LPRINT S$;T$:
   GOSUB 70:LF 1:
   LPRINT "Tasten
    Spielzug";
   GOSUB 80
60:LPRINT "(DEF)A
    Starten";
   LPRINT "       S
       Schiessen";
   GOSUB 80:WAIT
   :LF 4:END
70:LPRINT "******
   *************":
   RETURN
80:LPRINT "------
   ------------";
   RETURN
90:"A":IF K=2LF 2
   :LPRINT "Neues
    Spiel";GOSUB
   80
100:RANDOM :P=0:
    FOR R=1TO 5
110:WAIT 100:PRINT
    "Ziffer 5 in P
    os. 3, 5, 8?";
    P=P-1
120:X=RND (1E10-1)
    :IF INT LOG X<
    >9THEN 120
130:WAIT 100:PRINT
    "*****  ";X;"
    *****";D$="Z"
    :Z=TIME
140:D$=INKEY$ :S=
    TIME :IF S-Z>.
    0009LET D$="E"
150:IF D$="E"THEN
    110
160:IF D$="S"THEN
    180
170:WAIT 10:PRINT
    "Schuss abgebe
    n: S druecken"
    :WAIT :D$="Z":
    GOTO 140
180:X$=STR$ X:A$=
    MID$ (X$,3,1):
    B$=MID$ (X$,5,
    1):C$=MID$ (X$
    ,8,1):WAIT 200
    :IF K=2LF 1
190:IF (A$="5")OR
    (B$="5")OR (C$
    ="5")THEN 210
200:P=P-5:F$="    F
    ehlanzeige";
    GOTO 390
210:D=1E4*(S-Z):G$
    =" <----------
    -"
220:IF D>=8LET F$=
    "    zu tief";
    GOTO 390
230:IF D<=1LET F$=
    "    zu hoch";
    GOTO 390
240:IF D=2LET Q=12
```

```
     :GOTO 300            330:LPRINT "     6"           TAB 5:LPRINT G
250: IF D=3LET Q=2:          : IF D=7LF -1:            $
    GOTO 300                 TAB 5:LPRINT G        380:GOTO 410
260: IF D=4LET Q=8:          $                     390: IF K=1PRINT R;
    GOTO 300             340:LPRINT "    12"           ".Schuss: ";F$
270: IF D=5LET Q=4:          : IF D=2LF -1:            :GOTO 410
    GOTO 300                 TAB 5:LPRINT G        400:LPRINT R;".Sch
280: IF D=6LET Q=10          $                        uss: ":LPRINT
    :GOTO 300            350:LPRINT "    10"           F$
290: Q=6                     : IF D=6LF -1:        410:NEXT R: IF K=1
300: P=P+Q: IF K=1           TAB 5:LPRINT G           PRINT "Ergebni
    WAIT 100:PRINT           $                        s:";P;" Punkte
    R;".Schuss:";Q       360:LPRINT "     8"           ":WAIT :END
    ;G$:GOTO 410            : IF D=4LF -1:         420:LF 1:GOSUB 80:
310:LPRINT R;".Sch          TAB 5:LPRINT G           LPRINT "Ergebn
    uss:"                    $                        is: ";P;" Pkt"
320:LPRINT "     4"      370:LPRINT "     2"           :GOSUB 80:LF 4
    : IF D=5LF -1:          : IF D=3LF -1:            :WAIT :END
    TAB 5:LPRINT G
    $
```

**Programmlisting 2.2** DART — Der goldene Schuß

### Bedienungsanleitung

1. Programm mit RUN (ENTER) oder RUN "DART" (ENTER) starten.

2. Kontrollanzeige "Der goldene Schuß", anschließend die Anzeige "Anzeige 1/Druck 2 (ENTER) _", die über die weitere Fortsetzung entschieden wird:

    2.1. Anzeige: 1 (ENTER) oder nur (ENTER) drücken, worauf zwei Verarbeitungshinweise analog zum Beispielausdruck selbsttätig angezeigt werden und die Anzeige bis auf das Bereitschaftssymbol verlöscht.

    2.2. Druck: 2 (ENTER) drücken, worauf nach einem Titeltext eine kurze Spielanleitung ausgedruckt wird.

3. In beiden Fällen Spiel mit (DEF) A starten; in der Betriebsart Druck wird der Text "Neues Spiel" ausgegeben.

4. Das Spiel selbst wird nun wie folgt abgewickelt: Der Hinweis "Ziffer 5 in Pos. 3, 5, 8?" wird kurzzeitig angezeigt, um auf die Stellung der Ziffer 5 für eine Treffermöglichkeit hinzuweisen.

5. Daraufhin wird eine 10-stellige Zahl kurzzeitig angezeigt.

6. Während der Textanzeige "Schuß abgeben: S drücken" ist dann die Taste S zu drücken, wenn in den angegebenen Ziffernpositionen von links gerechnet die Ziffer 5 vorliegt. Wird während der etwa 9 Sekunden dauernden Anzeige des Texthinweises kein Schuß abgegeben, geht das Programm zu Punkt 4 zurück.

7. Ein abgegebener Schuß führt zu folgenden Ergebnisausgaben, die im Fall des Drucks bei einem Zahlentreffer die gesamte Zielscheibe, bei Anzeige jedoch nur der Trefferpfeil ausgegeben wird:

| | |
|---|---|
| Zifferntreffer: | Zahl 2, 4, 6, 8, 10 oder 12 mit Pfeil |
| Treffer zu hoch: | zu hoch |
| Treffer zu tief: | zu tief |
| Fehlschuß: | Fehlanzeige . |

Wurden noch nicht 5 Schüsse abgegeben, kehrt das Programm auch in diesem Fall zu
Punkt 4 zurück.

8.  Nach Abgabe des 5. Schusses wird das erzielte Gesamtergebnis in Punkten angezeigt
    bzw. ausgedruckt; die Anzeige verlöscht bis auf das Bereitschaftssymbol.

9.  Ein neues Spiel kann ab Punkt 1 oder 3 aufgenommen werden.

Da auch mit Punktabzügen gearbeitet wird, kann das Endergebnis auch negativ sein.

```
*****************      1.Schuss:              3.Schuss:
Der goldene Schuss         4                      4
*****************          6                      6
                         12 <-----------        12
Tasten  Spielzug         10                      10 <-----------
-----------------         8                       8
(DEF)A  Starten           2                       2
     S  Schiessen
-----------------      2.Schuss:              4.Schuss:
                           4                     Fehlanzeige
                           6
                         12                     5.Schuss:
                         10                        zu hoch
Neues Spiel               8 <-----------
-----------------          2                   -----------------

                                               Ergebnis:   20 Pkt
                                               -----------------
```

**Beispiel zu 2.2** DART — Der goldene Schuß


## 2.3 Gedankenleser PC-1500

Zu diesem Programm werden bewußt keine Erläuterungen des Verfahrens gegeben, um
den Leser zum Erkennen der diesem Spiel innewohnenden Systematik anzuregen. Bei
einigem Nachdenken werden vor allem in der Mathematik Bewanderte die vorliegende
Nuß knacken; aber auch alle anderen in der Datenverarbeitung Tätige sollten dazu in der
Lage sein. Im folgenden sollen zumindest einige Hinweise gegeben werden, um Sie auf die
richtige Spur zu führen.

Der Spielzweck liegt darin begründet, daß eine Person in einem größeren Kreis aufge-
fordert wird, sich eine Zahl zwischen 1 und 64 zu merken. Dann tritt der Rechner in Ak-
tion und bietet 6 Zahlengruppen an. Es muß festgestellt werden, ob die gedachte Zahl in
dieser Gruppe vertreten ist. Je nachdem, ob mit ja oder nein geantwortet wird, ist es dem
Rechner mit der Angabe von nur 6 Zahlengruppen möglich, auf die gedachte Zahl zu
schließen.

Obwohl man ohne Drucker spielen sollte, kann das Spiel auch mit angeschlossenem
Drucker betrieben werden. Die Präsentation einer Zahlengruppe ist im Fall des angeschlossenen Druckers natürlich einfacher; bei Betrieb über die Anzeige muß eine Gruppe
in 4 Teilen ausgegeben und auf die jeweils nächste nach etwa 10 Sekunden automatisch
weitergeschaltet werden. Die Ausgabe der vom Spieler angemerkten Zahl wird beim
Computerausdruck rot sein.

```
10:"ZRAT":PRINT "
   * Gedankenlese
   r  PC-1500 *":
   CLEAR :DIM R(6
   )
20:KZ=1:INPUT "An
   zeige 1/Druck
   2(ENTER)";KZ
30:IF (KZ<1)OR (K
   Z>2)OR (KZ-INT
   KZ<>0)THEN 20
40:IF KZ=1WAIT 32
   0:PRINT "Zahl
   zw. 1 und 64 m
   erken!":GOTO 7
   0
50:CSIZE 2:COLOR
   0:LF 1:GOSUB 2
   10:LPRINT "PC-
   1500 den Gedan
   - ken auf der
   Spur":GOSUB 21
   0
60:LPRINT "Eine Z
   ahl zwischen1
   und 64 merken!
   "
70:PAUSE "Der PC-
   1500 liest Ged
   anken":RANDOM
   :FOR I=1TO 6
80:A=RND 6:N=0:
   FOR J=1TO 6
90:IF R(J)=ALET N
   =1
100:NEXT J:IF N=1
    THEN 80
110:R(I)=A:NEXT I:
    T=1:FOR I=1TO
    6
115:IF KZ=2LPRINT
120:GOSUB (R(I)+21
    )*10
130:IF KZ=2LPRINT
    "Ihre Zahl dab
    ei?"
140:Z=1:INPUT "Zah
    l? ja 1/nein 2
    (ENTER)";Z
150:IF (Z<1)OR (Z>
    2)OR (Z-INT Z<
    >0)THEN 140
160:IF Z=1LET T=T+
    2^(R(I)-1)
170:NEXT I:IF KZ=1
    PRINT "Sie hab
    en *";T;" * ge

180:LF 1:LPRINT "S
    ie haben die Z
    ahl**    ** ge
    raten!":LF -1:
    COLOR 3:TAB 2:
    LPRINT T:COLOR
    0:LF 4
190:WAIT :INPUT "W
    eiter? nein 1(
    ENTER)";Z:END
200:FOR I=1TO 6
201:R(I)=0:NEXT I:
    GOTO 40
210:LPRINT "*****
    ***********":
    RETURN
220:IF KZ=2THEN 22
    3
221:PRINT "  2   4
       6   8 10 12 14
    16":PRINT "18
    20 22 24 26 28
    30 32"
222:PRINT "34 36 3
    8 40 42 44 46
    48":PRINT "50
    52 54 56 58 60
    62 64":RETURN
223:LPRINT "  2   4
        6   8 10 12 1
    4 16 18 20 22
    24 26 28 30 32
    34 36"
224:LPRINT " 38 40
    42 44 46 48 5
    0 52 54 56 58
    60 62 64":
    RETURN
230:IF KZ=2THEN 23
    3
231:PRINT "  3   4
       7   8 11 12 15
    16":PRINT "19
    20 23 24 27 28
    31 32"
232:PRINT "35 36 3
    9 40 43 44 47
    48":PRINT "51
    52 55 56 59 60
    63 64":RETURN
233:LPRINT "  3   4
        7   8 11 12 1
    5 16 19 20 23
    24 27 28 31 32
    35 36"

234:LPRINT " 39 40
    43 44 47 48 5
    1 52 55 56 59
    60 63 64":
    RETURN
240:IF KZ=2THEN 24
    3
241:PRINT "  5   6
       7   8 13 14 15
    16":PRINT "21
    22 23 24 29 30
    31 32"
242:PRINT "37 38 3
    9 40 45 46 47
    48":PRINT "53
    54 55 56 61 62
    63 64":RETURN
243:LPRINT "  5   6
        7   8 13 14 1
    5 16 21 22 23
    24 29 30 31 32
    37 38"
244:LPRINT "  39 40
    45 46 47 48 5
    3 54 55 56 61
    62 63 64":
    RETURN
250:IF KZ=2THEN 25
    3
251:PRINT "  9 10 1
    1 12 13 14 15
    16":PRINT "25
    26 27 28 29 30
    31 32"
252:PRINT "41 42 4
    3 44 45 46 47
    48":PRINT "57
    58 59 60 61 62
    63 64":RETURN
253:LPRINT "  9 10
    11 12 13 14 1
    5 16 25 26 27
    28 29 30 31 32
    41 42"
254:LPRINT " 43 44
    45 46 47 48 5
    7 58 59 60 61
    62 63 64":
    RETURN
260:IF KZ=2THEN 26
    3
261:PRINT "17 18 1
    9 20 21 22 23
    24":PRINT "25
    26 27 28 29 30
    31 32"
262:PRINT "49 50 5
```

```
   1 52 53 54 55        62 63 64":            58 59 60 61 62
   56":PRINT "57        RETURN                63 64":RETURN
   58 59 60 61 62    270:IF KZ=2THEN 27    273:LPRINT " 33 34
   63 64":RETURN        3                      35 36 37 38 3
263:LPRINT " 17 18   271:PRINT "33 34 3       9 40 41 42 43
   19 20 21 22 2        5 36 37 38 39          44 45 46 47 48
   3 24 25 26 27        40":PRINT "41          49 50"
   28 29 30 31 32       42 43 44 45 46      274:LPRINT " 51 52
   49 50"               47 48"                 53 54 55 56 5
264:LPRINT " 51 52   272:PRINT "49 50 5        7 58 59 60 61
   53 54 55 56 5        1 52 53 54 55          62 63 64":
   7 58 59 60 61        56":PRINT "57          RETURN
```

**Programmlisting 2.3** Gedankenleser PC-1500


**Bedienungsanleitung**

1. Spiel mit RUN (ENTER) oder RUN "ZRAT" (ENTER) starten.

2. Kontrollanzeige "* Gedankenleser PC-1500 *" mit (ENTER) löschen.

3. Bei Anzeige "Anzeige 1/Druck 2 (ENTER)_" über die weitere Fortsetzung entscheiden:

   3.1.   Anzeige: 1 (ENTER) oder nur (ENTER) drücken und bei Punkt 4 fortsetzen.
   3.2.   Druck: 2 (ENTER) drücken und bei Punkt 7 fortsetzen.

4. Bei Anzeige "Zahl bzw. 1 und 64 merken!" muß man sich eine Zahl denken. Automatisch wird auf den Texthinweis "Der PC-1500 liest Gedanken" kurzzeitig weitergeschaltet und dann werden die 6 Zahlengruppen in je 4 Teilen zu 8 Zahlen etwa
   jeweils 5 Sekunden angezeigt. Die Reihenfolge der Zahlengruppenanzeige wechselt
   dabei von Spiel zu Spiel.

5. Sind alle 32 Zahlen einer Gruppe angezeigt, wird bei Anzeige von "Zahl? ja 1/nein 2
   (ENTER)_" über die weitere Fortsetzung entschieden:

   5.1.   Zahl dabei: 1 (ENTER) oder nur (ENTER)
   5.2.   Zahl nicht dabei: 2 (ENTER) drücken.

   In beiden Fällen wird zur Anzeige der nächsten ebenfalls 32 Zahlen umfassenden
   Gruppe weitergeschaltet, solange noch nicht alle 6 Gruppen angezeigt sind.

6. Sind alle 6 Gruppen angezeigt wird das Ergebnis — die geratene Zahl — in der Form
   "Sie haben * NN * geraten!" angezeigt und dann automatisch zur Anzeige "Weiter?
   nein 1 (ENTER)_" weitergeschaltet und über die weitere Fortsetzung entschieden:

   6.1.   Spiel fortsetzen: (ENTER) ohne vorangehende Zahleneingabe drücken und bei
          Punkt 4 die nächste Runde aufnehmen.
   6.2.   Spiel beenden: Beliebige Zahl eintasten und (ENTER) drücken, worauf die An-
          zeige bis auf das Bereitschaftssymbol verlöscht. In diesem Fall kann ein neues
          Spiel nur ab Punkt 1 aufgenommen werden.

7. Ausdruck eines einleitenden Textes "PC-1500 den Gedanken auf der Spur" und
   "Eine Zahl zwischen 1 und 64 merken!". Nach kurzzeitiger Anzeige des Texthinweises "Der PC-1500 liest Gedanken" erfolgt der Ausdruck einer 32 Zahlen umfassenden Zahlengruppe, und der Frage "Ihre Zahl dabei?".

8. Bei Anzeige "Zahl? ja 1/nein 2 (ENTER) _" über die weitere Fortsetzung entscheiden:

   8.1. Zahl dabei: 1 (ENTER) oder nur (ENTER) drücken.

   8.2. Zahl nicht dabei: 2 (ENTER) drücken.

   In beiden Fällen wird die nächste Zahlengruppe ausgedruckt, solange noch nicht alle 6 Gruppen ausgegeben sind.

9. Das Endergebnis wird in der Form "Sie haben die Zahl ** NN ** geraten!" ausgegeben, wobei die Zahl NN selbst rot ausgedruckt wird.

10. Über die weitere Fortsetzung des Spiels wird analog zu Punkt 6 entschieden.

Zum Beispielausdruck braucht kein weiterer Kommentar angefügt zu werden; man wird aber annehmen können, daß Sie dem Geheimnis dieses Ratevorgangs bereits auf der Spur sind!

```
******************
PC-1500 den Gedan-
 ken auf der Spur
******************
Eine Zahl zwischen
1 und 64 merken!

  9 10 11 12 13 14        33 34 35 36 37 38         5  6  7  8 13 14
 15 16 25 26 27 28        39 40 41 42 43 44        15 16 21 22 23 24
 29 30 31 32 41 42        45 46 47 48 49 50        29 30 31 32 37 38
 43 44 45 46 47 48        51 52 53 54 55 56        39 40 45 46 47 48
 57 58 59 60 61 62        57 58 59 60 61 62        53 54 55 56 61 62
 63 64                    63 64                    63 64
Ihre Zahl dabei?         Ihre Zahl dabei?         Ihre Zahl dabei?

  3  4  7  8 11 12         2  4  6  8 10 12        17 18 19 20 21 22
 15 16 19 20 23 24        14 16 18 20 22 24        23 24 25 26 27 28
 27 28 31 32 35 36        26 28 30 32 34 36        29 30 31 32 49 50
 39 40 43 44 47 48        38 40 42 44 46 48        51 52 53 54 55 56
 51 52 55 56 59 60        50 52 54 56 58 60        57 58 59 60 61 62
 63 64                    62 64                    63 64
Ihre Zahl dabei?         Ihre Zahl dabei?         Ihre Zahl dabei?

                                                  Sie haben die Zahl
                                                  ** 28 ** geraten!
```

**Beispiel zu 2.3**  Gedankenleser PC-1500

## 2.4 Datumrückrechnung

Die Aufgabe, ein Kalenderdatum und den Wochentag zu berechnen, ist nicht nur eine Spielerei, sondern muß auch aus dem Blickwinkel einer praxisnahen Anwendung gesehen werden. Bei Verträgen gibt es mitunter die Vorgabe einer Laufzeit (Gültigkeit) in Tagen, vor allem bei Kreditverträgen. So sei beispielsweise ein Datum ermittelt, welches 200 Tage nach Vertragsabschluß liegt. Dabei treten zwei Probleme auf, die in diesem Programm getrennt berechnet werden:

● Berechnung eines sogenannten Faktors; das ist jene Anzahl von Tagen, die von einem bestimmten Stichtag zum gesuchten Datum führt.

- Rückrechnung eines Datums aus einem Faktor wie zuvor beschrieben einschließlich der Bestimmung des jeweiligen Wochentages.

Die erste Berechnung ist für das Start- und die zweite für das Enddatum durchzuführen. Der Stichtag, auf den derartige Berechnungen bezogen werden, kann verschieden gewählt werden. Wir beziehen uns hier auf den 1. Januar des Jahres 0 nach unserer Zeitrechnung.

Der Formelmechanismus dieser Lösung ist sehr umfangreich und kann im Rahmen einer Programmdiskussion nicht beschrieben werden. Leser, die sich für die Lösungstheorie interessieren, seien auf das Buch „Praktische Problemanalyse" (Reihe CHIP WISSEN, Vogel-Buchverlag Würzburg) verwiesen.

In diesem Programm sind für die Eingabe eines Datums eine Reihe von Plausiblitätskontrollen eingerichtet, um irrtümliche Eingaben von Tages- oder Monatszahlen zu vermeiden. Dabei wird das jeweilige Enddatum eines Kalendermonats, das nicht überschritten werden darf, kalendergerecht berechnet. Das Programm orientiert sich am derzeit gültigen gregorianischen Kalender und nimmt nur Daten ab dem 1.1.1582 an.

Dieses Programm kann sowohl mit, als auch ohne Drucker betrieben werden.

```
10: "FADA":CLEAR :
    A$="Datum - Fa
    ktor":B$="****
    ":C$="    ":
    PRINT B$;C$;A$
    ;C$;B$:A=14609
    7
20: Z=1:INPUT "Anz
    eige 1/Druck 2
    (ENTER)";Z:IF
    (Z<1)OR (Z>2)
    OR (Z-INT Z<>0
    )THEN 20
30: B=36524:C=1461
    :D=365:E=400:G
    =100:H=4:IF Z=
    1PRINT "Datum
    (DEF)D/Faktor
    (DEF)F":END
40: CSIZE 2:COLOR
    0:LF 1:GOSUB 6
    0:LPRINT "* ";
    A$;" *":GOSUB
    60:LF 1:LPRINT
    "DEF Verarbeit
    ung":GOSUB 70
50: LPRINT "D - Da
    tum":LPRINT "F
    - Faktor":
    GOSUB 70:LF 4:
    END
60: LPRINT "******
    ************":
    RETURN
70: LPRINT "-----
    ------------":
    RETURN
80: "D":PRINT "***
    Datumrueckrec
    hnung ***":IF
    Z=2LPRINT "Dat
    umrueckrechnun
    g":GOSUB 60
90: PRINT "Faktor
    = ";
100: INPUT F
110: CLS :IF (F-INT
    F<>0)OR (F<577
    814)THEN 90
120: J=1:R=F-366:I=
    E*INT (R/A):R=
    R-I*A/E:J=J+I:
    I=G*INT (R/B):
    R=R-I*B/G:J=J+
    I
130: I=H*INT (R/C):
    R=R-I*C/H:J=J+
    I:I=INT (R/D):
    IF I>3LET I=I-
    1
140: R=R-I*D+1:J=J+
    I:S=0:IF J/H-
    INT (J/H)=0LET
    S=1
150: IF J/G-INT (J/
    G)<>0THEN 170
160: IF J/E-INT (J/
    E)<>0LET S=0
170: IF R>59+STHEN
    190
180: M=1:T=R:IF R>3
    1LET M=2:T=R-3
    1
185: GOTO 200
190: M=INT ((R-60-S
    )/30.6+3.014):
    T=R-31*(M-1)+
    INT (.4*M+2.3)
    -S
200: GOSUB 410:IF Z
    =1GOSUB 420:
    GOTO 220
210: LF 1:GOSUB 440
    :GOSUB 70:
    GOSUB 430
220: INPUT "Weiter?
    ja 1(ENTER)";
    N:GOTO 90
230: GOTO 390
240: "F":PRINT "***
    Faktorenermit
    tlung ***":IF
    Z=2LPRINT "Fak
    torenermittlun
    g":GOSUB 60
250: PRINT "Dat TT.
    MM.JJJJ=";
260: INPUT K$
270: CLS :T$=LEFT$
    (K$,2):T=VAL T
    $:M$=MID$ (K$,
    4,2):M=VAL M$:
    J$=RIGHT$ (K$,
    4):J=VAL J$:S=
    0
280: IF J/H-INT (J/
    H)=0LET S=1
290: IF J/G-INT (J/
```

```
          G)<>ØTHEN 310       350:F=F+T+31*(M-1)         GOSUB ((F-(INT
300:IF J/E-INT (J/             +D*J+INT (I/H)          (F/7)*7))+45)*
    E)<>ØLET S=0               -INT (.75*(INT          1Ø:RETURN
310:L=30:IF M=2LET             (I/G)+1)):          420:PRINT W$;",  ";
    L=28+S:GOTO 33             GOSUB 410               T$;".";M$;".";
    Ø                      360:IF Z=1GOSUB 42          J$;"/F = ";F$:
320:N=3*INT ((M-1)             Ø:GOTO 380              RETURN
    /7)+M-1:IF N/2         370:LF 1:GOSUB 430      430:LPRINT W$;",  "
    -INT (N/2)=0              :GOSUB 70:              ;T$;".";M$;"."
    LET L=31                  GOSUB 440               ;J$:RETURN
330:IF (T>L)OR (M<        380:INPUT "Weiter?      440:LPRINT "Faktor
    1)OR (M>12)OR             ja 1(ENTER)";          =";F:RETURN
    (J<1582)PRINT            N:GOTO 250          450:W$="Sa":RETURN
    "Datum falsch!        390:IF Z=2LF 4          460:W$="So":RETURN
    ":GOTO 250            400:END                 470:W$="Mo":RETURN
340:F=-INT (.4*M+2        410:F$=STR$ F:T$=       480:W$="Di":RETURN
    .3):I=J:IF M<=            STR$ T:M$=STR$      490:W$="Mi":RETURN
    2LET F=0:I=J-1           M: J$=STR$ J:        500:W$="Do":RETURN
                                                 510:W$="Fr":RETURN
```

**Programmlisting 2.3**  Datumrückrechnung


### Bedienungsanleitung

1.   Programm mit RUN (ENTER) oder RUN "FADA" (ENTER) starten.

2.   Kontrollanzeige "**** Datum — Faktor ****" mit (ENTER) löschen.

3.   Bei Anzeige "Anzeige 1/Druck 2 (ENTER) _" über die weitere Fortsetzung entscheiden:

    3.1.   Anzeige: 1 (ENTER) oder nur (ENTER) drücken und bei Punkt 4 fortsetzen.

    3.2.   Druck: 2 (ENTER) drücken und bei Punkt 6 fortsetzen.

4.   Kontrollanzeige "Datum (DEF) D/Faktor (DEF) F" mit (ENTER) löschen.

5.   Anwahl der Verarbeitung:

    5.1.   Berechnung eines Datums aus einem Faktor:

        5.1.1.   (DEF) D drücken.

        5.1.2.   Kontrollanzeige "*** Datumrueckrechnung ***" mit (ENTER) löschen.

        5.1.3.   Bei Anzeige "Faktor = " (ENTER) drücken.

        5.1.4.   Bei Anzeige "Faktor = ?" Faktor ganzzahlig und größer 577813 (31.12.1581) eingeben und (ENTER) drücken.

        5.1.5.   Ergebnisanzeige, z.B. "Mo, 24.12.1984/F = 724999" bei Bedarf mit (ENTER) löschen.

        5.1.6.   Bei Anzeige "Weiter? ja 1 (ENTER) _" über die weitere Fortsetzung entscheiden:

            5.1.6.1.   Verarbeitung fortsetzen: Beliebige Zahl eintasten und (ENTER) drücken und bei Punkt 5.1.3. fortsetzen.

            5.1.6.2.   Verarbeitung abbrechen: (ENTER) ohne vorangehende Zahleneingabe drücken; die Anzeige verlöscht bis auf das Bereitschaftssymbol.

    5.2.   Berechnung eines Faktors aus einem Datum:

        5.2.1.   (DEF) F drücken.

        5.2.2.   Kontrollanzeige "*** Faktorenermittlung ***" mit (ENTER) löschen.

5.2.3. Bei Anzeige "Dat TT.MM.JJJ = " (ENTER) drücken.

5.2.4. Bei Anzeige "Dat TT.MM.JJJ = ?" Datum in der angegebenen Form eintasten und (ENTER) drücken. Es ist dabei darauf zu achten, daß bei Tages- und Monatszahlen vorlaufende Nullen mit eingetastet werden. Das Datum 2.3.1984 ist daher in der Form "02.03.1984" einzugeben. Irrtümliche Eingaben von Elementen des Datums werden mit der Fehleranzeige "Datum falsch!" beantwortet. Fehlerhinweis mit (ENTER) löschen und Datumeingabe wiederholen.

5.2.5. Ergebnisanzeige analog zu Punkt 5.1.5 im Bedarfsfall mit (ENTER) löschen.

5.2.6. Über die weitere Fortsetzung ist analog zu Punkt 5.1.6 zu entscheiden.

6. Bei Betrieb eines Druckers ist grundsätzlich in Übereinstimmung mit den Anweisungen zu Punkt 5 zu verfahren. Die Ausgaben werden durch Ausdrucke ersetzt, die im übrigen anhand des Testbeispiels studiert werden können.

Der Unterschied in der Ausgabe zwischen Anzeige und Druck besteht darin, daß bei Betrieb eines Druckers zusätzlich ein die Verarbeitung einleitender Text ausgegeben wird. Eine kurze Verarbeitungsanleitung wird aber in beiden Fällen präsentiert.

```
*******************             ------------------       Faktorenermittlung
* Datum - Faktor  *            Di,  28.2.1984           *******************
*******************
                               Faktor = 724700           Fr,  31.12.1599
DEF Verarbeitung               ------------------        ------------------
------------------             Mi,  29.2.1984            Faktor = 584387
D - Datum
F - Faktor                     Faktor = 724701           Sa,  1.1.1600
------------------             ------------------        ------------------
                               Do,  1.3.1984             Faktor = 584388

Datumrueckrechnung             Faktor = 724999           Mi,  28.2.1900
*****************              ------------------         ------------------
                               Mo,  24.12.1984           Faktor = 694019
Faktor = 584387
------------------                                        Do,  1.3.1900
Fr,  31.12.1599                                           ------------------

Faktor = 584388                                           Faktor = 694020
------------------
Sa,  1.1.1600                                             Di,  28.2.1984
                                                          ------------------
Faktor = 694019                                           Faktor = 724699
------------------            *******************
Mi,  28.2.1900               * Datum - Faktor  *          Mi,  29.2.1984
                             *******************           ------------------
Faktor = 694020                                           Faktor = 724700
------------------           DEF Verarbeitung
Do,  1.3.1900                ------------------            Do,  1.3.1984
                             D - Datum                     ------------------
Faktor = 724699             F - Faktor                     Faktor = 724701

                                                           Mo,  24.12.1984
                                                           ------------------

                                                           Faktor = 724999
```

**Beispiele zu 2.3** Datumrückrechnung

## 2.5 Bemerkenswerte Bio-Tage

Kenner verschiedener Biorhythmusprogramme werden möglicherweise die im folgenden Programm eingearbeiteten Details nicht kennen. Es gibt eine Vielzahl von Programmen, die sich mit dem Biorhythmus beschäftigen. Das vorliegende jedoch geht über die in üblichen Programmen angebotenen Berechnungen hinaus und berechnet die bemerkenswerten Bio-Tage eines Jahres.

Bevor wir uns kurz mit dem Begriff "bemerkenswerte Biotage" beschäftigen, wollen wir einen kurzen Hinweis auf die Theorie des Biorhythmus für alle jene geben, die sich unter Biorhythmus nichts vorstellen können:

Die verschiedenen Stimmungen und Zustände eines Menschen nehmen einen sinusförmigen Verlauf. Diese rhythmischen Schwankungen werden durch einen bestimmten Bereich charakterisiert und vom Geburtsdatum beeinflußt. Die Ausschläge dieser Kurven schwanken zwischen den Werten + 1 und − 1. Die Berechnung des Ausschlags a für einen bestimmten Kalendertag kann mit Hilfe folgender Formel vorgenommen werden:

$$a = \sin\left(\frac{\text{Tage seit Geburt} \cdot 360}{\text{Periodenlänge in Tagen}}\right).$$

Die Periodenlängen für die drei Bereiche werden von den Fachleuten so angegeben:

- körperlicher Zyklus:             23 Tage ;
- gefühlsbezogener Zyklus:        28 Tage ;
- geistiger Zyklus:                33 Tage ;

Damit tatsächliche auf eine Person zutreffende Prognosen gewagt werden können, müßten individuelle Zyklen bekannt sein, die mit der zuvor angeschriebenen Größe sicherlich in allen Fällen den tatsächlichen Gegebenheiten besser Rechnung tragen.

Als besondere Bio-Tage werden nun jene Tage bezeichnet, für die der Verlauf von zwei oder allen drei Kurven Besonderheiten aufweisen:

- 2 oder alle 3 Kurven durchstoßen die x-Achse des 2-achsigen kartesischen Koordinatensystems zum gleichen Zeitpunkt: Diese Tage nennen wir 2- oder 3fach *kritische Tage*.

- 2 oder alle 3 Kurven erreichen gemeinsam einen Extremwert (+ 1 oder − 1): Derartige Tage bezeichnen wir als 2- oder 3fach *besondere Tage*, wohl ahnend, daß die kritischen Tage offensichtlich größere Bedeutung haben.

Die Theorie der Bestimmung dieser Tage bzw. die Ableitung der notwendigen Rechenformeln kann hier nicht diskutiert werden. Wir müssen uns mit Hinweisen zu den durch das vorliegende Programm gegebenen Möglichkeiten begnügen:

1. Das Programm gilt für den Zeitraum von 1901 bis 2099.
2. Unzulässige Eingaben (falsche Tages-, Monats- bzw. Jahreszahlen) werden abgewiesen.
3. Eine Jahreszahl, für die die bemerkenswerten Tage zu berechnen sind, ist auch dann ungültig, wenn sie zwischen den in Punkt 1 angegebenen Grenzen, aber vor dem Geburtsjahr liegt.

Die Berechnung der besonderen und der kritischen Tage eines Jahres ist jeweils gesondert anzuwählen. Im Beispielteil haben wir die Berechnungen für ein und dasselbe Datum gewählt. Während für die besonderen Tage immer nur ein Termin angegeben wird, kennzeichnen einen kritischen Tag immer zwei Termine; das erste Datum ist der Tag vor dem kritischen Tag. Dies mußte deswegen so gewählt werden, weil auf diese Weise auch ohne eine graphische Ausgabe der Kurven die Durchstoßrichtung der Sinuskurven durch die x-Achse abgelesen werden kann. Auf eine weitere Besonderheit muß an dieser Stelle aufmerksam gemacht werden: Im Fall der kritischen Tage um den 15.3./16.3. finden Sie keine 0-Stellen angegeben; Sie erkennen aber, daß die körperliche und die geistige Schwankung aus dem positiven in den negativen Bereich wechselt. Es liegen also gleiche Durchstoßrichtungen vor. Warum es nun nicht zum Ausdruck von 0-Stellen kommt, hat seinen Grund darin, daß die Kombination aus körperlicher (23 Tage) und geistiger Periode (33 Tage) als Halbperiode die Zahl 379,5 ergibt. Gleiche Durchstoßpunkte ergeben sich in diesem Fall alle 379,5 Tage und gleiche Durchstoßpunkte mit gleichen Durchstoßrichtungen alle 759 Tage. Die letzte Zahl ist das kleinste gemeinsame Vielfache der Zahlen 23 und 33! Wir haben gleichzeitig eine Anwendung für ein Programm, mit dem wir das kleinste gemeinsame Vielfache und den größten gemeinsamen Teiler bestimmt haben!

Im Programm berechnen wir auch den Wochentag der Geburt sowie die Wochentage sämtlicher bemerkenswerten Tage. Das Programm kann *nur* mit Drucker betrieben werden.

```
10:"BIOB":CLEAR :
   CSIZE 2:COLOR
   0:PRINT "2- un
   d 3-fach bes.
   Biotage":
   LPRINT :GOSUB
   500
20:LPRINT "Besond
   ere Bio-Tage":
   GOSUB 500:
   LPRINT :LPRINT
   "DEF Verarbeit
   ung":GOSUB 510
30:LPRINT "G - Ge
   burtsdatum   B
   - Besondere Ta
   geK - Kritisch
   e Tage":LF 3:
   END
40:"G": INPUT "Geb
   .Datum TM.J=";
   H:F=INT (H/1E2
   ):G=INT ((H/1E
   2-F)*1E2):H=1E
   4*(H-INT H)
50: IF (H=0)OR (H<
   1901)OR (H>209
   9)THEN 40
60: T=F:M=G:J=H:
   GOSUB 80:E=L:
   GOSUB 120:IF T
   >=1IF T<=IIF M
   >=1IF M<=12END
70:GOTO 40
80:S=0: IF J/4-INT
   (J/4)=0LET S=1
90:I=J: IF M<=2LET
   I=J-1
100:L=T+31*(M-1)+3
    65*J+INT (I/4)
    -INT (.75*(INT
    (I/1E2)+1)): IF
    M>2LET L=L-INT
    (.4*M+2.3)
110:RETURN
120: IF M=2LET I=28
    +S:RETURN
130:L=((M-1)+INT (
    (M-1)/7))/2:L=
    L-INT L:I=31:
    IF LLET I=30
140:RETURN
150:T=1:M=1:GOSUB
    80:C=L:O=L-E-1
    :FOR I=21TO 26
160:@(I)=0:NEXT I:
    RETURN
170:R=K*(INT ((O-B
    )/K))+E+B+K: IF
    O-B<=0LET R=E+
    B
180:A=21:L=R: IF L>
    C+364.5+S
    RETURN
190: IF @(A)=L
    RETURN
200: IF @(A)=0LET @
    (A)=L:R=R+K:
    GOTO 180
210: IF L<@(A)LET N
    =@(A):@(A)=L:L
    =N
220:A=A+1: IF A<=26
    THEN 200
230:RETURN
240:R=B-(INT (B/7)
    *7)+241:GOTO R
241:R$="Sa":RETURN
242:R$="So":RETURN
243:R$="Mo":RETURN
244:R$="Di":RETURN
245:R$="Mi":RETURN
246:R$="Do":RETURN
247:R$="Fr":RETURN
250:N=SIN (360*(B-
    E)/K):L=L+N
255: IF N<>0LET N=N
    /ABS N*INT (
    ABS (1E2*N)+.5
    )/1E2
260:USING "##.##":
    LPRINT R$;".Am
    pl. = ";N:
    USING :RETURN
270:"B":P=0: INPUT
    "Besondere Tag
    e, JJJJ=";J: IF
    (J<H)OR (J<190
    1)OR (J>2099)
    THEN 270
280:GOSUB 150:D$="
    Besd. Tage ":
    K=644:B=259:
    GOSUB 170:B=38
    5: GOSUB 170:K=
    759:B=305:
    GOSUB 170
290:B=454:GOSUB 17
    0:K=924:B=371:
    GOSUB 170:B=55
    3:GOSUB 170:
    GOTO 320
300:"K":P=1: INPUT
    "Kritische Tag
    e, JJJJ=";J: IF
```

```
       (J<H)OR (J<190       360:B=INT (@(I)+.5      450:LPRINT :LPRINT
       1)OR (J>2099)            )-P:FOR D=0TO            "Bio-Datum:":
       THEN 300                 P                        LPRINT R$;", "
310:GOSUB 150:D$="       370:GOSUB 240:O=B-          ;T;".";M;".";A
       Krit. Tage ":            C+1:IF O<>0             :GOSUB 510:L=0
       B=0:K=322:               THEN 390         460:K=23:R$="phys"
       GOSUB 170:K=37    380:T=31:M=12:A=J-          :GOSUB 250:K=2
       9.5:GOSUB 170:           1:GOTO 450              8:R$="sens":
       K=462:GOSUB 17    390:IF O<>366+S              GOSUB 250:K=33
       0                        THEN 410                :R$="int l":
320:IF EIF O+364+S      400:T=1:M=1:A=J+1:           GOSUB 250
       THEN 340                 GOTO 450         470:N=L/3:R$="mitt
330:GOTO "G"            410:A=J:IF O>59+S               ":GOSUB 255:IF
340:LPRINT :LPRINT             THEN 440                PLET B=B+1
       D$;J:GOSUB 500   420:M=INT ((O-1)/3       480:NEXT D:NEXT I
       :LPRINT "Gebur          1)+1:T=0:IF M=    490:LF 4:END
       tsdatum:":B=E:          2LET T=0-31       500:LPRINT "*****
       GOSUB 240:       430:GOTO 450                 ***********":
       LPRINT R$;", "   440:M=INT ((INT (O           RETURN
       ;F;".";G;".";H          -60-S)/.306)/1    510:LPRINT "------
341:FOR I=21TO 26              E2+3.014):T=O-           -----------":
350:IF @(I)=0THEN              31*(M-1)+INT (        RETURN
       490                      .4*M+2.3)-S
```

**Programmlisting 2.5** Besondere Bio-Tage

### Bedienungsanleitung

1. Programm mit RUN (ENTER) oder RUN "BIOB" (ENTER) starten.

2. Kontrollanzeige "2- und 3fach bes. Biotage" mit (ENTER) löschen; es wird eine kurze Verarbeitungsanleitung in Übereinstimmung mit dem Testbeispiel ausgedruckt. Nach dem Programmvorlauf verlöscht die Anzeige bis auf das Bereitschaftssymbol.

3. Eingabe des Geburtsdatums mit (DEF) G anwählen.

4. Bei Anzeige "Geb. Datum TM.J = " Geburtsdatum in der Form TTMM.JJJJ eintasten und (ENTER) drücken. Bei Vorliegen unzulässiger Tages-, Monats- oder Jahreszahlen wiederholt sich die Anzeige des zuvor beschriebenen Eingabehinweises. Wird die Eingabe angenommen, verlöscht die Anzeige bis auf das Bereitschaftssymbol.

5. Berechnung und Ausgabe von bemerkenswerten Tagen:

    5.1. Kritische Tage: (DEF) K drücken.

    5.1.1. Bei Anzeige "Kritische Tage, JJJJ = _" gültige Jahreszahl eintasten und (ENTER) drücken. Die Betätigung von (ENTER) ohne vorangehende Zahleneingabe bewirkt die Anwahl des Geburtsjahres.

    5.1.2. Nach Ausdruck des Verarbeitungstitels und des Geburtsdatums werden die kritischen Tage berechnet und ausgegeben. Nach Beendigung des Ausdrucks erfolgt ein mehrfacher Zeilenvorschub zum bequemen Abtrennen des Druckstreifens; worauf die Anzeige bis auf das Bereitschaftssymbol verlöscht. Eine weitere Berechnung kann ab Punkt 1, 3 oder 5 angewählt werden.

    5.2. Besondere Tage: (DEF) B drücken.

    5.2.1. Bei Anzeige "Besondere Tage, JJJJ = _" gültige Jahreszahl eintasten und (ENTER) drücken. Die Betätigung von (ENTER) ohne vorangehende Zahleneingabe bewirkt die Anwahl des Geburtsjahres.

5.2.2. Nach Ausdruck eines Verarbeitungstitels und des Geburtstages werden die kritischen Tage berechnet und ausgegeben. Nach Beendigung des Ausdrucks erfolgt ein mehrfacher Zeilenvorschub zum bequemen Abtrennen des Druckstreifens, worauf die Anzeige bis auf das Bereitschaftssymbol verlöscht. Weitere Berechnungen können ab den Punkten 1, 3 oder 5 aufgenommen werden.

Die Berechnung bemerkenswerter Tage vor Eingabe eines Geburtsdatums führt wegen des Fehlens eines solchen Datums zu keiner Verarbeitung; zur Unterstützung wird in diesem Fall sofort Punkt 4 der Bedienungsanleitung angesteuert, damit das fehlende Datum eingegeben werden kann. Wurde bereits ein solches Datum eingegeben und wird in Punkt 4 (ENTER) ohne vorangehende Zahleneingabe betätigt, kommt es zur Eingabewiederholung des zuletzt eingespeicherten Geburtsdatums.

Zusätzlich zu den Amplituden der drei Zyklen wird auch ein Mittelwert berechnet und ausgegeben; dies kann aus dem Testbeispiel abgelesen werden.

```
*******************
Besondere Bio-Tage
*******************

DEF Verarbeitung
-------------------

G - Geburtsdatum
B - Besondere Tage
K - Kritische Tage


 Besd. Tage  1984
*******************
Geburtsdatum:
So,   13. 6. 1937

Bio-Datum:
So,  1. 1. 1984
-------------------

phys.Ampl. =   1.00
sens.Ampl. =   1.00
intl.Ampl. =   1.00
mitt.Ampl. =   1.00

Bio-Datum:
So,  6. 5. 1984
-------------------

phys.Ampl. =  -1.00
sens.Ampl. =  -1.00
intl.Ampl. =   0.37
mitt.Ampl. =  -0.54

Bio-Datum:
Di,  29. 5. 1984
-------------------

phys.Ampl. =  -1.00
sens.Ampl. =  -0.43
intl.Ampl. =  -1.00
mitt.Ampl. =  -0.81
```

```
Bio-Datum:
So,   1. 7. 1984
-------------------

phys.Ampl. =   0.89
sens.Ampl. =  -1.00
intl.Ampl. =  -1.00
mitt.Ampl. =  -0.37




   Krit. Tage  1984
*******************
Geburtsdatum:
So,   13. 6. 1937

Bio-Datum:
Sa,  3. 3. 1984
-------------------

phys.Ampl. =  -0.27
sens.Ampl. =   0.22
intl.Ampl. =   0.69
mitt.Ampl. =   0.21

Bio-Datum:
So,  4. 3. 1984
-------------------

phys.Ampl. =   0.00
sens.Ampl. =   0.00
intl.Ampl. =   0.81
mitt.Ampl. =   0.27
```

```
Bio-Datum:
Do,   15. 3. 1984
-------------------

phys.Ampl. =   0.14
sens.Ampl. =  -0.62
intl.Ampl. =   0.10
mitt.Ampl. =  -0.13

Bio-Datum:
Fr,   16. 3. 1984
-------------------

phys.Ampl. =  -0.14
sens.Ampl. =  -0.43
intl.Ampl. =  -0.10
mitt.Ampl. =  -0.22

Bio-Datum:
Sa,   31. 3. 1984
-------------------

phys.Ampl. =   0.89
sens.Ampl. =   0.22
intl.Ampl. =  -0.19
mitt.Ampl. =   0.31

Bio-Datum:
So,   1. 4. 1984
-------------------

phys.Ampl. =   0.98
sens.Ampl. =   0.00
intl.Ampl. =   0.00
mitt.Ampl. =   0.33
```

**Beispiele zu 2.5**   Besondere Bio-Tage

# 3 Praktische Anwendungen

Wir haben es an anderer Stelle bereits angedeutet: Mit der mehr oder minder willkürlichen Einordnung einzelner Programme in eines der 3 Kapitel sind die Programme, die in Kapitel 1 oder 2 eingereiht wurden, nicht von einer Anwendung in der Praxis ausgeschlossen und nicht (Kapitel 2) als reine Spielereien abzuqualifizieren. Auch das Spiel hat seine eigene Bedeutung und bedarf entsprechender Aufmerksamkeit in der Durchführung.

Zwangsläufig nimmt aber Kapitel 3 den größten Raum ein, da wir für diesen Abschnitt Beispiele ausgewählt haben, die direkt der technischen oder kaufmännischen Praxis entnommen sind.

Diese an sich recht kurzen Beispiele haben wie ja auch alle übrigen Programme den Vorteil, daß mit ihrer Hilfe ein eigenständiges Problem gelöst werden kann, daß sie aber mit gewissen Anpassungen auch in umfangreichere Problemlösungen eingebaut werden können.

Die Bemerkung „kurze Beispiele" war aber nicht wörtlich zu nehmen, da einige Aufgaben doch recht umfangreich und, wie beispielsweise das Programm zur Durchführung und Auswertung von Zeitstudien, als richtige Knüller für die Praxis anzusprechen sind. Der Leser erhält in diesem Kapitel eine Reihe praxisnaher Problemlösungen angeboten, die die Leistungsfähigkeit kleiner Computersysteme unter Beweis stellen.

## 3.1 Überhöhungen

Wenn Bauteile, gleichgültig aus welchem Material hergestellt, für tragende Konstruktionen verwendet werden, kommt es durch das Eigengewicht und die Nutzlast zu Durchbiegungen, die um so größer werden, je größer der zu überspannende Raum zwischen den beiden Auflagern wird. Aus optischen Gründen können diese Durchbiegungen als störend empfunden werden; um diesem Übel zu begegnen, werden solche Bauteile, vor allem wenn sie aus Stahlbeton hergestellt werden, sozusagen überhöht gefertigt. Die Unterlage, auf der ein solcher Betonbauteil produziert wird, muß daher in einigen Punkten von der geraden Linie abweichen und bildet einen Bogen. In der Mitte wird sich der Bauteil am stärksten durchbiegen, und gegen die beiden Auflager zu wird die Durchbiegung geringer. Genau um daß Maß der Durchbiegung wird nun die Unterlage des Modells nach oben gerückt, wie das im Bild zu sehen ist, wobei allerdings zufolge der Symmetrie nur eine Hälfte der Unterlage gezeichnet ist.

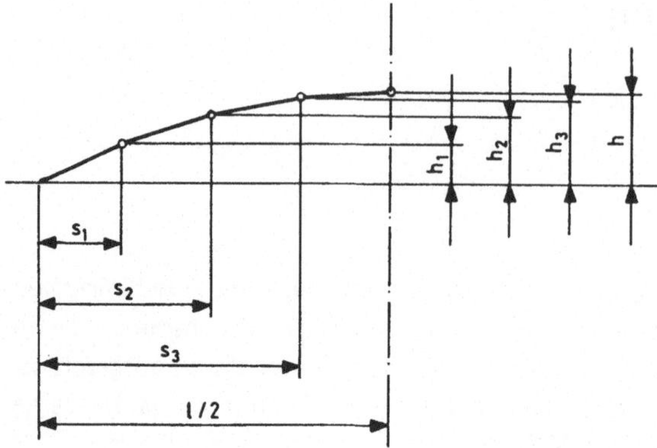


Im vorliegenden Programm wird in Abhängigkeit eines Punktes vom linken Auflager jenes Maß berechnet, um das die Unterlage bei deren Herstellung zu überhöhen ist. Wenn die Lage der Koordinatensystemachsen wie gezeichnet gewählt wird, können die einzelnen Punkte nach folgenden beiden Formeln berechnet werden:

*Kreisgleichung*

$$(x - p)^2 + (y - q)^2 = r^2; \quad \text{für} \quad p = \emptyset \quad \text{und} \quad q = h - r,$$

wobei h die Überhöhung in der Mitte bedeutet, deren Wahl frei ist (etwa $\dfrac{l}{100}$ bis $\dfrac{l}{300}$), r den Radius und $l$ die Länge des Bauteils, dann errechnet sich

$$h_n = h - r + \sqrt{r^2 - s_n^2}.$$

*Parabelgleichung*

$$x^2 = -2 \cdot p \cdot (y - h); \quad \text{für} \quad x = 1/2 \quad \text{und} \quad y = \emptyset \quad \text{errechnet sich}$$

$$h_n = h \cdot (1 - 4 \cdot s_n^2 / l^2).$$

Bei sehr flachen Überhöhungen liegen beide Kurven annähernd gleich hoch; Unterschiede tauchen erst bei größer werdenden Verhältnissen h/$l$ vor allem im Auflagerbereich auf.

Das Programm berechnet nur eine Hälfte der Punkte und auch nur die Punkte, die zwischen einem Auflager und der Mitte des Bauteils liegen.

Das Programm ist so aufgebaut, daß nach der ersten von mehreren gleichartigen Verarbeitungen der Programmvorlauf umgangen wird. Bei Änderungen der Art der verwendeten Gleichung — beide Möglichkeiten sind bei Bedarf anzuwählen — und bei Änderung der Wahl der Art der Ausgabe — das Programm kann mit, aber auch ohne Drucker gefahren werden — sollte aber von neuem gestartet werden. Eingestellt muß nur Länge und mittlere Überhöhung werden. Wenn Sie sich an das Beispiel 1.4 erinnern, haben wir für das Zeichnen eines Kreises durch drei Punkte eine weitere überaus praktische Verwendung.

Für Variantenrechnungen ist die Wiederholungsmöglichkeit unverändert bleibender Ausgangswerte vorgesehen; dazu ist im Bedarfsfall nur die Ausführungstaste (ENTER) ohne vorangehende Zahleneingabe zu drücken. Die Anzahl der Zwischenpunkte ist anwählbar.

**Speicherorganisation**

A — Grundlinie $l$
B — Höhe $h$
C — Anzahl Punkte
D — Formelkennzeichen
E — $s_n$
F — $h_n$
G — $\Delta s_n$
H — Radius $r$
KZ — Verarbeitungskennzeichen

I — Index
J — Hilfsspeicher
K — Sprungadresse
L\$ — Text "KREIS", "PARABEL"
M — $\Sigma s_n$
N — Dezimalstellen
O — $10 \wedge N$
P — Sprungadresse für Zahlenformat

```
 10:"UBER":CLEAR :
    S$="Ueberhoehu
    ngen";T$="Krei
    s";U$="Parabel
    ";V$="Sehne  "
 20:W$="Hoehe ";X$
    ="Punkte";A$="
    (DEF)G-";Y$="N
    euer Start";Z$
    =".Punkt";
    PRINT S$
 30:KZ=1;INPUT "An
    zeige 1/Druck
    2(ENTER)";KZ
 40:IF (KZ<1)OR (K
    Z>2)OR (KZ-INT
    KZ<>0)THEN 30
 50:IF KZ=2LPRINT
    :CSIZE 2:COLOR
    0:GOSUB 250:
    LPRINT "   ";S$
    :GOSUB 250:
    LPRINT A$;Y$:
    GOTO 60
 55:PRINT A$;Y$
 60:INPUT "Kreis 1
    /Parabel 2(ENT
    ER)";D
 70:IF (D<1)OR (D>
    2)OR (D-INT D<
    >0)THEN 60
 80:"G":INPUT "Seh
    ne s = ";A
 90:INPUT "Hoehe h
    = ";B
100:INPUT "Punkte
    p = ";C
110:IF (C<1)OR (C-
    INT C<>0)THEN
    100
120:INPUT "Dezimal
    en d = ";N
130:IF (N<0)OR (N>
    9)OR (N-INT N<
    >0)THEN 120
140:O=10^N:P=10*(2
    7+N);L$=T$:IF
    D=2LET L$=U$
150:IF KZ=1PRINT L
    $:PRINT "s=";A
    ;"/h=";B;"/p="
    ;C:GOTO 170
160:GOSUB P:LPRINT
    :LPRINT V$;A:
    LPRINT W$;B:
    GOSUB 270:
    LPRINT X$;C:
    GOSUB 260:
    LPRINT L$:
    LPRINT :USING
170:E=-A/2:G=-E/(C
    +1):H=(A*A+4*B
    *B)/(8*B):K=10
    *(21+D):FOR I=
    1TO C
180:E=E+G:M=A/2+E:
    GOSUB K:IF KZ=
    1PRINT I;";";"
    s=";M:PRINT I;
    ";";"h=";F:
    GOTO 200
190:LPRINT I;Z$:
    GOSUB P:LPRINT
    "s =     ";M:
    LPRINT "h =
    ";F
200:USING :NEXT I:
    IF KZ=1END
210:LF 4:END
220:J=√(H*H-E*E):F
    =B-H+J:GOTO 24
    0
230:F=B*(1-4*E*E/(
    A*A))
240:F=INT (F*O+.5)
    /O:M=INT (M*O+
    .5)/O:RETURN
250:LPRINT "******
    ************":
    RETURN
260:LPRINT "------
    ------------";
    RETURN
270:USING "#######
    #####";RETURN
280:USING "#######
    ###.#";RETURN
290:USING "#######
    ##.##";RETURN
300:USING "#######
    #.###";RETURN
310:USING "#######
    .####";RETURN
320:USING "######.
    #####";RETURN
330:USING "#####.#
    #####";RETURN
340:USING "####.##
    #####";RETURN
350:USING "###.###
    #####";RETURN
360:USING "##.####
    #####";RETURN
370:USING "#.#####
    #####";RETURN
```

**Programmlisting 3.1** Überhöhungen

**Bedienungsanleitung**

1.  Programm mit RUN (ENTER) oder RUN "UBER" (ENTER) starten.

2.  Kontrollanzeige "Ueberhoehungen" mit (ENTER) löschen.

3.  Beim Hinweis "Anzeige 1/Druck 2 (ENTER)_" Art der Eingabedokumentation und Ergebnisausgabe wählen:

    3.1.   Anzeige: 1 (ENTER) oder nur (ENTER) drücken und bei Punkt 4 fortsetzen.

    3.2.   Druck: 2 (ENTER) drücken und bei Punkt 13 fortsetzen.

4.  Arbeitsanleitung "(DEF) G-Neuer Start" mit (ENTER) löschen.

5.  Bei Anzeige "Kreis 1/Parabel 2 (ENTER) _" Form der Näherungskurve wählen:

    5.1.   Kreisgleichung: 1 (ENTER)

    5.2.   Parabelgleichung: 2 (ENTER)

6.  Bei Anzeige "Sehne s = _" Sehnenlänge (Länge des Bauteils) eintasten und (ENTER) drücken. Dieser Punkt ist für weitere Verarbeitungen unter den bisher gewählten Voraussetzungen direkt mit (DEF) G anwählbar.

7.  Bei Anzeige "Hoehe h = _" Überhöhung in der Bauteilmitte eintasten und (ENTER) drücken.

8.  Bei Anzeige "Punkte p = _" Anzahl der Meßpunkte in einer Trägerhälfte ganzzahlig und größer 0 eintasten und (ENTER) drücken.

9.  Bei Anzeige "Dezimalen d = _" Anzahl der Dezimalstellen, mit der die Eingabedokumentation und Ergebnisausgabe gewünscht werden, eintasten und (ENTER) drücken. Die Betätigung von (ENTER) ohne vorangehende Zahleneingabe bewirkt eine Eingabewiederholung, von Punkt 1 kommend die Anwahl von 0 Dezimalen.

10. Kontrollanzeige der gewählten Näherungsgleichung mit (ENTER) löschen.

11. Eingabekontrollanzeige s, p und h bei Gutbefund mit (ENTER) löschen, andernfalls Neueingabe nach Anwahl (DEF) G ab Punkt 4 aufnehmen; bei Änderung der Näherungsgleichung ist das Programm ab Punkt 1 neu zu starten.

12. Ausgangswerte und Ergebnisse werden nun angezeigt, wobei jeder weitere Wert mit der Betätigung von (ENTER) abgerufen werden muß. Nach Abruf des letzten Ergebnisses verlöscht die Anzeige bis auf das Bereitschaftssymbol. Eine neue Verarbeitung kann ab Punkt 1 oder 6 angewählt werden.

13. Nach Ausdruck eines die Verarbeitung einleitenden Textes ist auch im Fall des Druckers analog zu den Punkten 5 bis 12 vorzugehen, nur daß anstelle der Anzeigen Ausdrucke stehen.

Im Testbeispiel wurden die gleichen Ausgangswerte für beide Näherungen verwendet. Bei näherem Hinsehen erkennen wir die größten Unterschiede in jenen Punkten, die dem Auflager näher als der Bauteilmitte sind. Wir erkennen aber auch aus den Beispielen, daß für eine Änderung in der Wahl der Näherungsgleichung ein neuer Programmstart erfolgen mußte, während die Verarbeitung neuer Ausgangswerte mit derselben Gleichung dies nicht erforderte.

```
*****************     Sehne      2000.00      Sehne      2000.00
  Ueberhoehungen      Hoehe       150.00      Hoehe       200.00
******************    Punkte           4      Punkte           4
(DEF)G-Neuer Start    -------------------      -------------------
                      Kreis                    Parabel

                        1.Punkt                  1.Punkt
                      s  =        200.00        s  =        200.00
                      h  =         54.78        h  =         72.00
                        2.Punkt                  2.Punkt
                      s  =        400.00        s  =        400.00
                      h  =         96.77        h  =        128.00
                        3.Punkt                  3.Punkt
                      s  =        600.00        s  =        600.00
                      h  =        126.45        h  =        168.00
                        4.Punkt                  4.Punkt
                      s  =        800.00        s  =        800.00
                      h  =        144.13        h  =        192.00


                      Sehne      2000.00      Sehne      2000.00
                      Hoehe       200.00      Hoehe       150.00
                      Punkte           4      Punkte           4
                      -------------------      -------------------
                      Kreis                    Parabel

                        1.Punkt                  1.Punkt
                      s  =        200.00        s  =        200.00
                      h  =         73.86        h  =         54.00
                        2.Punkt                  2.Punkt
                      s  =        400.00        s  =        400.00
                      h  =        129.82        h  =         96.00
                        3.Punkt                  3.Punkt
                      s  =        600.00        s  =        600.00
                      h  =        169.05        h  =        126.00
                        4.Punkt                  4.Punkt
                      s  =        800.00        s  =        800.00
                      h  =        192.30        h  =        144.00
```

**Beispiele zu 3.1**

Überhöhungen

## 3.2 Tabellenaufrechnung

Die Aufrechnung von Zahlentabellen kann mitunter sehr zeitaufwendig sein. Vor allem bei umfangreicheren Tabellen ist es sehr ermüdend, jede Zahl zweimal in die Berechnung einbeziehen zu müssen: Einmal zur Berechnung der Zeilen- und das zweite Mal zur Ermittlung der Spaltensumme. Dazu kommt noch, daß die Summen der Zeilen- und der Spaltensummen gleich sein muß. Die Aufrechnung umfangreicher Tabellen mit längeren und daher schwer lesbaren Zahlenwerten von Hand kann sehr mühsam sein. Die Wahrscheinlichkeit von Lese- und Verarbeitungsirrtümern nimmt mit der Tabellengröße zu. Bei Verwendung eines Programms wird einmal die Fehlerwahrscheinlichkeit bei der Eingabe halbiert, da eine Zahl nur einmal eingegeben werden muß; sie wird deswegen geringer, da ein Ermüdungsfaktor erst viel später auftritt. Eine recht einfache Tabelle kann folgendes Aussehen haben:

| Spalte | 1 | 2 | 3 | 4 | 5 | 6 | 7 | 8 | 9 | 10 | 11 | 12 | Zeilen-summe |
|---|---|---|---|---|---|---|---|---|---|---|---|---|---|
| Zeile 1 | 25 | 16 | | 27 | 5 | 43 | 6 | 55 | | | 12 | 10 | 199 |
| 2 | | 66 | 23 | 5 | 22 | 17 | | | 13 | 27 | | 25 | 198 |
| 3 | 36 | | | | | | | | | | | | 36 |
| 4 | | | | 47 | | 88 | 22 | 50 | 37 | 86 | 13 | | 343 |
| 5 | 32 | 21 | 16 | 44 | 27 | 33 | 17 | 16 | 43 | 40 | 35 | 20 | 344 |
| 6 | | | | | | | | | | | | 55 | 55 |
| 7 | 58 | | | | 53 | | 53 | | 50 | | 17 | | 231 |
| 8 | | 28 | | | | | 55 | | | 80 | | | 163 |
| Spalten-summen | 151 | 131 | 39 | 123 | 107 | 181 | 153 | 121 | 143 | 233 | 77 | 110 | 1569 |

Die 12 Spalten könnten als Monatswerte und die Zeilen als Warengruppen gedeutet werden. Die Tabelle könnte z.B. eine Statistik von Umsatzziffern in 1000 DM darstellen.

Bei auftretenden Leermeldungen kann die Verarbeitung auf folgende Weise abgekürzt werden:

- Eine Leermeldung: Eingabe der Zahl 0.
- Mehr als eine Leermeldung: Mehrmalige 0-Eingabe oder Positionsanwahl der nächstfolgenden Eingabe, allerdings nur innerhalb einer Zeile möglich.
- Letzte Eingabe nicht in der letzten Spalte: Mehrmalige 0-Eingaben oder vorzeitige Zeilenabsummierung.

Außerdem sind im vorliegenden Programm folgende Wahlmöglichkeiten gegeben:

- Korrektur der jeweils letzten Eingabe, auch dann, wenn eine Zeile bereits absummiert wurde. Weiter zurückliegende Eingabeirrtümer bedingen allerdings eine neue Verarbeitung.
- Die Verarbeitung ist wegen der Vielzahl an Ausgaben nur mit Drucker möglich.
- Eine Aufrechnung kann mit oder ohne Dokumentation der Eingaben erfolgen.
- Es können die Anzahl der Dezimalstellen, aber auch das Zahlenformat Fix- oder Gleitkomma eingestellt werden.
- Die Anzahl der Spalten kann zwischen 2 und 999 eingestellt werden. Die Anzahl der verarbeitbaren Zeilen ist nicht beschränkt.

**Speicherorganisation**

A — Zeilenzähler
B — Spaltenzähler, Spaltenindex für Leistung
C — Anzahl Spalten
D — Anzahl Dezimalstellen
E — Eingabedokumentation
F — Zeilensumme, Spalten-Zeilensumme
G — zuletzt eingegebener Tabellenwert
H — kombinierte Zeilen-/Spaltenposition, Spaltenindex
I — Spaltenindex (Rückstellspeicher)
J — Sprungziel Zahlenformat
K — kombinierte Positionsangabe (Rückstellspeicher)
L — Zeilensumme (Rückstellspeicher)
M — Gleitkommakennzeichnung

N — aktuelle Eingabe (Rückstellspeicher)
S(C) — Eindimensionales Feld Spaltensummen

```
 10:"TABL":PRINT "
    ** Tabellen-Au
    frechnung **";
    CSIZE 2:COLOR
    0:LF 1:GOSUB 4
    0:GOSUB 60
 20:LPRINT "DEF Ve
    rarbeitung";
    GOSUB 50:
    LPRINT "A - St
    art":LPRINT "S
    - Spaltenpos.
    "
 30:LPRINT "Z - Ze
    ilensumme";
    LPRINT "C - Ko
    rrektur":GOSUB
    50:LF 4:END
 40:LPRINT "******
    ***********";
    RETURN
 50:LPRINT "------
    -------------";
    RETURN
 60:LPRINT "      T
    abellen";
    LPRINT "   -Au
    frechnung";
    GOSUB 40:LF 1:
    RETURN
 70:"A":CLEAR :
    PRINT "Tab. We
    rte eingeben";
    M=0:INPUT "Gle
    itkomma? ja 1(
    ENTER)";M
 80:IF M<>0THEN 11
    0
 90:INPUT "Dezimal
    en = ";D
100:IF (D<0)OR (D>
    9)OR (D-INT D<
    >0)THEN 90
110:INPUT "Spalten
    = ";C
120:IF (C<2)OR (C>
    999)OR (C-INT
    C<>0)THEN 110
130:DIM S(C):INPUT
    "Eingabedok? j
    a 1(ENTER)";E
140:GOSUB 60:IF E=
    0LF 1:LPRINT "
    Zeile        S
    umme":GOSUB 50

150:A=A+1:USING :
    IF E<>0LF 1:
    LPRINT "Zeile"
    ;A:LPRINT "Spa
    lte        Wer
    t":GOSUB 50
160:CLS :B=B+1:K=B
    :PRINT "Pos.";
    A;",";B;"=";
170:INPUT G
180:CLS :IF (E=0)
    OR (G=0)THEN 2
    40
190:USING "#####":
    LPRINT B;
200:IF M=0THEN 230
210:D=0:N=G
220:IF N-INT N<>0
    LET N=10*N:D=D
    +1:GOTO 220
230:GOSUB (D+49)*1
    0:LPRINT G:
    USING
240:L=F:I=B:H=K:F=
    F+G:S(B)=S(B)+
    G:IF B<CTHEN 1
    60
250:"Z":CLS :PRINT
    "Zeilensumme "
    ;A:IF E=0THEN
    280
260:GOSUB 50:
    LPRINT "Summe"
    ;
270:GOTO 290
280:USING "#####":
    LPRINT A;
290:IF M=0THEN 320
300:D=0:N=F
310:IF N-INT N<>0
    LET N=10*N:D=D
    +1:GOTO 310
320:GOSUB (D+49)*1
    0:LPRINT F:B=0
    :F=0:INPUT "Ne
    ue Zeile? ja 1
    (ENTER)";Z:
    GOTO 150
330:LF 1:LPRINT "S
    palte        Su
    mme":GOSUB 50:
    FOR I=1TO C
340:USING "#####":
    LPRINT I;
350:IF M=0THEN 380

360:D=0:N=S(I)
370:IF N-INT N<>0
    LET N=10*N:D=D
    +1:GOTO 370
380:GOSUB (D+49)*1
    0:LPRINT S(I):
    F=F+S(I):NEXT
    I:GOSUB 50
390:IF M=0THEN 420
400:D=0:N=F
410:IF N-INT N<>0
    LET N=10*N:D=D
    +1:GOTO 410
420:GOSUB (D+49)*1
    0:LPRINT "Ges.
    ";F:USING :LF
    4:END
430:"S":CLS :INPUT
    "Position = ";
    H
440:IF (H<1)OR (H>
    C)OR (H-INT H<
    >0)THEN 430
450:B=H-1:GOTO 160
460:"C":CLS :USING
    :PRINT "Korrek
    tur":IF (E<>0)
    OR (F=0)THEN
    LPRINT "Irrtum
    ":GOTO 480
470:PRINT "Irrtum"
480:S(H)=S(H)-G:F=
    L:B=I-1:GOTO 1
    60
490:USING "#######
    #####":RETURN
500:USING "#######
    ####.#":RETURN
510:USING "#######
    ###.##":RETURN
520:USING "#######
    ##.###":RETURN
530:USING "#######
    #.####":RETURN
540:USING "#######
    .#####":RETURN
550:USING "######.
    ######":RETURN
560:USING "#####.#
    ######":RETURN
570:USING "####.##
    ######":RETURN
580:USING "###.###
    ######":RETURN
```

**Programmlisting 3.2** Tabellenaufrechnung

**Bedienungsanleitung**

1. Programm mit RUN (ENTER) oder RUN "TABL" (ENTER) starten.

2. Kontrollanzeige "** Tabellen-Aufrechnung **" mit (ENTER) löschen; Ausdruck einer kurzen Verarbeitungsanleitung. Nach einem mehrfachen Zeilenvorschub verlöscht die Anzeige bis auf das Bereitschaftssymbol.

3. Aufrechnung mit (DEF) A starten.

4. Kontrollanzeige "Tab. Werte eingeben" mit (ENTER) löschen.

5. Bei Anzeige "Gleitkomma? ja 1 (ENTER) _" über das Zahlenformat entscheiden:
   - 5.1. Gleitkommaausgabe: Beliebige Zahl eintasten, (ENTER) drücken und bei Punkt 7 fortsetzen.
   - 5.2. Fixkommaausgabe: (ENTER) ohne vorangehende Zahleneingabe drücken.

6. Bei Anzeige "Dezimalen = _" ganze zwischen einschließlich 0 und 9 liegende Zahl eintasten und (ENTER) drücken.

7. Bei Anzeige "Spalten = _" ganze zwischen einschließlich 2 und 999 liegende Zahl eintasten und (ENTER) drücken.

8. Bei Anzeige "Eingabedok? ja 1 (ENTER) _" über die Eingabedokumentation entscheiden:
   - 8.1. Kontrollausdruck der Eingaben: Beliebige Zahl eintasten, (ENTER) drücken und bei Punkt 9 fortsetzen.
   - 8.2. Keine Eingabedokumentation: (ENTER) ohne vorangehende Zahleneingabe drücken.

   In beiden Fällen wird ein Verarbeitungstitel ausgedruckt.

9. Bei Anzeige "Pos. z, s = " über die weitere Fortsetzung im Programm entscheiden:
   - 9.1. Zuletzt getätigte Eingabe war fehlerhaft: (DEF) C drücken und nach Ausgabe eines Korrekturhinweises Eingabe ab Punkt 9, bzw. 9.4 wiederholen.
   - 9.2. Eine oder mehrere Eingabepositionen überspringen: (DEF) S drücken und bei Anzeige "Position = _" ganze zwischen 1 und maximaler Spaltenzahl gelegene Zahl eintasten, (ENTER) drücken und bei Punkt 9, bzw. 9.4 fortsetzen.
   - 9.3. Zeile vorzeitig summieren: (DEF) Z drücken und bei Punkt 10 fortsetzen.
   - 9.4. Nach Betätigung von (ENTER) bei Anzeige "Pos. z, s = ?" angezeigten Tabellenwert nach Zeile z und Spalte s eintasten und (ENTER) drücken. Sind noch nicht alle Eingaben für eine Zeile getätigt, wird nach einem Kontrollausdruck (nur bei angewählter Eingabedokumentation!) mit Punkt 9 fortgefahren. Die Betätigung von (ENTER) ohne vorangehende Zahleneingabe bewirkt eine Eingabewiederholung.

10. Anzeige "Zeilensumme N" mit (ENTER) löschen; die Zeilensumme wird in allen Fällen ausgedruckt.

11. Bei Anzeige "Neue Zeile? ja 1 (ENTER) _" über die weitere Fortsetzung entscheiden:
    - 11.1. Weitere Zeilen eingeben: Beliebige Zahl eintasten, (ENTER) drücken und bei Punkt 9 fortsetzen.
    - 11.2. Aufrechnung abschließen und Spaltensummen abrufen: (ENTER) ohne vorangehende Zahleneingabe drücken; die Spaltensummen und die Gesamtsumme derselben werden ausgedruckt. Nach mehrmaligen Zeilenvorschub zum be-

quemen Abtrennen des Druckstreifens verlöscht die Anzeige bis auf das Bereit-schaftssymbol; die Verarbeitung ist beendet, eine neue kann ab Punkt 1 oder 3 aufgenommen werden.

Als Testbeispiele haben wir zwei Varianten gewählt: Beispiel 1 ist eine Aufrechnung der angegebenen Tabelle ohne Eingabedokumentation in Fixkommadarstellung mit 2 Dezimalstellen; Beispiel 2 dagegen eines mit Eingabedokumentation mit Gleitkommadarstellung.

```
******************        Spalte      Summe      Zeile 2
     Tabellen             ------------------      Spalte      Wert
    -Aufrechnung             1      151.00        ------------------
******************           2      131.00           1          6
                             3       39.00           2          6
DEF Verarbeitung             4      123.00        Irrtum
------------------           5      107.00           2          3.1
                             6      181.00           3          2.16
A - Start                    7      153.00           4          5.1
S - Spaltenpos.              8      121.00           5          3.16
Z - Zeilensumme              9      143.00        Irrtum
C - Korrektur               10      233.00           5          3.2
------------------          11       77.00        ------------------
                            12      110.00        Summe       19.56
                         ------------------
         Tabellen        Ges.       1569.00       Zeile 3
        -Aufrechnung                              Spalte      Wert
******************        Zeile 1                  ------------------
                         Spalte      Wert            3          4.1
Zeile     Summe          ------------------          4          2.05345
------------------          1        1.5             5          1
   1      199.00            2        2.27         ------------------
   2      198.00            3        0.335        Summe       7.15345
   3       36.00         ------------------
   4      343.00         Summe       4.105        Spalte      Summe
   5      344.00         Irrtum                   ------------------
   6       55.00            3        0.335           1          7.5
   7      111.00            4        4               2          5.37
Irrtum                   ------------------          3          6.595
   7      231.00         Summe       8.105           4         11.15345
   8      163.00                                     5          4.2
                                                  ------------------
                                                  Ges.        34.81845
```

**Testbeispiele zu 3.2   Tabellenaufrechnung**

## 3.3 Massenermittlungen

Bauausführende Unternehmungen, aber auch interessierte private Bauherren können anhand einer Massenermittlung Mengen und Kosten für ein Bauwerk leicht abschätzen. Der Professionalist unter den Rechneranwendern wird daher das vorliegende Programm mit einem Kalkulationsteil erweitern wollen.

Wir begnügen uns hier mit der Ermittlung der Massen, und zwar wollen wir folgende Details berechnen:

- Mauerwerk nach $m^2$ und $m^3$ getrennt nach Außen- und Zwischenwänden;
- Deckenfläche, die den Raum nach oben abschließen nach $m^2$ und $m^3$;
- Außenputz nach $m^2$;
- Innenputz nach $m^2$, getrennt nach Decken- und Wandflächen.

Als Beispiel wählen wir einen beliebigen Grundriß eines Einfamilienhauses, der aus den Bildern entnommen werden kann. Nun wird es nicht möglich sein, mit dem vorliegenden Programm auch andere Grundrißformen zu bearbeiten. Entweder man wählt weitere Programme oder versucht in einem Universalprogramm sämtliche relevanten Grundrißformen unterzubringen; das Programm kann daher nur als Anregung zu eigenen Gestaltungen dienen.

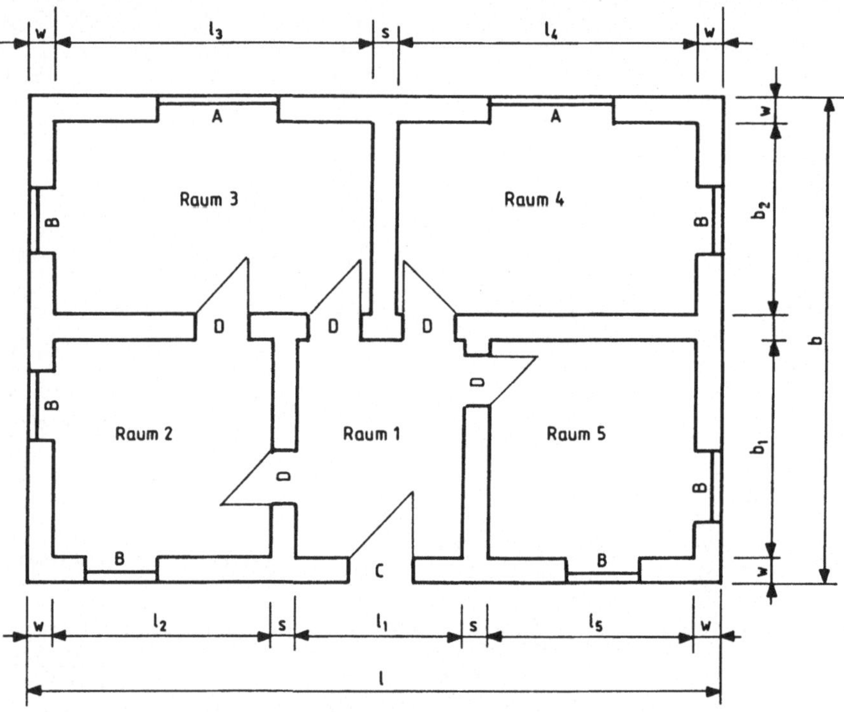

Grundriß eines Einfamilienhauses

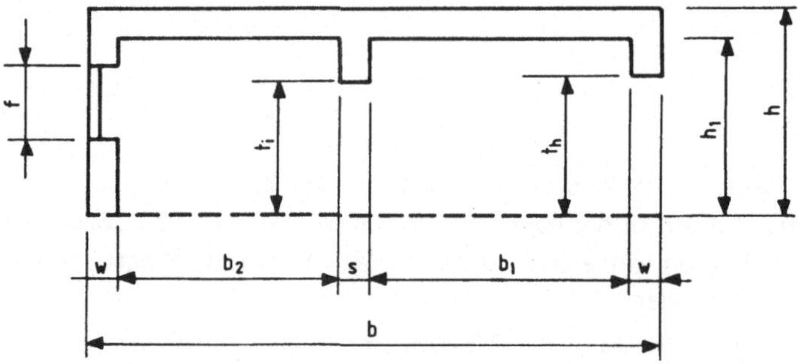

Schnitt durch ein Stockwerk eines Einfamilienhauses

**Formelmechanismus**

Außenmauerwerk:

$$F_a = 2 \cdot h_1 \cdot (l + b - 2 \cdot w) - t_h \cdot t_c - h \cdot (2 \cdot f_a + 6 \cdot f_b) \qquad \text{m}^2$$

$$M_a = F_a \cdot w \qquad \text{m}^2$$

Innenmauerwerk:

$$F_i = h_1 \cdot (l_3 + l_4 + s + 2 \cdot b_1 + b_2) - 5 \cdot t_i \cdot t_d \qquad \text{m}^2$$

$$M_i = F_i \cdot s \qquad \text{m}^3$$

Gesamtmauerwerk:

$$F = F_a + F_i \qquad \text{m}^2$$

$$M = M_a + M_i \qquad \text{m}^3$$

Deckenfläche:

$$D = l \cdot b \qquad \text{m}^2$$

$$V = D \cdot (h - h_1) \qquad \text{m}^3$$

Außenputz:

$$P = 2 \cdot (l + b) \cdot h \qquad \text{m}^2$$

Die Aussparungen für Fenster und Türen werden übermessen.

Innenputz:

$$\text{Decken:} \quad I_d = (l_1 + l_2 + l_5) \cdot b_1 + (l_3 + l_4) \cdot b_2 \qquad \text{m}^2$$

$$\text{Wand:} \quad I_w = 2 \cdot h_1 \cdot (l_1 + l_2 + l_3 + l_4 + l_5 + 3 \cdot b_1 + 2 \cdot b_2) \qquad \text{m}^2$$

$$\text{Gesamt:} \quad I = I_d + I_w \qquad \text{m}^2$$

Plausibilitätskontrollen im Programm:

$$l_1 + l_2 + l_5 + 2 \cdot w + 2 \cdot s = l_3 + l_4 + 2 \cdot w + s = l$$

$$b_1 + b_2 + 2 \cdot w + s = b$$

**Speicherorganisation**

| | | | |
|---|---|---|---|
| A $- l$ | | K $- s$ | |
| B $- b$ | | L $- h$ | |
| C $- l_1$ | | M $- h_1$ | |
| D $- l_2$ | | N $- t_c$ | (Haustürbreite) |
| E $- l_3$ | | O $- t_h$ | |
| F $- l_4$ | | P $- t_d$ | (Innentürbreite) |
| G $- l_5$ | | Q $- t_i$ | |
| H $- b_1$ | | R $- f_a$ | (Breite Fenster A) |
| I $- b_2$ | | S $- f_b$ | (Breite Fenster B) |
| J $- w$ | | T $- f$ | (Höhe Fenster A, B) |
| | | U, X, Y, Z $-$ Hilfsspeicher | |

```
 10: "MASS":CLEAR :
     S$="Massenermi
     ttlung":PRINT
     "***  ";S$;"
     ***";CSIZE 2:
     COLOR 0:LF 1:
     GOSUB 560
 15: LPRINT " ";S$:
     GOSUB 560
 20: INPUT "Weiter?
     nein 1(ENTER)
     ";Z:END
 30: LF 2:LPRINT "E
     ingaben in cm:
     ":GOSUB 570
 40: INPUT "Hauslae
     nge = ";A
 50: LPRINT "L  =";
     A
 60: INPUT "Hausbre
     ite = ";B
 70: LPRINT "B  =";
     B
 80: INPUT "Laenge
     Raum 1 = ";C
 90: LPRINT "L1 =";
     C
100: INPUT "Laenge
     Raum 2 = ";D
110: LPRINT "L2 =";
     D
120: INPUT "Laenge
     Raum 3 = ";E
130: LPRINT "L3 =";
     E
140: INPUT "Laenge
     Raum 4 = ";F
150: LPRINT "L4 =";
     F
160: INPUT "Laenge
     Raum 5 = ";G
170: LPRINT "L5 =";
     G
180: INPUT "Breite
     Raum 1,2,5 = "
     ;H
190: LPRINT "B1 =";
     H
200: INPUT "Breite
     Raum 3,4 = ";I
210: LPRINT "B2 =";
     I
220: INPUT "Aussenw
     anddicke = ";J
230: LPRINT "DA =";
     J
240: INPUT "Innenwa
     nddicke = ";K
250: LPRINT "DI =";
     K
260: IF C+D+G+2*(J+
     K)<>ATHEN 30
270: IF E+F+2*J+K<>
     ATHEN 30
280: IF H+I+2*J+K<>
     BTHEN 30
290: INPUT "Bauhoeh
     e = ";L
300: LPRINT "H  =";
     L
310: INPUT "Raumhoe
     he = ";M
320: LPRINT "H1 =";
     M
330: INPUT "Breite
     Haustuer = ";N
340: LPRINT "BT =";
     N
350: INPUT "Hoehe H
     ausruer = ";O
360: LPRINT "HT =";
     O
370: INPUT "Breite
     Innentuer = ";
     P
380: LPRINT "TB =";
     P
390: INPUT "Hoehe I
     nnentuer = ";Q
400: LPRINT "TH =";
     Q
410: INPUT "Breite
     A-Fenster = ";
     R
420: LPRINT "BF =";
     R
430: INPUT "Breite
     B-Fenster = ";
     S
440: LPRINT "NF =";
     S
450: INPUT "Fenster
     hoehe = ";T
460: LPRINT "HF =";
     T
470: LF 2:LPRINT "A
     usgaben:";
     GOSUB 570:
     LPRINT "Mauerw
     erk":LPRINT "
     aussen:"
480: X=(2*M*(A+B-2*
     J)-N*O-2*T*R-6
     *T*S)/1E4:
     LPRINT " m2 ="
     ;X:Y=X*J/100:
     LPRINT " m3 ="
     ;Y
490: LPRINT " innen
     :";Z=(M*(E+F+K
     +2*H+I)-5*P*Q)
     /1E4:LPRINT "
     m2 =";Z
495: U=Z*K/100:
     LPRINT " m3 ="
     ;U
500: LPRINT " gesam
     t:";X=X+Z:Y=Y+
     U:LPRINT " m2
     =";X:LPRINT "
     m3 =";Y:LF 1:
     LPRINT "Decken
     flaeche"
510: X=A*B/1E4:
     LPRINT " m2 ="
     ;X:Y=X*(L-M)/1
     00:LPRINT " m3
      =";Y:LF 1:
     LPRINT "Aussen
     putz"
520: X=2*(A+B)*L/1E
     4:LPRINT " m2
     =";X:LF 1:
     LPRINT "Innenp
     utz";LPRINT "
     Decke:"
530: X=((C+D+G)*H+(
     E+F)*I)/1E4:
     LPRINT " m2 ="
     ;X:LPRINT " Wa
     nd:"
540: Y=2*M*(C+D+G+3
     *H+E+F+2*I)/1E
     4:LPRINT " m2
     =";Y:LPRINT "
     gesamt:";X=X+Y
     :LPRINT " m2 =
     ";X:LF 4
550: GOTO 20
560: LPRINT "******
     ***********":
     RETURN
570: LPRINT "------
     -------------";
     RETURN
```

**Programmlisting 3.3 Massenermittlung**

**Bedienungsanleitung**

Das Programm kann nur mit Drucker betrieben werden.

1.   Programm mit RUN (ENTER) oder RUN "MASS" (ENTER) starten.

2.   Kontrollanzeige "*** Massenermittlung ***" mit (ENTER) löschen; es wird ein Verarbeitungstitel ausgedruckt.

3.   Bei Anzeige "Weiter? nein 1 (ENTER) _" über die weitere Fortsetzung im Programm entscheiden:

   3.1.   Verarbeitung beenden: Beliebige Zahl eintasten und (ENTER) drücken; die Anzeige verlöscht bis auf das Bereitschaftssymbol. Eine neue Verarbeitung kann nur ab Punkt 1 aufgenommen werden.

   3.2.   Verarbeitung starten: (ENTER) ohne vorangehende Zahleneingabe drücken. Es wird ein Hinweis zur Maßeinheit der Eingaben ausgedruckt.

   Nachfolgend sind bei entsprechenden Eingabehinweisen die Maße in cm einzutasten und die Eingabe mit der Betätigung von (ENTER) abzuschließen; die Eingaben werden zur Kontrolle sofort ausgedruckt. Nach der Eingabe des Maßes für die Innenwandstärke s kann es zur Neuaufnahme sämtlicher bisher getätigter Eingaben zufolge irrtümlicher Eingaben kommen.

   Nach Einspeicherung des letzten Maßes werden die Ergebnisse berechnet und ausgedruckt. Nach einem mehrfachen Zeilenvorschub zum bequemen Abtrennen des Druckstreifens wird bei Punkt 3 fortgesetzt.

In unserem Testbeispiel wurde für $b_1$ ein falscher Wert eingetastet, so daß es wegen der durchgeführten Plausibilitätskontrolle zur Neuaufnahme der Eingaben kommen mußte.

```
******************          Eingaben in cm:          Ausgaben:
  Massenermittlung          -----------------         --------------------
******************          L  = 1000                 Mauerwerk
                            B  = 800                   aussen:
                            L1 = 290                   m2 = 71.84
Eingaben in cm:             L2 = 300                   m3 = 21.552
-----------------           L3 = 460                   innen:
                            L4 = 455                   m2 = 46.72
L  = 1000                   L5 = 300                   m3 = 11.68
B  = 800                    B1 = 335                   gesamt:
L1 = 290                    B2 = 380                   m2 = 118.56
L2 = 300                    DA = 30                    m3 = 33.232
L3 = 460                    DI = 25
L4 = 455                    H  = 300                  Deckenflaeche
L5 = 300                    H1 = 280                   m2 = 80
B1 = 35                     BT = 100                   m3 = 16
B2 = 380                    HT = 220
DA = 30                     TB = 90                   Aussenputz
DI = 25                     TH = 200                   m2 = 108
                            BF = 240
                            NF = 180                  Innenputz
                            HF = 150                   Decke:
                                                       m2 = 64.585
**Beispiel zu 3.3**                                   Wand:
                                                       m2 = 199.92
**Massenermittlung mit Eingabefehler in B1**          gesamt:
                                                       m2 = 264.505
```

## 3.4 Fixe Kosten — veränderliche Kosten

In der innerbetrieblichen Kostenrechnung kommt es in der Anwendung von Teilkosten-rechnungsverfahren zur Trennung von Kosten in zwei Bestandteile. Der erste Teil ist jener, der sich mit der Beschäftigungslage nicht ändert; diese Kosten nennt man *fixe Kosten.* Der zweite Teil ändert sich in Abhängigkeit von der Produktion eines Unternehmens, und diese Kosten werden veränderliche oder *variable Kosten* genannt. Viele Kostenarten sind entweder eindeutig fix, z.B. Gehaltskosten oder eindeutig veränderlich, z.B. Fertigungsmaterialkosten. Zu einer Trennung kommt es meist nur bei den Gemein-kosten, die deswegen so heißen, weil sie nicht direkt oder eindeutig zugeordnet werden können. Sie werden auf bestimmten Kostenstellen gesammelt und über einen Verteilungs-schlüssel (siehe dazu auch Programm 3.6) weiter verrechnet. Aber schon die sogenannten Primärkosten, die dem Gemeinkostentopf zuzurechnen sind, zeigen unterschiedliches Kostenverhalten, d.h. sie bestehen aus fixen und veränderlichen Anteilen. Ohne auf die angedeutete Problematik weiter einzugehen, wollen wir in dem vorliegenden Programm Kostensummen bilden und diese nach entsprechenden Vorgaben aus Ausgangswerten zu Gesamtsummen verdichten und aus der Teilung der Ausgangszahlen in fixe und variable Kostenbestandteile diese Trennung auch in der Kostensumme bestimmen.

In unserem Testbeispiel wird der Begriff *Variator* verwendet. Er bezeichnet in einer Kostenart den Anteil der variablen Kosten in ganzzahligen Prozenten.

Es gilt also:

$$G = F + V \quad \text{bzw.} \quad VA = \frac{G}{V} \cdot 1\emptyset\emptyset.$$

*Legende:*  F  — fixe Kosten
                V  — variable Kosten
                G  — Gesamtkosten
               VA — Variator

Der Formelmechanismus gilt sowohl für Ausgangswerte als auch Kostensummen.

Im Programm, das mit oder ohne Drucker gefahren werden kann, sind Eingaben bewußt vom Summenabruf getrennt worden.

**Speicherorganisation**

E   — Einzelgesamtkosten einer Kostenart
F   — Einzelvariator dieser Kostenart
K   — Summe Gesamtkosten
V   — Summe veränderliche Kosten
KZ  — Verarbeitungskennzeichen
VA  — Gesamtvariator

```
10:"FIVA":CLEAR :
   S$="Kostentren
   nung":PRINT "*
   ***  ";S$;"  *
   ***"
20:KZ=1:INPUT "An
   zeige 1/Druck
   2(ENTER)";KZ
30:IF (KZ<1)OR (K
   Z>2)OR (KZ-INT
   KZ<>0)THEN 20
40:IF KZ=2CSIZE 2
   :COLOR 0:GOTO
   60
50:PRINT "(DEF) A
   - Eingabe Kos
   ten":PRINT "(D
   EF) S - Summen
   abruf":END
60:LF 1:GOSUB 80:
   LPRINT "* ";S$
   ;" *":GOSUB 80
   :LF 1
70:LPRINT "DEF Ve
   rarbeitung":
   GOSUB 90:
   LPRINT "A - Ei
   ngabe KostenS
   - Summenabruf"
   :LF 4:END
80:LPRINT "******
   ************":
   RETURN
90:LPRINT "------
   ------------":
   RETURN
100:"A":PRINT "Ein
    gabe Kosten";K
    =0;V=0
105:IF KZ=2LF 1:
    LPRINT "Eingab
    en:":LPRINT "G
    esamtkosten  V
    ar.":GOSUB 90
110:PRINT "Kosten
    = ";
120:INPUT E
130:CLS :PRINT "Va
    r. = ";
140:INPUT F
150:CLS :IF (F<0)
    OR (F>100)THEN
    130
160:IF KZ=1THEN 19
    0
170:USING "#######
    ###":TAB 2:
    LPRINT E;
180:USING "####";
    TAB 13:LPRINT
    F
190:INPUT "OK? nei
    n 1(ENTER)";Z:
    GOTO 210
200:GOTO 230
210:IF KZ=2LPRINT
    "Irrtum"
220:GOTO 110
230:K=K+E:V=V+INT
    (E*F/100+.5):
    INPUT "Weiter?
    ja 1(ENTER)";
    Z:GOTO 110
240:IF KZ=2LF 4
250:END
260:"S":PRINT "Sum
    menabruf";VA=
    INT (100*V/K+.
    5):IF KZ=2THEN
    280
270:PRINT "F-Koste
    n=";K-V:PRINT
    "V-Kosten=";V:
    PRINT "G-Koste
    n=";K:PRINT "V
    ariator=";VA:
    END
280:LF 1:LPRINT "G
    esamtsummen:":
    LPRINT "F=fixe
    Kosten":
    LPRINT "V=vari
    able Kosten"
290:LPRINT "G=Gesa
    mtkosten":
    GOSUB 90:USING
    "#############
    ##"
300:LPRINT "F =";K
    -V:LPRINT "V =
    ";V:LPRINT "G
    =";K:LPRINT "V
    ariator";USING
    "#########";V
    A:USING :LF 4:
    END
```

**Programmlisting 3.4** Fixe Kosten — veränderliche Kosten


## Bedienungsanleitung

1. Programm mit RUN (ENTER) oder RUN "FIVA" (ENTER) starten.

2. Kontrollanzeige "**** Kostentrennung ****" mit (ENTER) löschen.

3. Bei Anzeige "Anzeige 1/Druck 2 (ENTER) _" über die Ausgabeart entscheiden:

   3.1. Anzeige: 1 (ENTER oder nur (ENTER) drücken und bei Punkt 4 fortsetzen.

   3.2. Druck: 2 (ENTER) drücken und bei Punkt 16 fortsetzen.

4. Anzeige von Verarbeitungshinweisen, die jeweils mit (ENTER) abgerufen werden. Nach diesem Programmvorlauf verlöscht die Anzeige bis auf das Bereitschaftssymbol.

5. Eingabe Kosten anwählen: (DEF) A drücken.

6. Kontrollanzeige "Eingabe Kosten" mit (ENTER) löschen.

7. Bei Anzeige "Kosten = " (ENTER) drücken.

8. Bei Anzeige "Kosten = ?" Gesamtkosten einer Kostenart ganzzahlig eintasten und (ENTER) drücken.

9. Bei Anzeige "Var. = " (ENTER) drücken.

10. Bei Anzeige "Var. = ?" Variator ganzzahlig zwischen einschließlich 0 und 100 eintasten und (ENTER) drücken. Fehlerhafte Eingaben führen zum Verbleiben bei der beschriebenen Anzeige.

11. Bei Anzeige "OK? nein 1 (ENTER)_" über die weitere Fortsetzung entscheiden:

    11.1. Eingabe nicht korrekt: Beliebige Zahl eintasten, (ENTER) drücken und Eingaben beider Werte ab Punkt 7 wiederholen.

    11.2. Eingabe korrekt: (ENTER) ohne vorangehende Zahleneingabe drücken.

12. Bei Anzeige "Weiter? ja 1 (ENTER)_" über die weitere Fortsetzung entscheiden:

    12.1. Eingaben fortsetzen: Beliebige Zahl eintasten, (ENTER) drücken und die nächsten Eingaben ab Punkt 7 vornehmen.

    12.2. Eingaben abschließen: (ENTER) ohne vorangehende Zahleneingabe drücken; die Anzeige verlöscht bis auf das Bereitschaftssymbol. Der Summenabruf kann getätigt werden.

13. Summen abrufen: (DEF) S drücken.

14. Kontrollanzeige "Summenabruf" mit (ENTER) löschen.

15. Ergebnisse in Übereinstimmung mit dem Ausdruck des Testbeispiels jeweils mit (ENTER) abrufen. Nach Anzeige des letzten Resultats verlöscht die Anzeige bis auf das Bereitschaftssymbol. Der Summenabruf kann beliebig oft wiederholt werden. Weitere Verarbeitungen sind ab Punkt 1 oder 5 aufzunehmen.

16. Nach Ausdruck eines Verarbeitungstitels und einer kurzen Verarbeitungsanleitung verlöscht die Anzeige bis auf das Bereitschaftssymbol.

17. Eingaben in Übereinstimmung mit den Punkten 7 bis 12 durchführen; es sind folgende Unterschiede zu beachten:

    — Ausdruck einer Titelzeile zu Beginn der Eingaben.
    — Dokumentation der Eingaben nach Eingabe des Variators in Punkt 10.
    — Ausdruck des Texthinweises "Irrtum" in 11.1.
    — Zeilenvorschub nach Beendigung der Eingaben in Punkt 12.2.

18. Ergebnis mit (DEF) S abrufen. Die Ergebnisse werden in Übereinstimmung mit dem Testbeispiel ausgegeben. Nach mehrmaligem Zeilenvorschub zum bequemen Abtrennen des Druckstreifens verlöscht die Anzeige bis auf das Bereitschaftssymbol. Weitere Verarbeitungen können ab Punkt 1 oder 5 aufgenommen werden.

```
*******************       Eingaben:              Gesamtsummen:
* Kostentrennung *       Gesamtkosten   Var.     F=fixe Kosten
*******************      -------------------      U=variable Kosten
                                   25     15      G=Gesamtkosten
DEF Verarbeitung               86571     63      -------------------
-------------------            86571     63      F =            137951
A - Eingabe Kosten       Irrtum                  U =            101242
S - Summenabruf                25447     45      G =            239193
                                6547     41      Variator        42
                              120603     27
```

**Beispiel zu 3.4** Fixe Kosten — veränderliche Kosten

## 3.5 Verfahrensvergleich

Ein Vergleich zweier Verfahren läßt sich sehr leicht anhand ihres jeweiligen Kostenverhaltens ziehen. Ein vor allem in der Kostenrechnung angewandtes Verfahren zieht Schlüsse aus der jeweiligen Beschäftigungslage. Im Beispiel 3.4 haben wir das Kostenverhalten beobachtet. Mit der Veränderung der Beschäftigung verändert sich auch das Verhältnis zwischen fixen und veränderlichen Anteilen einer Kostensumme.

Im nachstehenden Beispiel haben wir in ein Koordinatensystem zwei solcher Verfahren eingetragen. Die vom Koordinatenursprung ausgehende unter 45 Grad geneigte Linie stellt die Erlöslinie dar. Aus der x-Achse (Abszisse), d.i. in der Horizontalen, werden die Umsätze und auf der y-Achse (Ordinate), d.i. in der Vertikalen, werden die Kosten aufgetragen, die zur Erzielung eines bestimmten Umsatzes notwendig sind. Für jedes Verfahren gibt es die horizontale Linie parallel zur x-Achse, die die Fixkosten eines Verfahrens darstellt, und eine geneigte Linie, die vom Schnittpunkt der Fixkostenlinie mit der y-Achse ausgeht und die die veränderlichen Kosten darstellt. Im jeweiligen Schnittpunkt der Geraden der veränderlichen Kosten mit der Erlöslinie ergibt sich der Punkt, an dem Kosten und Umsatz gleich sind. Darunter werden Verluste, darüber Gewinne erzielt. Im Schnittpunkt beider Geraden, die die veränderlichen Kosten der Verfahren repräsentieren, ergibt sich der Punkt der Gewinngleiche. Unter diesem ist jenes Verfahren im Vorteil, bei dem die Gerade der veränderlichen Kosten steiler verläuft und darüber das Verfahren mit geringer ansteigenden veränderlichen Kosten.

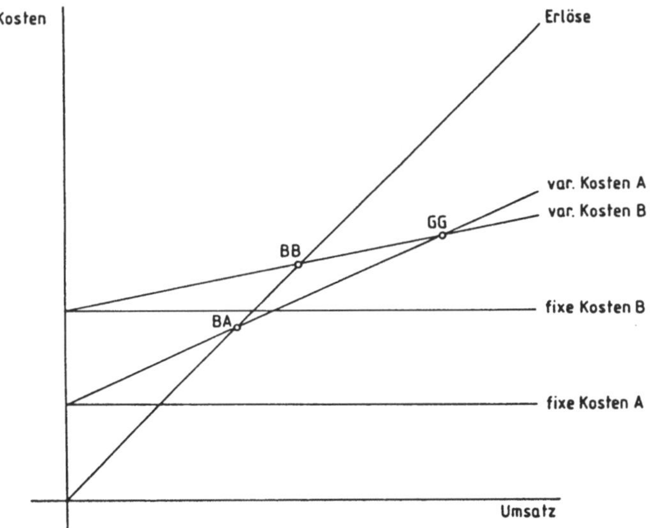


**Formelsammlung**

Auch hier können wir wieder auf das Basisprogramm 1.5 zurückgreifen, wenn wir die Gerade der veränderlichen Kosten durch zwei Punkte rechnen wollen.

GG — Gewinngleiche Verfahren A — Verfahren B
BA — Gewinnschwelle Verfahren A
BB — Gewinnschwelle Verfahren B

Für beide Verfahren gelten hinsichtlich der Erstellung der Geraden für die veränderlichen Kosten durch zwei Punkte (Umsatz, Kosten) folgende Beziehungen, bei denen die Umsätze mit $x_1$ und $x_2$ und die korrespondierenden Kosten mit $y_1$ und $y_2$ gekennzeichnet sind:

*Geradengleichung:*
(veränderliche Kosten)

$$y - y_1 = m \cdot (x - x_1); \quad m = \frac{y_1 - y_2}{x_1 - x_2}; \quad \emptyset < m < 1$$

*Erlösgerade:* $\quad y = x$

*Geradengleichung:*
(fixe Kosten)

$$y = y_1 - m \cdot x_1; \quad \text{Fixkosten} \geq \emptyset$$

*Gewinnschwelle:*

$$y = \frac{y_{a,b} - m_{a,b} \cdot x_{a,b}}{1 - m_{a,b}}$$

*Gewinn, Verlust bei gegebenem Umsatz:* (Eingabe x, gesucht y)

$$y = m_{a,b} \cdot (x - x_1) + y_1$$

*Gewinngleiche Verfahren A — Verfahren B:*

Umsatz: $\quad x = \dfrac{m_a \cdot x_{1a} - m_b \cdot x_{1b} - y_{1a} + y_{1b}}{m_a - m_b}$

Kosten: $\quad y = y_1 + m_a \cdot x$

Gewinn: $\quad g = x - y$


## Speicherorganisation

A      — Umsatz aktuell $x_1$
B      — Kosten aktuell $y_1$
C      — Umsatz aktuell $x_2$
D      — Kosten aktuell $y_2$
E      — Steigungswinkel der Geraden der veränderlichen Kosten
F      — Fixkosten aktuell
A(7) — Umsatz, Kosten Verfahren A
B(7) — Umsatz, Kosten Verfahren B
I       — Schleifenvariable
K      — Gesamtkosten Vergleich A — B
U      — Umsatz
V      — veränderliche Kosten
Z      — Verfahrenskennzeichnung

```
10:"VERF":PRINT "
   ** Verfahrensv
   ergleich **":
   CSIZE 2:COLOR
   0:LF 1:GOSUB 5
   0:LPRINT " Kos
   ten- und Ver-"
20:LPRINT " fahre
   nsvergleich":
   GOSUB 50:LF 1:
   LPRINT "DEF Ve
   rarbeitung":
   GOSUB 60
30:LPRINT "A - Ve
   rfahren A, B":
   LPRINT "G - Ge
   winn/Verlust":
   LPRINT "V - Ve
   rgleich A-B":
   GOSUB 60:CLEAR
40:DIM A(7),B(7):
   LF 4:END
50:LPRINT "*****
   ***********":
   RETURN
60:LPRINT "------
   -----------":
   RETURN
70:"A":PRINT "Ver
   fahren A, B":
   GOSUB 230
80:INPUT "Umsatz
   1 = ";A
90:INPUT "Kosten
   1 = ";B
100:INPUT "Umsatz
    2 = ";C
110:INPUT "Kosten
    2 = ";D
120:IF (A=C)OR (B=
    D)THEN 80
130:E=(B-D)/(A-C):
    IF E<0THEN 80
140:F=INT (B-E*A+.
    5):IF F<0THEN
    80
150:U=INT ((B-E*A)
    /(1-E)+.5):V=U
    -F:LPRINT "Aus
    gangswerte ";S
    $:GOSUB 60:
    LPRINT "Umsatz
    1:",A
160:LPRINT "Kosten
    1:",B:LPRINT
    "Umsatz 2:",C:
    LPRINT "Kosten
    2:",D:GOSUB 6
    0:LF 1:LPRINT
    "Ergebnisse ";
    S$

170:LPRINT "und Ge
    winnschwelle":
    GOSUB 60:
    LPRINT "Fixe K
    osten:",F:
    LPRINT "Variab
    le Kosten:",V
180:LPRINT "Grenzu
    msatz:",U:
    GOSUB 60:FOR I
    =1TO 7
190:IF Z=1THEN 210
200:B(I)=@(I):B(0)
    =2:GOTO 220
210:A(I)=@(I):A(0)
    =1
220:NEXT I:IF E>=1
    LPRINT "Kein G
    ew. moeglich":
    GOSUB 60
225:LF 4:END
230:INPUT "Verfahr
    en A=1/B=2(ENT
    ER)";Z
240:IF (Z<1)OR (Z>
    2)OR (Z-INT Z<
    >0)THEN 230
250:S$="A":IF Z=2
    LET S$="B"
260:FOR I=1TO 7
270:IF Z=1THEN 290
280:@(I)=B(I):X=B(
    0):GOTO 300
290:@(I)=A(I):X=A(
    0)
300:NEXT I:RETURN
310:"G":PRINT "Gew
    inn/Verlust":
    GOSUB 230:IF (
    A(0)=0)AND (B(
    0)=0)THEN 70
320:IF X=0THEN 80
330:INPUT "Umsatz
    = ";U
340:IF (U<0)OR (U)
    =1E10-1)THEN 3
    30
350:U=INT (E*U+.5)
    :LF 1:LPRINT "
    Gewinn/Verlust
    ";S$:GOSUB 60
360:LPRINT "Umsatz
    :",U:LPRINT "F
    ixe Kosten:",F
    :LPRINT "Varia
    ble Kosten:",V
370:LPRINT "Gesamt
    kosten:",F+V:
    LPRINT "Gewinn
    /Verlust:",U-V
    -F:GOSUB 60:LF

4:END
380:"V":PRINT "Ver
    gleich A-B"
390:IF A(0)=0LET Z
    =1:S$="A":
    PRINT "Verfahr
    en A":GOTO 80
400:IF B(0)=0LET Z
    =2:S$="B":
    PRINT "Verfahr
    en B":GOTO 80
410:LF 1:LPRINT "G
    ewinngleiche A
    -B":GOSUB 60
420:IF A(5)>=1
    LPRINT "Verf.
    A negativ"
430:IF B(5)>=1
    LPRINT "Verf.
    B negativ"
440:IF (A(5)>=1)
    AND (B(5)>=1)
    THEN 520
450:IF A(5)=B(5)
    LPRINT "A glei
    ch B oder":
    LPRINT "A para
    llel B":GOTO 5
    20
460:U=(A(5)*A(1)-B
    (5)*B(1)-A(2)+
    B(2))/(A(5)-B(
    5)):K=A(6)+A(5
    )*U:IF U<0THEN
    480
470:LPRINT "Umsatz
    :",INT (U+.5):
    LPRINT "Kosten
    :",INT (K+.5):
    LPRINT "Gewinn
    :",INT (U+.5)-
    INT (K+.5)
480:IF A(5)>=1LET
    S$="B":GOTO 51
    0
490:IF B(5)>=1LET
    S$="A":GOTO 51
    0
500:S$="B":IF B(5)
    >A(5)LET S$="A
    "
510:LPRINT "Verf.
    ";S$;" im Vort
    eil"
520:GOSUB 60:LF 4:
    END
```

**Programmlisting 3.5**

Verfahrensvergleich

**Bedienungsanleitung**

1. Programm mit RUN (ENTER) oder RUN "VERF" (ENTER) starten.

2. Kontrollanzeige "** Verfahrensvergleich **" mit (ENTER) löschen; Ausdruck eines die Verarbeitung einführenden Textes und einer kurzen Verarbeitungsanleitung. Nach mehrmaligem Zeilenvorschub verlöscht die Anzeige bis auf das Bereitschaftssymbol.

3. Anwahl der Verarbeitung: Am Beginn ist als erstes die Eingabe der Ausgangswerte anzuwählen:

   3.1. Ausgangswerte eingeben: (DEF) A drücken und bei Punkt 4 fortsetzen.

   3.2. Gewinn-/Verlustrechnung: (DEF) G drücken und bei Punkt 11 fortsetzen.

   3.3. Verfahrensvergleich A − B: (DEF) V drücken und bei Punkt 14 fortsetzen.

4. Kontrollanzeige "Verfahren A, B" mit (ENTER) löschen.

5. Bei Anzeige "Verfahren A = 1/B = 2 (ENTER)_" über die weitere Fortsetzung entscheiden:

   5.1. Eingabe Verfahren A: 1 (ENTER) drücken.

   5.2. Eingabe Verfahren B: 2 (ENTER) drücken.

6. Bei Anzeige "Umsatz 1 = _" Wert für $x_1$ (Umsatzkoordinate Punkt 1) eintasten und (ENTER) drücken.

7. Bei Anzeige "Kosten 1 = _" Wert für $y_1$ (Kostenkoordinate Punkt 1) eintasten und (ENTER) drücken.

8. Bei Anzeige "Umsatz 2 = _" Wert für $x_2$ eintasten und (ENTER) drücken.

9. Bei Anzeige "Kosten 2 = _" Wert für $y_2$ eintasten und (ENTER) drücken.

10. Es folgen Berechnung und Ausdruck der dieses Verfahren kennzeichnenden Werte: Dokumentation der Eingaben, sowie Angaben zur Gewinnschwelle mit fixen und variablen Kosten und Grenzumsatz. Die Anzeige verlöscht bis auf das Bereitschaftssymbol. Weitere Verarbeitungen ab Punkt 3 anwählen.

11. Kontrollanzeige "Gewinn/Verlust" mit (ENTER) löschen.

12. Bei Anzeige "Verfahren A = 1/B = 2 (ENTER)_" über die weitere Fortsetzung entscheiden:

    12.1. Gewinn-/Verlustrechnung Verfahren 1: 1 (ENTER) drücken.

    12.2. Gewinn-/Verlustrechnung Verfahren 2: 2 (ENTER) drücken.

    Erfolgt daraufhin die Anzeige "Umsatz 1 = _", waren die geforderten Werte noch nicht eingegeben worden, was nun möglich ist: die Eingaben ab Punkt 6 bis Punkt 10 durchführen und Gewinn- und Verlustrechnung erneut anwählen.

13. Bei Anzeige "Umsatz = _" Wert für Umsatz eintasten und (ENTER) drücken. Neben der Eingabedokumentation werden für den eingegebenen Umsatz fixe, variable und Gesamtkosten berechnet und ausgegeben, sowie Gewinn bzw. Verlust ermittelt und ebenfalls ausgegeben. Verluste werden mit negativem Vorzeichen ausgedruckt.

    Die Gewinn- und Verlustrechnung wird mit einem mehrfachen Zeilenvorschub und dem Verlöschen der Anzeige bis auf das Bereitschaftssymbol beendet.

14. Kontrollanzeige "Vergleich A − B" mit (ENTER) löschen. Werden die Texthinweise "Verfahren A" oder "Verfahren B" angezeigt, sind diese mit (ENTER) zu löschen. In diesen Fällen wird die Eingabe der Ausgangswerte ab Punkt 6 angesteuert. Hierauf muß der Vergleich der Verfahren A und B erneut angewählt werden.

15. Berechnung und Ausgabe von Umsatz, Kosten und Gewinn des Punktes der Gewinn-
    gleiche sowie eines Hinweises darauf, welches Verfahren im Vorteil ist.

*Sonderhinweise:*

Es gibt eine Reihe von Ausgaben in diesem Programm, auf die besonders hinzuweisen ist:
- "Kein Gewinn möglich": Das Verfahren kann keinen Gewinn abwerfen.
- "Verf. A(B) im Vorteil": Hinweis auf das bessere Verfahren.
- "Verf. A(B) negativ": Gewinngleiche im negativen Bereich. Sind beide Verfahren
  negativ, erfolgt kein Ausdruck Umsatz, Kosten, Gewinn, sondern nur ein solcher auf
  die negativen Verfahren hinweisend.
- Sind beide Steigungen der die veränderlichen Kosten repräsentierenden geraden Linien
  zueinander parallel, kommt es zum Ausdruck "A gleich B oder A parallel B". Die beiden Geraden können auch einander decken; in diesen Fällen kann es keine Gewinngleiche geben.

In den Testbeispielen wurden zuerst die Verfahren A und B berechnet und dann miteinan-
der verglichen. Daraufhin wurden die Angaben zu Verfahren B abgeändert und die Gewinngleiche erneut bestimmt. Danach wurden die Gewinn- und Verlustrechnung für
beide Verfahren durchgeführt.

```
******************             Gewinngleiche A-B
  Kosten- und Ver-            ------------------
  fahrensvergleich            Verf. B negativ
******************            Umsatz:
                                            39600
DEF Verarbeitung             Kosten:
----------------                            67320
A - Verfahren A, B      Ausgangswerte B     Gewinn:
G - Gewinn/Verlust      ----------------             -27720
V - Vergleich A-B       Umsatz 1:           Verf. A im Vorteil
----------------                   50000    ------------------
Ausgangswerte A         Kosten 1:
----------------                   85000    Ausgangswerte B
Umsatz 1:               Umsatz 2:           ----------------
          100000                       0    Umsatz 1:
Kosten 1:               Kosten 2:                     100000
           94500                       0    Kosten 1:
Umsatz 2:               ----------------               85000
               0                            Umsatz 2:
Kosten 2:               Ergebnisse B                          0
           49500        und Gewinnschwelle   Kosten 2:
----------------        ------------------                    0
Ergebnisse A            Fixe Kosten:        ----------------
und Gewinnschwelle                     0    Ergebnisse B
------------------      Variable Kosten:    und Gewinnschwelle
Fixe Kosten:                           0    ------------------
           49500        Grenzumsatz:        Fixe Kosten:
Variable Kosten:                       0                      0
           40500        ----------------    Variable Kosten:
Grenzumsatz:            Kein Gew. moeglich                    0
           90000        ----------------    Grenzumsatz:
----------------                                             0
                                            ----------------
```

```
Gewinngleiche A-B          Gewinn/Verlust A           Gewinn/Verlust B
---------------------      --------------------       --------------------
Umsatz:                    Umsatz:                    Umsatz:
            123750                     150000                     150000
Kosten:                    Fixe Kosten:               Fixe Kosten:
            105188                      49500                          0
Gewinn:                    Variable Kosten:           Variable Kosten:
             18562                      67500                     127500
Verf. A im Vorteil         Gesamtkosten:              Gesamtkosten:
---------------------                  117000                     127500
                           Gewinn/Verlust:            Gewinn/Verlust:
                                       33000                      22500
                           --------------------       --------------------
```

**Beispiele zu 3.5**
Verfahrensvergleich


## 3.6 Verteilungsoperationen

Im innerbetrieblichen Rechnungswesen haben wir laufend mit Kostenumlagen zu tun.
Diese Verteilungen richten sich dabei meist nach veränderlichen Vorgaben und nur selten
nach fixen Grundlagen. In beiden Fällen kommt es aber darauf an, eine bestimmte Summe nach einem vorgegebenen Schlüssel zu verteilen. Die aus einer Reihe einzelner Schlüssel-
werte bestehende Verteilungsgrundlage schöpft ihre Werte aus Soll-Vorgaben und ist die
Basis für die Umlage von Ist-Ergebnissen; eine solche Verteilung ist schließlich auch die
Prozentverteilung. Die Grundlage sind eine Reihe von Einzelwerten, und die zu verteilende Summe ist die Zahl 100.

Die Berechnung eines zu verteilenden Einzelwertes hat sich also an der Größe des korrespondierenden Schlüsselwertes und am Verhältnis der zu verteilenden Gesamtsumme
zur Gesamtsumme der Schlüsseleinzelwerte zu orientieren:

$$v = \frac{V}{S} \cdot s;$$

s  — Schlüsseleinzelwert
S  — Summe der Schlüsseleinzelwerte
v  — einzelner zu verteilender Wert
V  — gesamte zu verteilende Summe.

Die Verteilung kann mit unterschiedlich vielen Dezimalstellen vorgenommen werden, was
in den beiden Verteilungsbeispielen zum Ausdruck kommt.

Eine entsprechende Einstellung ist im Zuge des Programmverlaufs möglich. Die Dezimal-
stellenanwahl kann auch getrennt von den übrigen Verarbeitungen vorgenommen werden. Bei Verteilungen lassen sich die Summen nicht immer exakt aufteilen. So ist in
diesem Programm vorgesehen, daß Differenzen immer dem Höchstwert der Reihe zuge-
schlagen werden; dafür ist auch das Mitziehen eines Höchstwertes bei der Eingabe vorgesehen. Sind mehrere Werte als Höchstwerte anzusprechen, wird die Summenkorrektur
immer am ersten dieser Höchstwertreihe vorgenommen; dieser Umstand kommt im zweiten Verteilungsbeispiel einer Prozentverteilung zum Tragen.

Es lassen sich auch mehrere Summen nach den gleichen Schlüsseln verteilen; ebenso kann
die gleiche Summe mit unterschiedlichen Schlüsseln verarbeitet werden, ohne daß die
Ausgangswerte neu eingegeben werden müssen.

**Speicherorganisation**

C    — Anzahl der Einzelwerte
D    — Dezimalstellenanzahl
F    — Faktor aus V/S
I    — Index
K    — Korrektursumme der verteilten Einzelwerte
M    — größter Einzelwert
N    — Hilfsspeicher
P    — Eingabeposition
S    — Schlüsselsumme
V    — zu verteilende Summe
W    — aktueller s-Einzelwert
Z    — Hilfsspeicher
S(C) — eindimensionales Feld für die Schlüsseleinzelwerte
V(C) — eindimensionales Feld für die zu verteilenden Einzelwerte

```
10:"KEYS":CLEAR :
   S$="Schluessel
   ":T$="rechnung
   ";U$="Verteilu
   ng":PRINT S$;T
   $
20:KZ=1:INPUT "An
   zeige 1/Druck
   2(ENTER)";KZ
30:IF (KZ<1)OR (K
   Z>2)OR (KZ-INT
   KZ<>0)THEN 20
40:IF KZ=2THEN 70
50:PRINT "(DEF) D
   - Anzahl Dezi
   malen":PRINT "
   (DEF) X - Wert
   e maximal"
60:PRINT "(DEF) S
   - ";S$;" eing
   .":PRINT "(DEF
   ) U - Summenve
   rteilung":END
70:CSIZE 2:COLOR
   0:LF 1:GOSUB 1
   00:LPRINT S$;T
   $:GOSUB 100:LF
   1:LPRINT "DEF
   Verarbeitung":
   GOSUB 110
80:LPRINT "D - An
   z. DezimalenX
   - Werte maxima
   l"
90:LPRINT "S - Sc
   hl. eingebenV
   - Su.Verteilun
   g":GOSUB 110:
   LF 4:END
100:LPRINT "******

   ************";
   RETURN
110:LPRINT "------
   -------------";
   RETURN
120:"D":D=0:INPUT
   "Dezimalen = "
   ;D
130:IF (D<0)OR (D>
   9)OR (D-INT D<
   >0)THEN 120
140:END
150:"X":C=2:INPUT
   "Anzahl Werte
   = ";C
160:IF (C<2)OR (C>
   999)OR (C-INT
   C<>0)THEN 150
170:DIM S(C),V(C):
   END
180:"S":PRINT "Ein
   gabe ";S$;"wer
   te":M=9E-99:P=
   1:S=0
190:IF KZ=1THEN 21
   0
200:LF 1:LPRINT S$
   :LPRINT "Posit
   ion    S-Wert"
   :GOSUB 110
210:PRINT P;".S-We
   rt = ";
220:INPUT W
230:CLS :IF KZ=1
   THEN 260
240:USING "####":
   LPRINT P;
250:GOSUB (D+51)*1
   0:TAB 5:LPRINT
   W:USING

260:INPUT "OK? nei
   n 1(ENTER)";Z:
   GOTO 340
270:P=P+1:S=S+W:S(
   P-1)=W:IF W>M
   LET M=W:N=P-1
280:IF P>CTHEN 310
290:INPUT "Weiter?
   nein 1(ENTER)
   ";Z:GOTO 310
300:GOTO 210
310:PRINT "Ende";P
   -1;" Eingaben"
320:P=P-1:IF KZ=2
   GOSUB 110:
   GOSUB (D+51)*1
   0:LPRINT "Summ
   e";S:LF 4:
   USING :END
330:GOSUB (D+51)*1
   0:PRINT "S-Sum
   me =";S:END
340:IF KZ=2LPRINT
   "Irrtum"
350:GOTO 210
360:"V":PRINT U$:
   IF S=0THEN 180
370:INPUT "Verteil
   summe = ";U
380:IF (U=0)OR (U>
   1E10-1)THEN 38
   0
390:F=U/S:IF KZ=1
   THEN 410
400:LF 1:LPRINT U$
   :LPRINT "Posit
   ion    V-Wert"
   :GOSUB 110
410:K=0:FOR I=1TO
   P
```

```
420:V(I)=INT (S(I)         480:GOSUB (D+51)*1            ###.##":RETURN
    *F*10^D+.5)/10             0:PRINT V(I)          540:USING "#######
    ^D:K=K+V(I):           490:NEXT I:IF KZ=1            ##.###":RETURN
    NEXT I                     PRINT "V-Summe        550:USING "#######
430:V(N)=V(N)+V-K:              =";V:USING :              #.####":RETURN
    FOR I=1TO P               END                     560:USING "#######
440:IF KZ=1THEN 47         500:GOSUB 110:                 .#####":RETURN
    0                         LPRINT "Summe"         570:USING "######.
450:USING "####":            ;V:LF 4:USING               ######":RETURN
    LPRINT I;                 :END                    580:USING "#####.#
460:GOSUB (D+51)*1         510:USING "#######            ######":RETURN
    0:TAB 5:LPRINT             ######":RETURN         590:USING "####.##
    V(I):GOTO 490          520:USING "#######            ######":RETURN
470:USING :PRINT I            ####.#":RETURN         600:USING "###.###
    ;".Pos. =";            530:USING "#######            ######":RETURN
```

**Programmlisting 3.6** Verteilungsoperationen


**Bedienungsanleitung**

Das Programm kann mit oder ohne Drucker verwendet werden.

1. Programm mit RUN (ENTER) oder RUN "KEYS" (ENTER) starten.

2. Kontrollanzeige "Schluesselrechnung" mit (ENTER) löschen.

3. Bei Anzeige "Anzeige 1/Druck 2 (ENTER) _" über die weitere Fortsetzung entscheiden:

   3.1. Anzeige: 1 (ENTER) oder nur (ENTER) drücken und Ausgabe einer kurzen Verarbeitungsanleitung, wobei jede neue Zeile mit (ENTER) abzurufen ist. Nach Anzeige des letzten Hinweises verlöscht die Anzeige bis auf das Bereitschaftssymbol.

   3.2. Druck: 2 (ENTER) drücken; nach einem Verarbeitungstitel wird eine kurze Verarbeitungsanleitung ausgedruckt; die Anzeige verlöscht bis auf das Bereitschaftssymbol.

4. Anwahl der Verarbeitung:

   4.1. Dezimalstellenzahl anwählen: (DEF) D drücken. Bei Anzeige "Dezimalen = _" eine zwischen einschließlich 0 und 9 gelegene ganze Zahl eintasten und (ENTER) drücken. Erfolgt keine Einstellung, wird von Punkt 1 kommend mit 0 Dezimalstellen, sonst mit der zuletzt benutzten weitergearbeitet. Die Anzeige verlöscht bis auf das Bereitschaftssymbol.

   4.2. Eingabe der Höchstzahl der Einzelwerte: (DEF) X drücken. Bei Anzeige "Anzahl Werte = _" ganze zwischen 2 und 999 gelegene Zahl eintasten und (ENTER) drücken. Erfolgt nach der Anwahl keine Eingabe, gilt die Zahl 2 als angewählt. Die Anzeige verlöscht bis auf das Bereitschaftssymbol.

   4.3. Einspeicherung der Schlüsseleinzelwerte s: (DEF) S drücken. Anwahlkontrollanzeige "Eingabe Schluesselwerte" mit (ENTER) löschen und bei Punkt 5 (Anzeige) bzw. Punkt 11 (Druck) fortsetzen.

   4.4. Eingabe der zu verteilenden Summe: (DEF) V drücken. Kontrollanzeige "Verteilung" mit (ENTER) löschen und bei Punkt 12 (Anzeige) bzw. 14 (Druck) fortsetzen. Waren noch keine Schlüsseleinzelwerte eingegeben worden, wird Punkt 4.3. automatisch angesteuert, um das Versäumte nachzuholen.

5. Bei Anzeige "N.S-Wert = " (ENTER) drücken.

6. Bei Anzeige "N.S-Wert = ?" Schlüsseleinzelwert s eintasten und (ENTER) drücken.

7. Bei Anzeige "OK? nein 1 (ENTER)_" über die weitere Fortsetzung entscheiden:

    7.1. Eingabe nicht korrekt: Beliebige Zahl eintasten, (ENTER) drücken und Eingabe ab Punkt 5 wiederholen.

    7.2. Eingabe in Ordnung: (ENTER) ohne vorangehende Zahleneingabe drücken.

8. Bei Anzeige "Weiter? nein 1 (ENTER)_" über die weitere Fortsetzung entscheiden:

    8.1. Eingaben fortsetzen: (ENTER) ohne vorangehende Zahleneingabe drücken und nächste Eingabe ab Punkt 5 vornehmen. Sind alle möglichen Eingabepositionen ausgeschöpft, wird automatisch bei Punkt 9 fortgesetzt.

    8.2. Eingaben beenden: Beliebige Zahl eintasten und (ENTER) drücken.

9. Anzeige "Ende N Eingaben" mit (ENTER) löschen.

10. Mit dem Löschen der Summe der Eingaben (Schlüsselsumme) und dem Verbleiben des Bereitschaftssymbols ist die Eingabe beendet. Eingabe Verteilsumme ab Punkt 4 bzw. 4.4. anwählen.

11. Ausdruck einer kurzen Verarbeitungsanleitung und Eingabe der Schlüsseleinzelwerte s in Übereinstimmung mit den Punkten 5—9 vornehmen, wobei nur folgende Verschiedenheiten zur Anzeige auftreten:

    — Kontrollausdruck der Eingaben in Punkt 6,
    — Textausdruck "Irrtum" in Punkt 7.1.
    — Ausdruck der Endsumme in Punkt 9.

12. Kontrollanzeige "Verteilung" mit (ENTER) löschen.

13. Bei Anzeige "Verteilsumme = _" aufzuschlüsselnden Zahlenwert (Verteilsumme) eintasten und (ENTER) drücken; die Einzelergebnisse werden jeweils mit (ENTER) abgerufen und in der Form "N.Pos. = " bzw. "N.Pos. = NNNN" angezeigt. Bei Betätigung der Taste (ENTER) ohne vorangehende Zahleneingabe wird die zuletzt eingespeicherte Verteilsumme nach einem neuen Schlüssel aufgeteilt; z.B. bei mehrmaligen Prozentverteilungen ist die neuerliche Eingabe der Zahl 100 als Verteilsumme nicht erforderlich.

14. Vorgangsweise analog Punkt 12 und 13 wählen mit dem Unterschied, daß die Ergebnisse selbsttätig ausgedruckt werden. In beiden Fällen verlöscht die Anzeige bis auf das Bereitschaftssymbol, beim Druck nach einem vorangehenden mehrmaligen Zeilenvorschub.

```
*******************          Schluessel                Verteilung
Schluesselrechnung          Position     S-Wert        Position     V-Wert
*******************          ----------------------     ----------------------
                                 1       256.000             1       41.830
DEF Verarbeitung                 2       256.000             2       41.830
-------------------              3       256.000             3       16.340
D - Anz. Dezimalen          Irrtum                    ----------------------
X - Werte maximal                3       100.000       Summe        100.000
S - Schl. eingeben          ----------------------
U - Su.Verteilung           Summe       612.000        Verteilung
-------------------                                     Position     V-Wert
                                                       ----------------------
                                                            1       41.9
                                                            2       41.8
                                                            3       16.3
                                                       ----------------------
                                                       Summe        100.0
```

**Beispiele zu 3.6**

Verteilungsoperation

## 3.7 Wärmerechnung 1

Die Verteuerung sämtlicher Energieformen zwingt zu verstärkten Überlegungen hinsichtlich der richtigen Materialwahl im Hochbau. Für den Wärmehaushalt ist größter Wert auf einen optimalen Wandaufbau zu legen. Um hier eine Unterstützung für eine wiederholte Kontrolle einer Wandkonstruktion zu bieten, wurde dieses Programm geschrieben.

Eine Wand besteht in den seltensten Fällen aus nur einem Material. Im einfachsten Fall ist mit einer beidseits verputzten Konstruktion zu rechnen. Heutzutage wird generell vielfältiger gearbeitet und eine Wand aus einer Reihe unterschiedlicher Schalen aufgebaut, die zusätzlich noch durch Luft- oder Isolierschichten unterbrochen sind, um den Wärmefluß weitestgehend einzudämmen. Dabei sind nicht nur Fragen der Wärmedämmung, sondern auch der Wärmespeicherung zu lösen.

In dem vorliegenden Programm kann mit 28 vorgegebenen Materialien oder mit nahezu beliebig vielen anderen gearbeitet werden. Außerdem ist es sicher sinnvoll, im Bedarfsfall die hier angeführte Liste von 28 Standardmaterialien durch individuelle Standardmaterialien zu ersetzen, wobei man sich auch an die Zahl 28 nicht unbedingt sklavisch halten muß.

Die Standardmaterialien, die nachstehend aufgelistet werden, setzen sich aus 3 Luftschichten mit fest eingestellten Schichtdicken zusammen, für welche nicht die Leitfähigkeit in $W/m^2 K$ angegeben ist, sondern der jeweilige Kehrwert $m^2 K/W$. Für Luftschichten kann innerhalb dieser 3 Gruppen eine Abhängigkeit von der Schichtdicke nicht nachgewiesen werden. Für die restlichen Materialien finden Sie die Leitfähigkeiten in der Speicherorganisation aufgezeichnet. Was eine allfällige Änderung der Standardleitfähigkeiten betrifft, so sind die Speicheranweisungen durch den Einschub zusätzlicher Programmzeilen entsprechend zu erweitern, wenn mit mehr Materialien als 28 oder mit längeren Zahlenwerten gearbeitet wird.

Dieses Programm kann sich zusammen mit dem folgenden zugleich im Speicher befinden; in diesem Fall sind allerdings folgende Änderungen in der Bedienung vorzunehmen:

Anstelle (DEF) J  ist RUN 7Ø,

anstelle (DEF) K  ist RUN 21Ø,

anstelle (DEF) L  ist RUN 25Ø und

anstelle (DEF) S  ist RUN 34Ø

zu drücken; das Programmlisting braucht nicht unbedingt verändert zu werden. Allerdings ist zu empfehlen, die entsprechenden Marken "J", "K", "L" und "S" aus den genannten Zeilen zu entfernen, wenn an einen Parallelbetrieb beider Programme gedacht wird.

Das vorliegende Programm ermöglicht folgende Berechnungen:

- Berechnung des Wärmedurchgangskoeffizienten k $(W/m^2 K)$ für eine mehrschalige Wand nach Vorgabe der Gesamtwandstärke und der einzelnen Schalendicken.

- Berechnung der Wärmeleitfähigkeit einer Restschale nach Vorgabe der Gesamtwandstärke und der Materialwahl und Schalenstärke einiger Schalen. Die Auswahl der infrage kommenden Materialien erfolgt im Schwankungsbereich von ± 10 % der berechneten Leitfähigkeit (W/mK).

- Berechnung der Gesamtwandstärke nach Vorgabe eines k-Wertes für die gesamte Wandkonstruktion und Vorgabe der Materialien und Schalenstärken für die weniger wichtigen Schichten.

**Formelmechanismus**

1. Wärmeübergangskoeffizienten:

   Außenwand:     $\alpha_a = 2\emptyset$      $(W/m^2\,K)$

   Innenwand:     $\alpha_i = 7$      $(W/m^2\,K)$

2. Wärmedurchlaßwiderstand:

$$\Lambda = 1/\alpha_a + 1/\alpha_i + \sum_{i}^{n} s_x/\lambda_x \qquad (m^2\,K/W)$$

3. Wandstärke:

$$s_x = \lambda_x \cdot (1/k - \Lambda) \qquad (m)$$

4. Wärmeleitfähigkeit:

$$\lambda_x = s_x/(1/k - \Lambda) \qquad (W/mK)$$

**Speicherorganisation**

F      — k-Wert $(W/m^2\,K)$
G      — Gesamtwandstärke (cm)
H      — Summe Schalenstärken
I      — Index
K      — Schalenzähler
L      — Materialcode (1 bis X)
M      — Einzelschale, Restschale
N      — Summenspeicher Wärmedurchlaßwiderstand
T      — Hilfsspeicher
U      — Zielleitfähigkeit nach Berechnung
X      — Anzahl der Leitfähigkeiten
Y      — Index
Z      — Hilfsspeicher
L(X) — Leitfähigkeiten $(W/mK)$

| Code | Material | $\Lambda$ (m² W/K) | $\lambda$ (W/mK) |
|---|---|---|---|
| 1 | Luftschicht 1 cm | 0,140 | |
| 2 | Luftschicht 2 cm | 0,160 | |
| 3 | Luftschicht 5 cm | 0,180 | |
| 4 | Zementmörtel | | 1,400 |
| 5 | Kalk-/Zementmörtel | | 0,870 |
| 6 | Gipsmörtel | | 0,700 |
| 7 | Isoliermörtel | | 0,120 |
| 8 | Schwerbeton bis B12 | | 1,500 |
| 9 | Schwerbeton B12 bis B16 | | 2,100 |
| 10 | Schwerbeton über B16 (Stahlbeton) | | 2,300 |
| 11 | Leichtbeton L 4 | | 0,140 |
| 12 | Leichtbeton L 5 | | 0,190 |
| 13 | Leichtbeton L 6 | | 0,230 |
| 14 | Leichtbeton L 8 | | 0,290 |
| 15 | Leichtbeton L 10 | | 0,350 |
| 16 | Leichtbeton L 12 | | 0,465 |
| 17 | Leichtbeton L 14 | | 0,580 |
| 18 | Leichtbeton-Zwei-Kammer-Hohlblock (1000) | | 0,440 |
| 19 | Leichtbeton-Drei-Kammer-Hohlblock (1400) | | 0,490 |
| 20 | Leichtbeton-Drei-Kammer-Hohlblock (1600) | | 0,560 |
| 21 | Volltonziegel (1000) | | 0,465 |
| 22 | Volltonziegel (1200) | | 0,520 |
| 23 | Volltonziegel (1400) | | 0,610 |
| 24 | Porotonziegel (800) | | 0,410 |
| 25 | Holz (Fichte, Kiefer, Tanne) | | 0,140 |
| 26 | Holzfaserplatte (300) | | 0,058 |
| 27 | Holzwolleplatte (450) | | 0,093 |
| 28 | Glaswolle, Steinwolle, Schäume (bis 100) | | 0,041 |
| 29 | Wärmeübergangswiderstand außen 1/20 | 0,050 | |
| 30 | Wärmeübergangswiderstand innen 1/7 | 0,143 | |

Die Klammerwerte bei den Materialangaben beziehen sich auf die Materialrohdichte in kg/m³.

Wegen der umfangreichen Ein- und Ausgaben ist nur der Betrieb mit Drucker vorgesehen.

```
 10:"WAM1":CSIZE 2
    :COLOR 0:CLEAR
    :S$="Waermerec
    hnung 1":T$="*
    **":U$="   ":
    PRINT T$;U$;S$
    ;U$;T$:LF 1
 20:GOSUB 50:
    LPRINT " ";S$:
    GOSUB 50:LF 1:
    LPRINT "DEF Ve
    rarbeitung":
    GOSUB 60:
    LPRINT "J - Le
    itfaehig-
 30:LPRINT "    ke
    iten eingeb.":
    LPRINT "K - K-
    Wert rechnen":
    LPRINT "L - Le
    itfaehig-"
 40:LPRINT "    ke
    it rechnen":
    LPRINT "S - Wa
    ndstaerke":
    LPRINT "    re
    chnen":GOSUB 6
    0:LF 4:END
 50:LPRINT "******
    ***********":
    RETURN
 60:LPRINT "------
    -----------":
    RETURN
 70:"J":CLEAR :Z=1
    :INPUT "L: Ser
    ie 1/Eigen 2(E
    NTER)";Z:IF (Z
    <1)OR (Z>2)OR
    (Z-INT Z<>0)
    THEN 70
 80:IF Z=2THEN 140
 90:X=30:DIM L(X):
    L(1)=.14:L(2)=
    .16:L(3)=.18:L
    (4)=1.4:L(5)=.
    87:L(6)=.7
100:L(7)=.12:L(8)=
    1.5:L(9)=2.1:L
    (10)=2.3:L(11)
    =.14:L(12)=.19
    :L(13)=.23:L(1
    4)=.29
110:L(15)=.35:L(16
    )=.465:L(17)=.
    58:L(18)=.44:L
    (19)=.49:L(20)
```

```
    =.56:L(21)=.46
120:L(22)=.52:L(23
    )=.61:L(24)=.4
    1:L(25)=.14:L(
    26)=.058:L(27)
    =.093
130:L(28)=.041:L(2
    9)=1/7:L(30)=.
    05:GOTO 190
140:INPUT "Zahl Le
    itfaehigk.= ";
    X:IF (X<1)OR (
    X>99)OR (X-INT
    X<>0)THEN 140
150:DIM L(X):FOR Y
    =1TO X
160:PRINT "Leitfae
    higkeit";Y;" =
    ";
170:INPUT L(Y)
180:CLS :NEXT Y
190:LF 1:LPRINT "L
    eitfaehigk.  W
    /mK":GOSUB 60:
    FOR Y=1TO X
200:LPRINT "L(";
    USING "####";Y
    ;")=";USING "#
    ####.###";L(Y
    ):USING :NEXT
    Y:GOSUB 60:LF
    4:END
210:"K":N$="
    K-Wert":GOSUB
    430:GOSUB 450:
    GOSUB 490
220:IF H>=GTHEN 24
    0
230:GOSUB 500:GOTO
    220
240:F=INT (1/N*1E3
    +.5)/1E3:GOSUB
    60:GOSUB 630:
    GOSUB 640:LF 4
    :END
250:"L":N$="  Leit
    faehigkeit":
    GOSUB 430:
    GOSUB 450:
    GOSUB 470:
    GOSUB 490
260:INPUT "Weiter?
    nein 1(ENTER)
    ";Z:GOTO 280
270:GOSUB 500:GOTO
    260
280:M=G-H:U=M/((1/
```

```
    F-N)*100):U=
    INT (U*1E3+.5)
    /1E3
290:LPRINT "Rest
    ?";USING "###
    ####.#";M
300:H=H+M:GOSUB 60
    :GOSUB 630:
    GOSUB 640:Z=U:
    GOSUB 650:LF 1
    :LPRINT "Moegl
    iche Codes":
    GOSUB 60:FOR I
    =4TO 28
310:IF (U<.9*L(I))
    OR (U>1.1*L(I)
    )THEN 330
320:LPRINT "Code:"
    ;USING "###";I
    ;Z=L(I):T=N+M/
    (100*L(I)):F=
    INT (1/T*1E3+.
    5)/1E3:GOSUB 6
    40:GOSUB 650
330:NEXT I:LF 4:
    END
340:"S":N$="    Wan
    d-Staerke":
    GOSUB 430:
    GOSUB 470:G=9E
    99:GOSUB 490
350:INPUT "Weiter?
    nein 1(ENTER)
    ";Z:GOTO 370
360:GOSUB 500:GOTO
    350
370:INPUT "Code =
    ";L
380:IF (L<4)OR (L>
    X-2)OR (L-INT
    L<>0)THEN 370
385:IF L(L)=0THEN
    370
390:M=100*L(L)*(1/
    F-N):M=INT (M*
    1E3+.5)/1E3
400:LPRINT "Sch.";
    USING "####";L
    ;" =";USING "#
    ####.#";M:Z=L
    (L):GOSUB 60:H
    =H+M:GOSUB 630
    :GOSUB 640:
    GOSUB 650
410:INPUT "Schale?
    ja 1(ENTER)";
    Z:H=H-M:LF 1:
```

```
      GOTO 370                510:INPUT L                     #.#";M:USING
420:LF 4:END                 520:CLS :IF (L<1)           600:INPUT "OK? nei
430:H=0:K=1:N=1/7+               OR (L>X-2)OR (              n 1(ENTER)";Z:
    1/20:PRINT N$:               L-INT L<>0)                LPRINT "Irrtum
    LF 1:GOSUB 50                THEN 500                   ":GOTO 500
440:LPRINT "     Be         525:IF L(L)=0THEN           610:H=H+M:K=K+1:IF
    rechnung";                   500                        (L)=1)AND (L<=
    LPRINT N$:              530:IF L>3THEN 560              3)LET N=N+L(L)
    GOSUB 50:               540:M=L:IF L=3LET               :RETURN
    RETURN                       M=5                    620:N=N+M/(100*L(L
450:INPUT "Wandsta          550:GOTO 590                    )):RETURN
    erke (cm) = ";          560:PRINT K;":cm =          630:LPRINT "Wand (
    G                            ";                         cm) =";USING "
460:RETURN                  570:INPUT M                     #####.#";H:
470:INPUT "K-Wert           580:CLS :IF (M<1)               USING :RETURN
    (W/m2K) = ";F                OR (M>9999)OR          640:LPRINT "K (W/m
480:RETURN                      (10*M-INT (10*              2K) =";USING "
490:LF 1:LPRINT "S               M)<>0)THEN 560              ###.###";F:
    ch. Code               590:USING "###":                USING :RETURN
      cm":GOSUB 60              LPRINT K;USING          650:LPRINT "L  (W/
500:PRINT K;":Code              "#####";L;                  mK) =";USING "
    = ";                        USING "######              ###.###";Z:
                                                           USING :RETURN
```

**Programmlisting 3.7** Wärmerechnung 1


## Bedienungsanleitung

1. Programm mit RUN (ENTER) oder RUN "WAM1" (ENTER) starten.

2. Programmanwahlkontrollanzeige "*** Waermerechnung 1 ***" mit (ENTER) löschen; Ausdruck eines Verarbeitungstitels und einer kurzen Verarbeitungsanleitung. Der Programmvorlauf ist mit einem mehrfachen Zeilenvorschub beendet, worauf die Anzeige bis auf das Bereitschaftssymbol verlöscht.

3. Verarbeitungsanwahl: Von Punkt 1 kommend ist die Eingabe der Leitfähigkeiten als erstes abzuwickeln.

   3.1. Leitfähigkeiten eingeben: (DEF) J oder RUN 70 drücken und bei Punkt 4 fortsetzen.

   3.2. k-Wert einer Wandkonstruktion rechnen: (DEF) K oder RUN 210 drücken und bei Punkt 5 fortsetzen.

   3.3. Leitfähigkeit einer Restschale berechnen: (DEF) L oder RUN 250 drücken und bei Punkt 12 fortsetzen.

   3.4. Gesamtwandstärke aus einer Restschale berechnen: (DEF) S oder RUN 340 drücken und bei Punkt 21 fortsetzen.

4. Bei Anzeige "L: Serie 1/Eigen 2 (ENTER)_" über die Art der Leitfähigkeitseingabe entscheiden:

   4.1. Serienmäßig vorgegebene Leitfähigkeiten abrufen und einspeichern: 1 (ENTER) oder nur (ENTER) drücken; die Leitfähigkeiten werden eingespeichert und zur Kontrolle ausgedruckt. Der Vorgang wird mit einem mehrmaligen Zeilenvorschub abgeschlossen, worauf die Anzeige bis auf das Bereitschaftssymbol verlöscht.

   4.2. Eingabe von Sonderleitfähigkeiten: 2 (ENTER) drücken.

4.3. Bei Anzeige "Zahl Leitfaehigk. = _" ganze zwischen einschließlich 1 und 99 liegende Zahl eintasten und (ENTER) drücken.

4.4. Bei Anzeige "Leitfaehigkeit N = " (ENTER) drücken.

4.5. Bei Anzeige "Leitfaehigkeit N = ?" Wert eintasten und (ENTER) drücken. Eingaben so lange fortsetzen, bis alle Werte eingegeben sind und die Eingaben zur Kontrolle in einem aufgelistet werden. Darauf erfolgt ein mehrfacher Zeilenvorschub, und die Verarbeitung ist mit dem Verlöschen der Anzeige bis auf das Bereitschaftssymbol beendet. Fortsetzung in Punkt 3 anwählen.

5. Kontrollanzeige "K-Wert" mit (ENTER) löschen; Ausdruck einer Titelzeile.

6. Bei Anzeige "Wandstaerke (cm) = _" Gesamtwandstärke in cm eintasten und (ENTER) drücken; Ausdruck eines Verarbeitungstitels.

7. Bei Anzeige "N: Code = " (N = laufende Schalennummer) (ENTER) drücken.

8. Bei Anzeige "N: Code = ?" Code des gewünschten Materials eintasten und (ENTER) drücken. Es werden nur ganze zwischen einschließlich 1 und X liegende Zahlen angenommen; andere Eingaben sind unzulässig und führen zu Punkt 7 zurück. Anwahl der Codes 1 bis 3 führt nach dem Kontrollausdruck der Eingabe zur Fortsetzung in Punkt 11.

9. Bei Anzeige "N: cm = " (ENTER) drücken.

10. Bei Anzeige "N: cm = ?" Wandstärke der angezeigten Schale eintasten und (ENTER) drücken; Kontrollausdruck der Eingabe.

11. Bei Anzeige "OK? nein 1 (ENTER)_" über die weitere Fortsetzung entscheiden:

   11.1 Eingabe nicht korrekt: Beliebige Zahl eintasten, (ENTER) drücken und nach dem Textausdruck "Irrtum" Eingabe ab Punkt 7 wiederholen.

   11.2. Eingabe korrekt: (ENTER) ohne vorangehende Zahleneingabe drücken und für den Fall, daß die Gesamtwandstärke noch nicht erreicht ist, Werte der nächsten Schale ab Punkt 7 eingeben. Andernfalls erfolgt die Absummierung und Ergebnisausgabe selbsttätig. Hierauf verlöscht die Anzeige bis auf das Bereitschaftssymbol.

12. Kontrollanzeige "Leitfaehigkeit" mit (ENTER) löschen; Ausdruck eines die folgende Verarbeitung einleitenden Textes.

13. Bei Anzeige "Wandstaerke (cm) = _" Gesamtwandstärke in cm eingeben und (ENTER) drücken; Ausdruck eines Verarbeitungstitels.

14. Bei Anzeige "K-Wert $(W/m^2 K) = _$" Wert für den Wärmedurchgangskoeffizienten eintasten und (ENTER) drücken; Ausdruck der Titelzeile für die tabellarisch entsprechend gestaltete Eingabedokumentation.

15. Bei Anzeige "N: Code = " (N = laufende Schalennummer) (ENTER) drücken.

16. Bei Anzeige "N: Code = ?" Code des gewünschten Materials eintasten und (ENTER) drücken. Es werden nur ganze zwischen einschließlich 1 und X liegende Zahlen angenommen; andere Eingaben sind unzulässig und führen zu Punkt 15 zurück. Bei Anwahl der Codes 1 bis 3 wird nach einem Kontrollausdruck der Eingabe bei Punkt 19 fortgesetzt.

17. Bei Anzeige "N: cm = " (ENTER) drücken.

18. Bei Anzeige "N: cm = ?" Wandstärke der angezeigten Schale eintasten und (ENTER) drücken; Kontrollausdruck der Eingabe.

19. Bei Anzeige "OK? nein 1 (ENTER)_" über die weitere Fortsetzung entscheiden:

    19.1. Eingabe nicht korrekt: Beliebige Zahl eintasten, (ENTER) drücken und nach dem Textausdruck "Irrtum" Eingabe ab Punkt 15 wiederholen.

    19.2. Eingabe korrekt: (ENTER) ohne vorangehende Zahleneingabe drücken und für den Fall, daß die Gesamtwandstärke noch nicht erreicht ist, Werte der nächsten Schale ab Punkt 15 eingeben. Andernfalls erfolgt die Absummierung und Ergebnisausgabe selbsttätig. Dann verlöscht die Anzeige bis auf das Bereitschaftssymbol.

20. Bei Anzeige "Weiter? nein 1 (ENTER)_" über die weitere Fortsetzung entscheiden:

    20.1. Weitere Schalen eingeben: Nur (ENTER) drücken und nächste Eingabe ab Punkt 15 aufnehmen.

    20.2. Restschale berechnen: Beliebige Zahl eintasten und (ENTER) drücken. Nach der Ergebnisausgabe werden für die errechnete Leitfähigkeit Materialvorschläge ausgedruckt und die daraus sich ergebenden k-Werte und Leitfähigkeiten neu berechnet und ausgegeben. Dann verlöscht nach einem mehrfachen Zeilenvorschub die Anzeige bis auf das Bereitschaftssymbol.

21. Kontrollanzeige "Wand-Staerke" mit (ENTER) löschen und Ausdruck eines die folgende Verarbeitung einleitenden Textes.

22. Bei Anzeige "K-Wert (W/m$^2$K) =_" Wert für den Wärmedurchgangskoeffizienten eintasten und (ENTER) drücken; Ausdruck einer Titelzeile für die nachfolgende Dokumentation der Eingaben.

23. Bei Anzeige "N: Code = " (N = laufende Schalennummer) (ENTER) drücken.

24. Bei Anzeige "N: Code = ?" Code des gewünschten Materials eintasten und (ENTER) drücken. Es werden nur ganze zwischen einschließlich 1 und X liegende Zahlen angenommen; andere Eingaben sind unzulässig und führen zu Punkt 23 zurück. Bei Anwahl der Codes 1 bis 3 wird nach einem Kontrollausdruck der Eingabe bei Punkt 27 fortgesetzt.

25. Bei Anzeige "N: cm = " (ENTER) drücken.

26. Bei Anzeige "N: cm = ?" Wandstärke der angezeigten Schale eintasten und (ENTER) drücken; Kontrollausdruck der Eingabe.

27. Bei Anzeige "OK? nein 1 (ENTER)_" über die weitere Fortsetzung entscheiden:

    27.1. Eingabe nicht korrekt: Beliebige Zahl eintasten, (ENTER) drücken und nach dem Textausdruck "Irrtum" Eingabe ab Punkt 23 wiederholen.

    27.2. Eingabe korrekt: (ENTER) ohne vorangehende Zahleneingabe drücken und für den Fall, daß die Gesamtwandstärke noch nicht erreicht ist, Werte der nächsten Schale ab Punkt 23 eingeben. Andernfalls erfolgt die Absummierung und Ergebnisausgabe selbsttätig. Dann verlöscht die Anzeige nach einem mehrfachen Zeilenvorschub bis auf das Bereitschaftssymbol.

28. Bei Anzeige "Weiter? nein 1 (ENTER)_" über die weitere Fortsetzung entscheiden:

    28.1. Weitere Schalen eingeben: Nur (ENTER) ohne vorangehende Zahleneingabe drücken und nächste Eingabe ab Punkt 23 aufnehmen.

    28.2. Restschale berechnen: Beliebige Zahl eintasten und (ENTER) drücken.

29. Bei Anzeige "Code = _" gewünschten Materialcode ganzzahlig zwischen einschließlich 1 und X eintasten und (ENTER) drücken. Für dieses Material wird die Schalenstärke (Restschale) berechnet und mit der neuen Gesamtwandstärke, dem k-Wert der Wand und der Leitfähigkeit des gewählten Materials ausgedruckt.

30. Bei Anzeige "Schale? ja 1 (ENTER)_" über die weitere Fortsetzung entscheiden:

    30.1. Als Variantenrechnung weiteren Materialeinsatz prüfen: Beliebige Zahl eintasten. (ENTER) drücken und bei Punkt 29 fortsetzen.

    30.2. Berechnungen beenden: (ENTER) ohne vorangehende Zahleneingabe drücken. Nach einem mehrfachen Zeilenvorschub verlöscht die Anzeige bis auf das Bereitschaftssymbol. Weitere Berechnungen ab Punkt 1 oder 3 aufnehmen.

Die Testbeispiele wurden unter Verwendung der Standardleitfähigkeiten durchgerechnet. In den Berechnungen der Leitfähigkeit erkennt man in den Materialien 18 und 24, daß nicht exakt vergleichbare Wärmewerte vorliegen und sich daher der k-Wert der Wand geringfügig bei Material 18 ändert. In den Berechnungen der Wandstärke erkennen wir den Einfluß weniger dämmenden Materials in der Zunahme der Gesamtwandstärke.

```
****************          Leitfaehigk.   W/mK         ****************
  Waermerechnung 1       -------------------            Berechnung
****************          L(   1)=      0.140          Leitfaehigkeit
                         L(   2)=      0.160          ****************
                         L(   3)=      0.180
DEF  Verarbeitung        L(   4)=      1.400
-------------------      L(   5)=      0.870          Sch.  Code       cm
                         L(   6)=      0.700          -------------------
J - Leitfaehig-          L(   7)=      0.120            1    5        1.5
    keiten eingeb.        L(   8)=      1.500            2   12       25.0
K - K-Wert rechnen       L(   9)=      2.100            3    3        5.0
L - Leitfaehig-          L(  10)=      2.300            4    7        2.0
    keit rechnen         L(  11)=      0.140          Rest   ?       17.0
S - Wandstaerke          L(  12)=      0.190          -------------------
    rechnen              L(  13)=      0.230          Wand (cm)  =     50.5
-------------------      L(  14)=      0.290          K (W/m2K)  =    0.437
                         L(  15)=      0.350          L  (W/mK)  =    0.409
                         L(  16)=      0.465
                         L(  17)=      0.580          Moegliche Codes
****************          L(  18)=      0.440          -------------------
  Berechnung             L(  19)=      0.490
    K-Wert               L(  20)=      0.560          Code: 18
****************          L(  21)=      0.460          K (W/m2K)  =    0.443
                         L(  22)=      0.520          L  (W/mK)  =    0.440
                         L(  23)=      0.610          Code: 24
Sch.  Code       cm      L(  24)=      0.410          K (W/m2K)  =    0.437
-------------------      L(  25)=      0.140          L  (W/mK)  =    0.410
  1    5        1.5      L(  26)=      0.058
  2    5        1.5      L(  27)=      0.093
Irrtum                   L(  28)=      0.041
  2   12       25.0      L(  29)=      0.142
  3    3        5.0      L(  30)=      0.050
  4   24       17.0      -------------------
  5    7        2.0
-------------------
Wand (cm)  =     50.5
K (W/m2K)  =    0.437
```

```
*****************          Sch.  12  =      7.9      Sch.  15  =     14.5
   Berechnung             -------------------       -------------------
  Wand-Staerke            Wand (cm)  =     41.4      Wand (cm)  =     48.0
*****************          K (W/m2K)  =    0.437      K (W/m2K)  =    0.437
                           L (W/mK)  =    0.190       L (W/mK)  =    0.350
Sch.  Code        cm
-------------------       Sch.  14  =     12.0      Sch.  16  =     19.3
    1    5        1.5     -------------------       -------------------
    2   12       25.0      Wand (cm)  =     45.5      Wand (cm)  =     52.8
    3    3        5.0      K (W/m2K)  =    0.437      K (W/m2K)  =    0.437
    4    7        2.0       L (W/mK)  =    0.290       L (W/mK)  =    0.465
Sch.  11  =      5.8
-------------------                                 Sch.  23  =     25.3
Wand (cm)  =     39.3                               -------------------
K (W/m2K)  =    0.437                               Wand (cm)  =     58.8
 L (W/mK)  =    0.140                               K (W/m2K)  =    0.437
                                                     L (W/mK)  =    0.610
```

**Beispiele zu 3.7** Wärmerechnung 1

## 3.8 Wärmerechnung 2

Als Weiterführung der im vorigen Beispiel eingeleiteten Wärmerechnungen von Wandaufbauten wird im vorliegenden Programm das Wärmeverhalten ganzer Räume untersucht. Die einen Raum abschließenden Flächen werden dabei in zwei Gruppen geteilt: Die erste trennt den Raum nach außen ab und die zweite umfaßt die Trennwände zwischen anderen Räumlichkeiten. Allerdings bleibt es der Beurteilung des Benutzers überlassen, die Einstufung einer Bodenfläche zum Keller oder einer Deckenfläche zum Dach hin entsprechend vorzunehmen; die Einstufung wird über eine Anwahl im Programm ermöglicht. Man wird bei genauerer Rechnung sicherlich stärker abgestufte Wärmeübergangskoeffizienten ansetzen müssen; das vorliegende Programm eignet sich zur Grobabschätzung und müßte je nach Bedarf in einigen Punkten ergänzt werden.

Auch in diesem Beispiel gehen wir von der Anwahlmöglichkeit der gleichen Standardmaterialien aus und stellen es dem Benutzer frei, mit einer eigenen Einstellung eine andere Materialzusammenstellung zu wählen. Obwohl die Kapazität des PC-1500 unter Einbeziehung des 8 Kbyte RAM-Moduls recht groß geworden ist, beschränken wir die individuelle Eingabe der Leitfähigkeiten auf 99 Materialien.

Die Beurteilung des Wärmeverhaltens in Form einer Grobabschätzung verzichtet auch auf die Berücksichtigung der Mauerwerksöffnungen für Fenster und Türen. Dies ist ein Umstand, der im Zuge einer genaueren Beurteilung entsprechend nachzutragen wäre. Die Verarbeitung läuft nach folgenden Grundsätzen ab:

Die einen Raum abschließenden Wände und Decken bilden die Oberfläche eines Prismas. Die Fläche selbst wird 100 % gesetzt, die Anteile der einzelnen der 6 Trennfläche ermittelt, und aus den Berechnungen der k-Werte dieser 6 Flächen wird das gewichtete Mittel bestimmt. Ebenso fällt hier ein allenfalls zu berücksichtigender Einfluß der Eckverbindungen weg. Mit diesem Programm läßt sich aber dennoch eine gute Grobabschätzung durchführen; außerdem läßt sich dieses Lösungsverfahren individuellen Erfordernissen leicht anpassen.

Die Wärmeübergangskoeffizienten einer Trennwand zwischen zwei Räumen werden gleich hoch angesetzt und zwar mit 1/7.

Leitfähigkeitstabelle und Speicherorganisation arbeiten nach den gleichen Vorgaben wie wir sie im Beispiel 3.7 bereits kennengelernt haben. Übernommen werden mußte allerdings die Berechnung des k-Werts einer Wand; bei gleichzeitigem Abspeichern beider Programme unter den im letzten Beispiel angeführten Voraussetzungen hätte auf diesen Programmteil bei der Wärmerechnung 2 verzichtet werden können.

Obwohl die grobe Beurteilung des Wärmeverhaltens im Vordergrund steht, kann natürlich auch der k-Wert einer einzelnen Wand berechnet werden. Bei Raumbeurteilungen wird das Gesamtergebnis dann automatisch abgerufen, wenn die Gesamtfläche 100 % erreicht hat. Das gleiche gilt im Sinne von Variantenrechnungen, wenn eine Wandkonstruktion durch eine andere ersetzt wird, der Flächenanteil aber der gleiche ist. So kann sofort beurteilt werden, wie ein anderer Wandaufbau von nur einer Wand Einfluß auf das Wärmeverhalten des Raumes nimmt. Auch dieses Programm kann nur mit Drucker betrieben werden.

```
10: "WAM2":CLEAR :
    S$="Waermerech
    nung 2":T$="**
    *":U$="   ":
    PRINT T$;U$;S$
    ;U$;T$:CSIZE 2
    :COLOR 0:LF 1
20:GOSUB 40:
    LPRINT "  ";S$:
    GOSUB 40:LF 1:
    LPRINT "DEF Ve
    rarbeitung":
    GOSUB 50:
    LPRINT "J - Le
    itfaehig-
30:LPRINT "      ke
    iten eingeb.":
    LPRINT "K - K-
    Wert Wand":
    LPRINT "X - K-
    Wert Raum":
    GOSUB 50:LF 4:
    END
40:LPRINT "******
    **********":
    RETURN
50:LPRINT "------
    ------------":
    RETURN
60:"J":CLEAR :Z=1
    :INPUT "L: Ser
    ie 1/Eigen 2(E
    NTER)";Z:IF (Z
    <1)OR (Z>2)OR
    (Z-INT Z<>0)
    THEN 60
70:IF Z=2THEN 130
80:X=30:DIM L(X):
    L(1)=.14:L(2)=
    .16:L(3)=.18:L
    (4)=1.4:L(5)=.
    87:L(6)=.7
90:L(7)=.12:L(8)=
    1.5:L(9)=2.1:L
    (10)=2.3:L(11)
    =.14:L(12)=.19
    :L(13)=.23:L(1
    4)=.29
100:L(15)=.35:L(16
    )=.465:L(17)=.
    58:L(18)=.44:L
    (19)=.49:L(20)
    =.56:L(21)=.46
110:L(22)=.52:L(23
    )=.61:L(24)=.4
    1:L(25)=.14:L(
    26)=.058:L(27)
    =.093
120:L(28)=.041:L(2
    9)=1/7:L(30)=.
    05:GOTO 180
130:INPUT "Zahl Le
    itfaehigk.= ";
    X
140:IF (X<1)OR (X>
    99)OR (X-INT X
    <>0)THEN 130
150:DIM L(X):FOR Y
    =1TO X
160:PRINT "Leitfae
    higkeit";Y;" =
    ";
170:INPUT L(Y)
175:CLS :NEXT Y
180:DIM G(6),K(6):
    LF 1:LPRINT "L
    eitfaehigk.  W
    /mK";GOSUB 50:
    FOR Y=1TO X
190:LPRINT "L(";
    USING "####";Y
    ;")=";USING "#
    ####.###";L(Y
    );USING ;NEXT
    Y:GOSUB 50:LF
    4:END
200:"K";PRINT "K-W
    ert Wand";LF 1
    :GOSUB 40:
    LPRINT "     Wa
    ndaufbau";
    GOSUB 40:LF 1:
    LPRINT "DEF Wa
    ndart"
210:GOSUB 50:FOR I
    =1TO 6
220:Q(I)=0:G(I)=0:
    K(I)=0:NEXT I:
    I=0
230:LPRINT "A - Se
    itenwand 1":
    LPRINT "S - Se
    itenwand 2":
    LPRINT "D - Se
    itenwand 3"
240:LPRINT "F - Se
    itenwand 4":
    LPRINT "G - De
    cke":LPRINT "H
    - Boden":
    GOSUB 50:LF 4:
    END
250:"A":J=1:W$="Wa
    nd 1":GOTO 310
260:"S":J=2:W$="Wa
    nd 2":GOTO 310
270:"D":J=3:W$="Wa
    nd 3":GOTO 310
```

```
280:"F";J=4:W$="Wa    400:LPRINT V$:LF 1     510:INPUT "OK? nei
    nd 4":GOTO 310         :LPRINT "Sch.           n 1(ENTER)";OK
290:"G";J=5:W$="De         Code        cm"        :LPRINT "Irrtu
    cke":GOTO 310          :GOSUB 50:H=0:          m":GOTO 410
300:"H";J=6:W$="Bo         K=1                520:H=H+M:K=K+1:IF
    den"               410:PRINT K;":Code          (L>=1)AND (L<=
310:PRINT W$;":  cm        = ";                    3)LET N=N+L(L)
    = ";               420:INPUT L                 :GOTO 540
320:INPUT G            430:CLS :IF (L<1)      530:N=N+M/(100*L(L
330:CLS :PRINT "An         OR (L>X-2)OR (          ))
    teil ";W$;": %          L-INT L()0)       540:IF H<GTHEN 410
    = ";                   THEN 410           550:F=INT (1/N*1E3
340:INPUT L            435:IF L(L)=0THEN           +.5)/1E3:GOSUB
350:CLS :I=I-G(J):         410                     50:K(J)=F:
    IF (L<0)OR (L>     440:IF L>3THEN 470          LPRINT "Wand (
    100)OR (I+L>10     450:M=L:IF L=3LET           cm) =";USING "
    0)THEN 310             M=5                      #####.#";H
360:I=I+L:G(J)=L       460:GOTO 500           560:GOSUB 590:LF 4
370:LF 1:LPRINT W$    470:PRINT K;":cm =          :IF I<100END
    ;" (";L;" %)";          ";                570:"X";LF 1:
    GOSUB 40           480:INPUT M                 LPRINT "Durchg
375:INPUT "auss-in     490:CLS :IF (M<1)           ang gesamt";
    n1/inn-inn2(EN         OR (M>9999)OR           GOSUB 40:F=0:
    TER)";WD               (10*M-INT (10*          FOR Z=1TO 6
380:IF (WD<1)OR (W         M)<>0)OR (H+M>     580:F=F+K(Z)*G(Z)/
    D>2)OR (WD-INT         G)THEN 470              100:NEXT Z:
    WD<>0)THEN 375     500:USING "###";            GOSUB 590:LF 4
390:N=1/7+1/20:V$=         LPRINT K;USING          :END
    "aussen - inne         "#####";L;        590:LPRINT "K (W/m
    n":IF WD=2LET          USING "#######          2K) =";USING "
    N=2/7:V$="inne         #.#";M:USING            ###.###";F:
    n - innen"                                      USING :RETURN
```

**Programmlisting 3.8** Wärmerechnung 2

## Bedienungsanleitung

1. Programm mit RUN (ENTER) oder RUN "WAM2" (ENTER) starten.

2. Kontrollanzeige "∗∗∗ Waermerechnung 2 ∗∗∗" mit (ENTER) löschen; es wird ein Verarbeitungstitel und eine kurze Verarbeitungsanleitung ausgedruckt. Nach dem Programmvorlauf erfolgt ein mehrfacher Zeilenvorschub zum bequemen Abtrennen des Druckstreifens, worauf die Anzeige bis auf das Bereitschaftssymbol verlöscht.

3. Verarbeitungsanwahl:

   3.1. Leitfähigkeiten eingeben: (DEF) J oder RUN 60 eintasten, (ENTER) drücken und bei Punkt 4 fortsetzen.

   3.2. k-Wert einer Wand berechnen: (DEF) K oder RUN 200 drücken und bei Punkt 5 fortsetzen.

   3.3. k-Wert für einen Raum berechnen: (DEF) X oder RUN 570 drücken; der Zwischen- oder Gesamtstand der Berechnungen wird in Übereinstimmung mit dem Testbeispiel ausgedruckt. Dieser Punkt wird dann automatisch angesteuert, wenn alle Begrenzungsflächen eines Raumes eingegeben sind und die k-Werte berechnet wurden. Daraufhin kann im Sinn einer Variantenrechnung über Punkt 3.2 für eine Trennwand ein geänderter Wandaufbau gewählt und berechnet werden, um neuerlich den k-Wert eines Raumes zu bestimmen. Nach einem mehrfachen Zeilenvorschub verlöscht die Anzeige bis auf das Bereitschaftssymbol.

4. Bei Anzeige "L: Serie 1/Eigen 2 (ENTER)_" über die weitere Fortsetzung entscheiden:

   4.1. Serienmäßige Leitfähigkeiten abrufen und einspeichern: 1 (ENTER) oder nur (ENTER) drücken. Die Leitfähigkeiten werden in die Speicher des Rechners übernommen und zur Kontrolle ausgedruckt; die Anzeige verlöscht bis auf das Bereitschaftssymbol.

   4.2. Individuelle Leitfähigkeiten eingeben: 2 (ENTER) drücken.

   4.3. Bei Anzeige "Zahl Leitfaehigk. =_" ganze zwischen einschließlich 1 und 99 liegende Zahl eintasten und (ENTER) drücken.

   4.4. Bei Anzeige "Leitfaehigkeit N = " (ENTER) drücken.

   4.5. Bei Anzeige "Leitfaehigkeit N = ?" Wert eintasten und (ENTER) drücken. Eingaben so lange fortsetzen, bis alle Werte eingegeben sind und die Eingaben zur Kontrolle aufgelistet werden. Nach einem mehrfachen Zeilenvorschug und dem Verlöschen der Anzeige bis auf das Bereitschaftssymbol ist die Einspeicherung der Leitfähigkeiten beendet. Weitere Verarbeitungen in Punkt 3 anwählen.

5. Kontrollanzeige "K-Wert Wand" mit (ENTER) löschen; Ausdruck einer kurzen Verarbeitungsanleitung zur k-Wert-Berechnung der einen Raum abschließenden 6 Flächen in Übereinstimmung mit dem Ausdruckbeispiel. Nach einem mehrfachen Zeilenvorschub verlöscht die Anzeige bis auf das Bereitschaftssymbol; die Eingaben können beginnen.

6. Wandart in allen Fällen in gleicher Weise anwählen und Eingaben analog der Punkte 7 bis 16 vornehmen:

   6.1. Seitenwand 1: (DEF) A oder RUN 250 drücken.

   6.2. Seitenwand 2: (DEF) S oder RUN 260 drücken.

   6.3. Seitenwand 3: (DEF) D oder RUN 270 drücken.

   6.4. Seitenwand 4: (DEF) F oder RUN 280 drücken.

   6.5. Decke: (DEF) G oder RUN 290 drücken.

   6.6. Boden: (DEF) H oder RUN 300 drücken.

7. Bei Anzeige der Wandart, z.B. "Wand 1: cm = " (ENTER) drücken.

8. Bei Anzeige der Wandart, z.B. "Wand 1: cm = ?" betreffende Gesamtwandstärke in cm eintasten und (ENTER) drücken.

9. Bei Anzeige z.B. "Anteil Wand 1: % = " (ENTER) drücken.

10. Bei Anzeige z.B. "Anteil Wand 1: % = ?" Anteil dieser Wand in % der Gesamtfläche eintasten und (ENTER) drücken; Kontrollausdruck der Eingabe.

11. Bei Anzeige "auss-inn1/inn-inn2 (ENTER)_" über den Raumabschluß dieser Wand entscheiden:

    11.1. Außenwand: 1 (ENTER) drücken.

    11.2. Zwischenwand: 2 (ENTER) drücken.

    Nach der ersten von mehreren derartigen Entscheidungen kann bei Betätigung der Taste (ENTER) ohne vorangehende Zahleneingabe eine Eingabewiederholung durchgeführt werden; Kontrollausdruck der getroffenen Anwahl und Ausdruck einer Titelzeile für die tabellarische Eingabedokumentation.

12. Bei Anzeige "N: Code = " (N laufende Schalennummer) (ENTER) drücken.

13. Bei Anzeige "N: Code = ?" Code des gewählten Materials ganzzahlig zwischen einschließlich 1 und X eintasten und (ENTER) drücken. Bei Anwahl der Codes 1 bis 3 wird nach einem Kontrollausdruck der Eingabe bei Punkt 16 fortgesetzt.

14. Bei Anzeige "N: cm = " (N laufende Schalennummer) (ENTER) drücken; Kontrollausdruck der Eingabe.

15. Bei Anzeige "N: cm = ?" Schalenstärke in cm eintasten und (ENTER) drücken; die Eingaben werden zur Kontrolle tabellarisch aufgelistet.

16. Bei Anzeige "OK? nein 1 (ENTER)_" über die weitere Fortsetzung entscheiden:

   16.1. Eingabe nicht korrekt: Beliebige Zahl eintasten, (ENTER) drücken und nach dem Textausdruck "Irrtum" Eingabe ab Punkt 12 wiederholen.

   16.2. Eingabe in Ordnung: (ENTER) ohne vorangehende Zahleneingabe drücken und die Eingabe ab Punkt 12 fortsetzen, bis sämtliche Schalen einer Wand eingegeben sind. Anschließend erfolgt automatisch die Ausgabe der Ergebnisse einer Wandberechnung. Ist die letzte der 6 Wände eingegeben, erfolgt auch die Ausgabe des Gesamtwärmeverhaltens des Raumes selbsttätig. Zwischenstände können mit (DEF) X oder RUN 570 abgerufen werden.

17. Weitere Wände werden ab Punkt 6, neue Wandkombinationen ab Punkt 3.2. berechnet. Im Sinne einer Variantenrechnung kann aus einem bereits berechneten Raumsystem eine Konstruktion einer Wand gegen eine andere ausgetauscht werden. Neben den wandspezifischen Wärmewerten wird sogleich der Einfluß auf den gesamten Raum festgestellt und dessen neues Wärmeverhalten ausgedruckt.

Die zuletzt angesprochene Möglichkeit wurde im Testbeispiel ausgeführt. Nach Berechnung der 4 Seitenwände wurde ein Zwischenstand abgerufen (k = 0,617), dann Decken und Boden eingespeichert und der Gesamtdurchgang mit k = 0,873 ermittelt. Aufgrund einer doppelt starken Isolierung der Deckenfläche konnte in einer Variantenrechnung der k-Wert auf 0,807 gedrückt werden.

```
*******************
Waermerechnung 2
*******************

DEF Verarbeitung
-----------------------      L(    6)=    0.700      L(   19)=    0.490
J - Leitfaehig-              L(    7)=    0.120      L(   20)=    0.560
    keiten eingeb.           L(    8)=    1.500      L(   21)=    0.460
K - K-Wert Wand              L(    9)=    2.100      L(   22)=    0.520
X - K-Wert Raum              L(   10)=    2.300      L(   23)=    0.610
                             L(   11)=    0.140      L(   24)=    0.410
-----------------------      L(   12)=    0.190      L(   25)=    0.140
                             L(   13)=    0.230      L(   26)=    0.058
Leitfaehigk.  W/mK           L(   14)=    0.290      L(   27)=    0.093
-----------------------      L(   15)=    0.350      L(   28)=    0.041
                             L(   16)=    0.465      L(   29)=    0.142
L(    1)=    0.140           L(   17)=    0.580      L(   30)=    0.050
L(    2)=    0.160           L(   18)=    0.440      -----------------------
L(    3)=    0.180
L(    4)=    1.400
L(    5)=    0.870
```

```
*******************        Wand 3 ( 15 %)           Boden ( 20 %)
     Wandaufbau            *******************       *******************
*******************        innen - innen            innen - innen

DEF  Wandart               Sch. Code       cm       Sch. Code       cm
-------------------        ------------------        ------------------
A - Seitenwand 1             1    5      1.5           1    6     10.0
S - Seitenwand 2             2   17     22.0         Irrtum
D - Seitenwand 3             3    5      1.5           1   16     10.0
F - Seitenwand 4           ------------------        Irrtum
G - Decke                  Wand (cm) =    25.0         1   26     10.0
H - Boden                  K (W/m2K) =   1.430         2   19     20.0
-------------------                                  Irrtum
                                                       2   14     20.0
                                                     Irrtum
                                                       2    9     20.0
                           Wand 4 ( 15 %)           ------------------
Wand 1 ( 15 %)            *******************       Wand (cm) =    30.0
*******************        innen - innen            K (W/m2K) =   0.475
aussen - innen
                           Sch. Code       cm
Sch. Code       cm         ------------------
------------------           1    5      1.5
  1    5      1.5            2   17      9.0         Durchgang gesamt
  2   11     47.0            3    5      1.5         *******************
  3    7      2.0          ------------------        K (W/m2K) =   0.873
------------------         Wand (cm) =    12.0
Wand (cm) =    50.5        K (W/m2K) =   2.104
K (W/m2K) =   0.268


                                                     Decke ( 20 %)
                                                     *******************
                           Durchgang gesamt          innen - innen
Wand 2 ( 15 %)            *******************        
*******************        K (W/m2K) =   0.617       Sch. Code       cm
aussen - innen                                       ------------------
                                                       1    6     10.0
Sch. Code       cm                                   Irrtum
------------------                                     1   16     10.0
  1    5      1.5          Decke ( 20 %)             Irrtum
  2    5      1.5         *******************          1   26     10.0
Irrtum                     innen - innen               2   19     20.0
  2   11     21.0                                    Irrtum
  3    3      5.0          Sch. Code       cm          2    9     20.0
  4   12     21.0         ------------------        ------------------
  5    8      2.0            1   26      5.0        Wand (cm) =    30.0
Irrtum                      2    9     20.0         K (W/m2K) =   0.475
  5    7      2.0         ------------------
------------------         Wand (cm) =    25.0
Wand (cm) =    50.5        K (W/m2K) =   0.804
K (W/m2K) =   0.316
                                                     Durchgang gesamt
                                                     *******************
    Beispiele zu 3.8 Wärmerechnung 2                 K (W/m2K) =   0.807
```

## 3.9 Trägkeitsmoment, Schwerpunktlage, Widerstandsmoment zusammengesetzter Flächen

Im Rahmen technischer Berechnungen trifft man häufig auf die Frage nach dem aus verschiedenen Querschnittsabmessungen und der Querschnittslage abgeleiteten Trägheitsmoment, der Lage der Schwerachsen und damit des Schwerpunktes sowie des Widerstandsmomentes. Für Standardquerschnitte kann man sich leicht anhand technischer Fachbücher und Formelwerke informieren; für zusammengesetzte Querschnitte, bzw. Flächen wird die Sache, das Problem von Hand zu lösen, aufwendiger. Ob mit der Hand oder mit Hilfe des vorliegenden Programms kommt es bei zusammengesetzten Flächen nur auf die Auflösung derselben in Standardflächen wie Rechteck, Dreieck und Kreis an. Für deren unterschiedliche Lage zur gemeinsamen Schwerachse, bzw. zur x- bzw. y-Achse eines zweidimensionalen kartesischen Koordinatensystems gibt es Rechenformeln, mit deren Hilfe sich zusammengesetzte Flächen bearbeiten lassen.

Wir werden im vorliegenden Programm also die wichtigsten Teilflächen zur Ermittlung komplexer Querschnitte und Flächen behandeln und zwar

- Rechteck mit dem Sonderfall Quadrat,
- das Dreieck in der Form eines rechtwinkeligen
- und den Kreis.

Es ist auch darauf zu achten, daß bei der Ermittlung der Werte für den zusammengesetzten Querschnitt auch Teilflächen mit negativem Vorzeichen berücksichtigt werden müssen. Ein Dreieck beliebigen Zuschnitts ist in zwei rechtwinkelige Dreiecke aufzulösen. Die Kreisfläche wird wohl in erster Linie als Hohlraumteilquerschnitt, also mit negativem Vorzeichen in die Rechnung eingehen.

Im Programm wird nicht nur eine Achslage jeweils parallel zu den beiden Achsen x und y des kartesischen Koordinatensystems, sondern auch eine schiefwinkelige berücksichtigt.

Eine Flächenauflösung für beispielsweise einen Bordsteinquerschnitt (wichtig im Fall einer Güteprüfung!) wird in zwei Varianten ermöglicht:

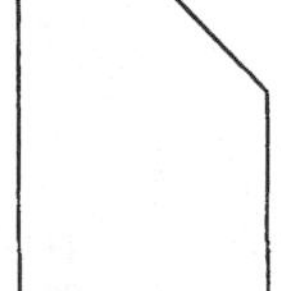

Originalquerschnitt

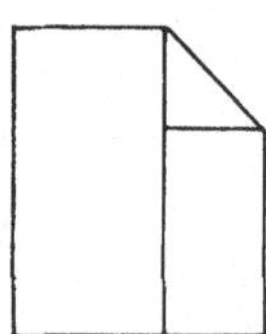

Teilung 1          oder

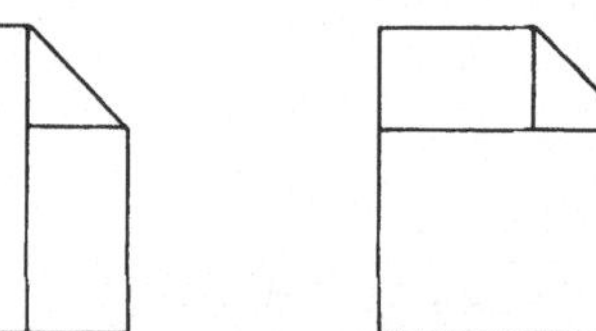

Teilung 2

Die erste Skizze stellt den Originalquerschnitt dar, die zweite und dritte zwei Teilungsmöglichkeiten. Es könnte die zusammengesetzte Fläche mit Trägheits- und Widerstandsmoment aber auch aus einer dritten Möglichkeit gewonnen werden: Rechteckquerschnitt abzüglich eines mit der Spitze nach unten weisenden rechtwinkeligen Dreiecks (Negativfläche).

Während bei einem Rechteckquerschnitt die Lage der einzelnen Punkte mehr oder minder frei gewählt werden können, gibt es bei der Dreiecksberechnung eine grundsätzliche Festlegung der Punkte $P_1$, $P_2$ und $P_3$ nach der folgenden Skizze:

Wahl der Punkte $P_1$, $P_2$ und $P_3$ bei unterschiedlicher Lage des Dreiecks:

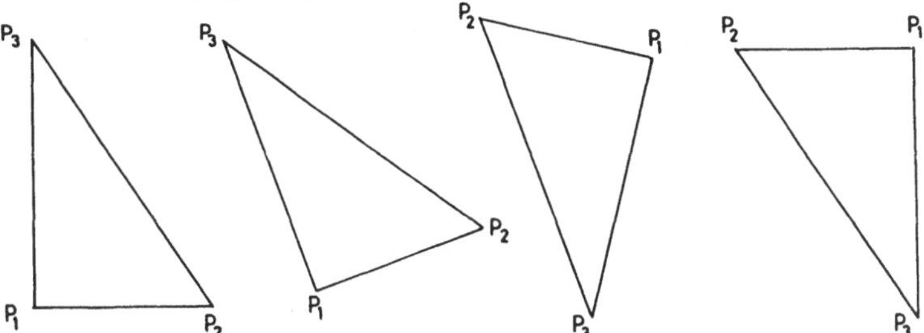

Man wird sich nun bei der Wahl der Punkte $P_1$, $P_2$ und $P_3$ für das Rechteck (mehr Punkte sind auch für ein Rechteck nicht erforderlich!) an die beiden ersten Dreiecksdarstellungen halten; für den Kreis gibt es ohnehin keine Probleme, da die Lage der Achsen immer parallel zu den Achsen x und y angenommen werden kann.

Und nun kommen wir zum recht umfangreichen Formelmechanismus einzelner Flächenteile.

*Verschiedenheiten in der Achslage*

Ein beliebiger Querschnitt sei so gelegt, daß dessen Schwerachsen u und v unter dem Winkel $\alpha$ geneigt im kartesischen Koordinatensystem liege:

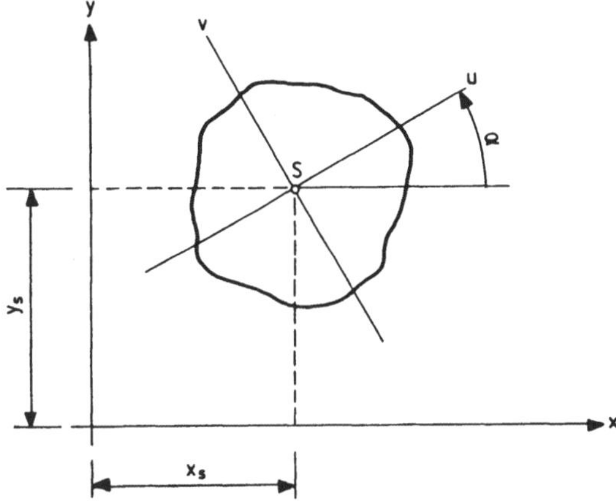

Für einen beliebigen Querschnitt seien $I_u$, $I_v$, $I_{uv}$, F, sowie $x_s$ und $y_s$ bekannt. Bezogen auf das Koordinatensystem x und y ergeben sich folgende Rechenformeln:

$$I_{xe} = I_u \cdot \cos^2\alpha + I_v \cdot \sin^2\alpha - I_{uv} \cdot \sin 2\alpha \; ;$$

$$I_{ye} = I_u \sin^2\alpha + I_v \cos^2\alpha + I_{uv} \cdot \sin 2\alpha \; ;$$

$$I_{xy} = \frac{I_u - I_v}{2} \cdot \sin 2\alpha + I_{uv} \cdot \cos 2\alpha ;$$

$$x_s \cdot \Sigma F = \Sigma(F_i \cdot x_{is}); \quad x_s = \frac{\Sigma(F_i \cdot e_x)}{\Sigma F} ; \quad y_s = \frac{\Sigma(F_i \cdot e_y)}{\Sigma F} ;$$

$$I_{uv} = \Sigma \Delta F \cdot x \cdot y; \quad I_{xs} = \Sigma(I_{xe} + F \cdot e_y^2) - F \cdot y_s^2 ; \quad W_x = I_{xs}/y_s ;$$

$$I_{ys} = \Sigma(I_{xe} + F \cdot e_x^2) - F \cdot x_s^2 ; \quad W_y = I_{ys}/x_s .$$

*Rechteck*

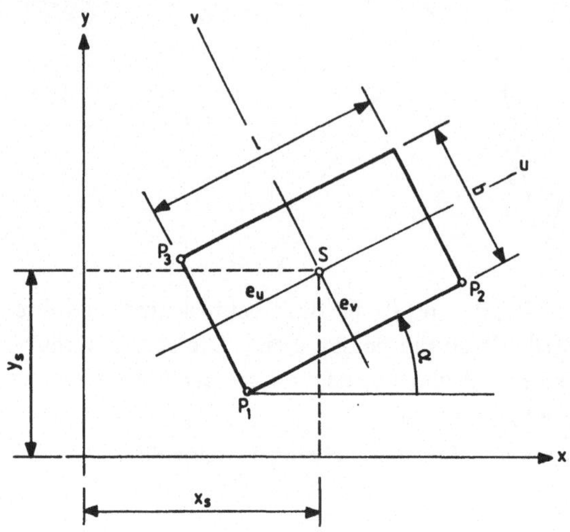

Ausgangswerte sind die Punkte $P_1(x_1, y_1)$, $P_2(x_2, y_2)$ und $P_3(x_3, y_3)$:

$$l = \sqrt{(x_2 - x_1)^2 + (y_2 - y_1)^2}\,; \qquad h = \sqrt{(x_3 - x_1)^2 + (y_3 - y_1)^2}\,;$$

$$\tan\alpha = \frac{y_2 - y_1}{x_2 - x_1}\,; \qquad\qquad F = l \cdot b;$$

$$I_u = l \cdot b^3/12; \qquad I_v = b \cdot l^3/12; \qquad I_{uv} = \varnothing;$$

$$x_s = x_1 + \frac{l}{2} \cdot \cos\alpha - \frac{b}{2} \cdot \sin\alpha\,;$$

$$y_s = y_1 + \frac{l}{2} \cdot \sin\alpha + \frac{b}{2} \cdot \cos\alpha\,.$$

*Rechtwinkeliges Dreieck*

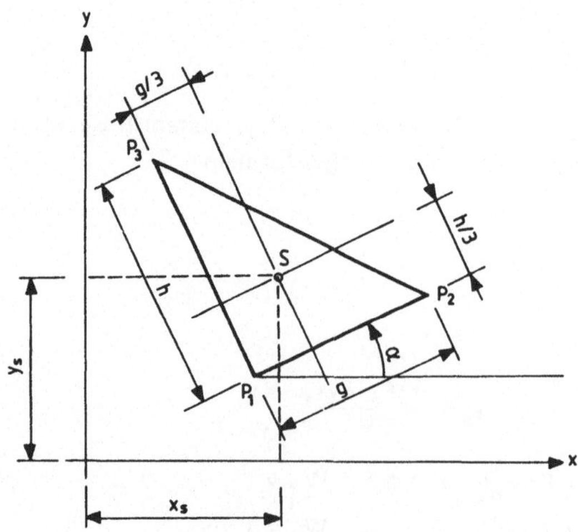

Ausgangswerte sind die Punkte $P_1(x_1, y_1)$, $P_2(x_2, y_2)$ und $P_3(x_3, y_3)$:

$$g = \sqrt{(x_2 - x_1)^2 + (y_2 - y_1)^2}; \qquad h = \sqrt{(x_3 - x_1)^2 + (y_3 - y_1)^2};$$

$$\tan\alpha = \frac{y_2 - y_1}{x_2 - x_1}; \qquad F = g \cdot h/2;$$

$$I_u = g \cdot h^2/36; \qquad I_v = h \cdot g^3/36; \qquad I_{uv} = \Sigma F \cdot x_s \cdot y_s;$$

$$x_s = x_1 + \frac{g}{3} \cdot \cos\alpha - \frac{h}{3} \cdot \sin\alpha; \qquad y_s = y_1 + \frac{g}{3} \cdot \sin\alpha + \frac{h}{3} \cdot \cos\alpha.$$

*Kreis*

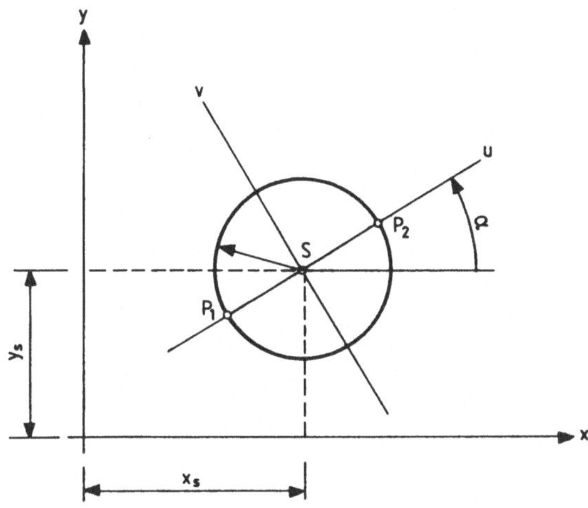


Ausgangswerte sind die Punkte $P_1(x_1, y_1)$ und $P_2(x_2, y_2)$:

$$d = \sqrt{(x_2 - x_1)^2 + (y_2 - y_1)^2}; \qquad F = \frac{d^2 \cdot \pi}{4};$$

$$I_u = I_v = \frac{d^4 \cdot \pi}{64}; \qquad I_{uv} = \emptyset;$$

$$x_s = \frac{x_1 + x_2}{2}; \qquad y_s = \frac{y_1 + y_2}{2}.$$

## Speicherorganisation

| | | | | |
|---|---|---|---|---|
| A | $-\ x_1$ | | Q | $-\ \Sigma f \cdot e_y$ |
| B | $-\ y_1$ | | R | $-\ \Sigma F \cdot e_x$ |
| C | $-\ x_2$ | | S | $-\ I_x$ |
| D | $-\ y_2$ | | T | $-\ I_y$ |
| E | $-\ x_3$ | | U | $-\ \Sigma I_x + F \cdot e_y^2$ |
| F | $-\ y_3$ | | V | $-\ \Sigma I_y + F \cdot e_x^2$ |
| G | $-\ \text{Winkel } \alpha\ \overline{(P_1 P_2)}$ | | W | $-\ \text{Hilfsspeicher}$ |
| H | $-\ e_y, y_s$ | | X | $-\ \text{Index}$ |

I  $-$ $e_x, x_s$
J  $-$ $l, g, d$
K  $-$ b, h
L  $-$ F
M  $-$ $I_u$
N  $-$ $I_v$
O  $-$ $I_{uv}$
P  $-$ $\Sigma F$

Y   $-$ Index
Z   $-$ Ausgabemodus
ED  $-$ oberer Grenzwert
VG  $-$ Winkel $\alpha \overline{(P_1 P_3)}$
T1  $-$ Flächenkennzeichnung
T2  $-$ Flächenkennzeichnung
VZ  $-$ Flächenvorzeichen

**Das Programm kann mit oder ohne Drucker gefahren werden.**

```
10: "JEWO":CLEAR :
    S$="Traegheits
    moment":T$="Sc
    hwerpunktlage"
20: U$="Widerstand
    smomen":V$="t "
    :PRINT "*** J
    +e+W-Berechnun
    g ***"
30: Z=1:INPUT "Anz
    eige 1/Druck 2
    (ENTER)";Z: IF
    (Z<1)OR (Z>2)
    OR (Z-INT Z<>0
    )THEN 30
40: A$="Start":B$=
    "Summenabruf":
    C$="Ausgangswe
    rte ":D$="Erge
    bnisse "
50: E$="Rechteck":
    F$="Dreieck":G
    $="Kreis":H$="
    (DEF)":I$=" -
    "
60: IF Z=2CSIZE 2:
    COLOR 0:GOTO 9
    0
70: WAIT 200:PRINT
    H$;" A ";A$:
    PRINT H$;" C "
    ;E$:PRINT H$;"
     D ";F$:PRINT
    H$;" K ";G$:
    PRINT H$;" X "
    ;B$
80: WAIT :GOTO 110
90: LF 2:GOSUB 130
    :LPRINT S$:
    LPRINT T$:
    LPRINT U$;V$:
    GOSUB 130:LF 1
    :LPRINT "DEF U

    erarbeitung":
    GOSUB 140:
    LPRINT "A";I$;
    A$
100: LF 1:LPRINT "C
     ";I$;E$:LPRINT
     "D";I$;F$
105: LPRINT "K";I$;
     G$:LF 1:LPRINT
     "X";I$;B$:
     GOSUB 140:LF 4
110: "A":WAIT 200:
     PRINT A$;" JeW
     -Berechnung":
     FOR Y=1TO 24
120: @(Y)=0:NEXT Y:
     PRINT "Eingabe
     n vornehmen!":
     WAIT :END
130: LPRINT "******
     ***********":
     RETURN
140: LPRINT "------
     -------------";
     RETURN
150: "C":R$=E$:T1=1
     :T2=2:ED=3:
     GOTO 175
160: "D":R$=F$:T1=2
     :T2=3:ED=3:
     GOTO 175
170: "K":R$=G$:T1=1
     :T2=0:ED=2
175: VZ=1:INPUT "Fl
     .pos:+1/neg:-1
     (ENTER)";VZ: IF
     (VZ<>1)AND (VZ
     <>-1)THEN 175
180: PRINT R$:WAIT
     1:FOR Y=1TO ED
190: Y$=STR$ Y:X=(Y
     -1)*2+1:PRINT
     "x(";Y$;") = "

     ;
200: INPUT @(X)
210: CLS :PRINT "y(
     ";Y$;") = ";
220: INPUT @(X+1)
230: CLS :NEXT Y:
     WAIT :J=√((C-A
     )^2+(D-B)^2):W
     =J*J
240: IF T2=0LET L=V
     Z*W*π/4:M=W*L/
     16:N=M:H=(A+C)
     /2:I=(B+D)/2:
     GOTO 310
250: IF C=ALET G=90
     :GOTO 270
260: G=ATN ((D-B)/(
     C-A)):IF E=A
     LET VG=90:GOTO
     280
270: VG=ATN ((F-B)/
     (E-A))
280: IF ABS (SIN G)
     <>ABS (COS VG)
     THEN 180
290: K=√((E-A)^2+(F
     -B)^2):L=VZ*J*
     K/T1:H=J/T2*
     SIN G+K/T2*COS
     G:IF F<BLET H=
     -H
295: H=B+H:I=J/T2*
     COS G-K/T2*SIN
     G:IF C<ALET I=
     -I
300: I=A+I:N=L/(6*T
     2):M=N*K*K:N=N
     *W:O=L*H*I
310: IF T1=1LET O=0
320: S=M*(COS G)^2+
     N*(SIN G)^2-O*
     SIN (2*G):T=M*
     (SIN G)^2+N*(
```

```
    COS G)^2+O*SIN       GOSUB 140:LF 2         esamtquerschni
    (2*G):P=P+L          :LPRINT D$:            tt":GOSUB 140
330:O=Q+L*H:R=R+L*       LPRINT R$:         440:P$="I(x) =";Y=
    I:U=U+S+L*H*H:        GOSUB 140              J:GOSUB 470:P$
    U=U+T+L*I*I:IF    390:P$="I(x) =";Y=         ="s(y) =";Y=H:
    Z=2LF 2:LPRINT        S:GOSUB 470:P$         GOSUB 470:P$="
    C$:LPRINT R$:         ="e(y) =";Y=H:         W(x) =";Y=J/H:
    GOSUB 140:LF -        GOSUB 470:IF Z         GOSUB 470:IF Z
    1:GOTO 350            =2LF 1                 =2LF 1
340:WAIT 200:PRINT   400:P$="I(y) =";Y=     450:P$="I(y) =";Y=
    C$;R$                T:GOSUB 470:P$         K:GOSUB 470:P$
350:FOR Y=1TO ED         ="e(x) =";Y=I:         ="s(x) =";Y=I:
360:Y$=STR$ Y:X=(Y       GOSUB 470:IF Z         GOSUB 470:P$="
    -1)*2+1:IF Z=1        =2GOSUB 140:LF         W(y) =";Y=K/I:
    PRINT "x(";Y$;        2                      GOSUB 470
    ") =";@(X):       410:WAIT :END          455:IF Z=2GOSUB 14
    PRINT "y(";Y$;    420:"X":PRINT B$:H         0:LF 4
    ") =";@(X+1):         =Q/P:I=R/P:J=U     460:WAIT :END
    GOTO 380             -P*H*H:K=U-P*I     470:X=8-INT LOG (
370:LF 1:LPRINT "x       *I                     ABS Y):Y=INT (
    (";Y$;") =";@(    425:IF Z=1WAIT 200         10^X*Y+.5)/(10
    X):LPRINT "y("       :PRINT "Gesamt         ^X):IF Z=1
    ;Y$;") =";@(X+       querschnitt":          PRINT P$;Y:
    1)                   GOTO 440               RETURN
380:NEXT Y:IF Z=2    430:LF 2:LPRINT "G     480:LPRINT P$;Y:
                                                RETURN
```

**Programmlisting 3.9**

Trägheitsmoment, Schwerpunktlage, Widerstandsmoment zusammengesetzter Flächen

### Bedienungsanleitung

1. Programm mit RUN (ENTER) oder RUN "JEWO" (ENTER) starten.

2. Kontrollanzeige "*** J+e+W-Berechnung ***" mit (ENTER) löschen.

3. Bei Anzeige "Anzeige 1/Druck 2 (ENTER) _" über die Art der Ausgabe entscheiden:

    3.1. Anzeige: 1 (ENTER) oder nur (ENTER) drücken; eine kurze Verarbeitungsanleitung wird zeilenweise kurzzeitig angezeigt; Fortsetzung bei Punkt 4.

    3.2. Druck: 2 (ENTER) drücken; Ausdruck einer kurzen Verarbeitungsanleitung in Übereinstimmung mit dem Testbeispiel; mehrfacher Zeilenvorschub.

4. Nach der ersten von mehreren Verarbeitungen ist dieser Punkt vor Neuaufnahme der nächsten unbedingt mit (DEF) A anzuwählen. Die Startanzeigen "Start JeW-Berechnung" und "Eingaben vornehmen!" werden kurz angezeigt. Darauf verlöscht die Anzeige bis auf das Bereitschaftssymbol.

5. Anwahl eines Grundquerschnittes:

    5.1. Rechteck: (DEF) C drücken und bei Punkt 6 fortsetzen.

    5.2. Dreieck: (DEF) D drücken und bei Punkt 6 fortsetzen.

    5.3. Kreis: (DEF) K drücken und bei Punkt 6 fortsetzen.

6. Bei Anzeige "Fl. pos: +1/neg: −1 (ENTER) _" über die weitere Fortsetzung entscheiden:

    6.1. Positive Flächen berechnen: 1 (ENTER) drücken.

    6.2. Negative Flächen berechnen: −1 (ENTER) drücken.

    Kontrollanzeige der angewählten Fläche mit (ENTER) löschen.

7. Die Verarbeitung von Rechteck und Dreieck ist an die Eingabe von 3, jene eines Kreis an die Eingabe von 2 Punkten gebunden, wobei man sich bei der Wahl der Lage der Punkte an die jeweilige Skizze zum betreffenden Grundquerschnitt halten muß. Die Eingaben der Koordinaten x und y erfolgt bei der Anzeige "x(n) = ?", wobei zuvor von der Anzeige "x(n) = " mit (ENTER) weiterzuschalten war, und werden grundsätzlich mit Betätigung der (ENTER)-Taste abgeschlossen. Bei der Eingabe von y erscheint anstelle des Buchstaben x der Buchstabe y in der Anzeige; n bedeutet die fortlaufende Nummer der Eingabe bzw. den Punkt, für den die Eingabe der Koordinaten erfolgen soll. Nach vollständiger Eingabe werden die Ausgangswerte zur Kontrolle selbsttätig angezeigt, bzw. ausgedruckt; das gleiche gilt für die Ergebnisse in Übereinstimmung mit dem Ausdruck des Testbeispiels. Daraufhin verlöscht die Anzeige, beim Druck nach einem mehrfachen Zeilenvorschub, bis auf das Bereitschaftssymbol. Weitere Teilflächen werden ab Punkt 5 eingegeben.

8. Gesamtergebnis des zusammengesetzten Querschnitts mit (DEF) X abrufen. Ausgabe von Trägheitsmoment, Abstand des Schwerpunkts von der x- bzw. y-Achse und Widerstandsmoment bezogen auf die x- bzw. y-Achse über Anzeige, wobei selbsttätig nach einer Weile auf das nächste Ergebnis weitergeschaltet wird, bzw. über den Drucker. Nach der Ergebnisausgabe über den Drucker erfolgt ein mehrfacher Zeilenvorschub zum bequemen Abtrennen des Druckstreifens. Daraufhin verlöscht die Anzeige bis auf das Bereitschaftssymbol.

Zur Durchführung der Berechnungen noch einige Bemerkungen: Um die Widerstandsmomente bezogen auf die Außenkante eines zusammengesetzten Querschnitts bestimmen zu können, legt man die betreffende komplexe Fläche so in das Koordinatensystem, daß sich zwei Seitenkanten an die x- bzw. y-Achse anlegen. Im Testbeispiel wollen wir ein Rechteck mit den Seitenlängen 200 und 300 mm sowohl als Gesamtquerschnitt als auch in Form von zwei Dreiecken berechnen und stellen Übereinstimmung mit den Ergebnissen fest. Aus den Zahlenangaben zu den jeweiligen Punkten kann sofort auf die Lage dieser Punkte geschlossen werden.

```
******************       Ausgangswerte
Traegheitsmoment        Rechteck
Schwerpunktlage         ------------------      Gesamtquerschnitt
Widerstandsmoment       x(1) = 0                ------------------
******************       y(1) = 0                I(x) = 450000000
                                                s(y) = 150
DEF Verarbeitung        x(2) = 200              W(x) = 3000000
------------------      y(2) = 0
A - Start                                       I(y) = 200000000
                        x(3) = 0                s(x) = 100
C - Rechteck            y(3) = 300              W(y) = 2000000
D - Dreieck             ------------------      ------------------
K - Kreis
                        Ergebnisse
X - Summenabruf         Rechteck
------------------      ------------------
                        I(x) = 450000000
                        e(y) = 150

                        I(y) = 200000000
                        e(x) = 100
                        ------------------
```

```
Ausgangswerte        I(y) = 66666666.7      Ergebnisse
Dreieck              e(x) = 66.6666667      Dreieck
-----------------    -----------------      -----------------
x(1) = 0             Ausgangswerte          I(x) = 150000000
y(1) = 0             Dreieck                e(y) = 200
                     -----------------
x(2) = 200           x(1) = 200             I(y) = 66666666.7
y(2) = 0             y(1) = 300             e(x) = 133.333333
                                            -----------------
x(3) = 0             x(2) = 0               Gesamtquerschnitt
y(3) = 300           y(2) = 300             -----------------
-----------------                           I(x) = 450000000
Ergebnisse           x(3) = 200             s(y) = 150
Dreieck              y(3) = 0               W(x) = 3000000
-----------------    -----------------
I(x) = 150000000                            I(y) = 200000000
e(y) = 100                                  s(x) = 100
                                            W(y) = 2000000
                                            -----------------
```

**Beispiele zu 3.9** Trägheitsmoment, Schwerpunktlage,
Widerstandsmoment zusammengesetzter Flächen

## 3.10 Bewehrungstabelle für Stahlbetonbauteile

Bei der Herstellung von Stahlbetonbauteilen müssen die Massen der Bewehrungsteile berechnet werden. Die Bewehrung eines Betonbauteils ermöglicht vielfach erst die Tragfähigkeit, da Beton von Natur aus sehr spröde ist und in erster Linie nur Druckspannungen aufnimmt und übertragen kann. Damit ein Betonquerschnitt aber auch mit Zugspannungen belastet werden kann, müssen Stahlstäbe eingelegt werden, die die Aufgabe der Zugspannungsübertragung übernehmen.

Die Einzelteile einer Bewehrung sind einem Schalungs- und Bewehrungsplan zu entnehmen. Jedes einzelne Element ist gekennzeichnet durch die Positionsnummer, der Anzahl gleichartiger Elemente, den Durchmesser des Stabes in mm und die Länge desselben in m.

Ein solcher Bewehrungsplan, bzw. die Aufrechnung sämtlicher Elemente finden Sie weiter unten dargestellt. Elemente gleichen Durchmessers sind so angeordnet, daß auch eine Aufrechnung von Hand übersichtlich vorgenommen werden kann, sieht man vom erforderlichen Zeitaufwand ab.

Bewehrungstabelle

| Pos | Stk | $\varnothing$ | sl (m) | $\varnothing$ 6 | $\varnothing$ 10 | $\varnothing$ 12 | $\varnothing$ 14 | $\varnothing$ 20 |
|---|---|---|---|---|---|---|---|---|
| 1 | 4 | 20 | 12,10 | | | | | 48,40 |
| 2 | 2 | 20 | 6,50 | | | | | 13,00 |
| 3 | 6 | 14 | 4,80 | | | | 28,80 | |
| 4 | 8 | 12 | 2,75 | | | 22,00 | | |
| 5 | 2 | 10 | 1,50 | | 3,00 | | | |
| 6 | 30 | 6 | 1,22 | 36,60 | | | | |
| Summe m | | | | 36,60 | 3,00 | 22,00 | 28,80 | 61,40 |
| Masse in kg/m | | | | 0,222 | 0,617 | 0,888 | 1,208 | 2,466 |
| Masse kg | | | | 8,13 | 1,85 | 19,54 | 34,79 | 151,41 |
| Gesamtmasse | | | | 215,72 | | | | |

Für unser Beispiel wählen wir eine Stahlsorte, die von 4 mm Stabdurchmesser bis 42 mm und von 2 zu 2 mm abgestuft hergestellt wird. Es ist nicht nötig, die Gewichte per m für alle Stabdurchmesser tabellarisch in das Programm aufzunehmen, denn mit Hilfe der Reinwichte von Stahl mit 7,85 kg/dm$^3$ läßt sich die Masse eines Stabes eines bestimmten Durchmessers wie folgt leicht berechnen:

$$g = \frac{r^2 \cdot \pi \cdot 7{,}85}{1000} \ (kg/m).$$

In dieser Formel ist r der Radius des betreffenden Stabes mit der Länge 100 cm = 1 m. Die Einheitsgewichte werden im Programm auf drei Dezimalstellen genau gerundet berechnet, um eine Vergleichbarkeit mit Massenermittlungen von Hand zu ermöglichen, da die einschlägigen Tabellenwerke ebenfalls die Gewichte in dieser Größe angeben.

Wenn wir eine Reihe von Summenspeichern einrichten müssen, können wir die Speicheradressen direkt aus dem jeweiligen Durchmesser eines Stabes ableiten. Wenn wir die Speicheradressen i eines Datenfeldes DIM DM (24) von 1 bis 24 laufend wählen, dann besteht folgende Beziehung:

$$i = \frac{d}{2} - 1.$$

Darin ist i die Speicheradresse und d der Stabdurchmesser. In diesen Summenspeichern werden die Längen aufsummiert, wie dies aus der Skizze abzulesen ist. Die Gewichtsbestimmung erfolgt erst anläßlich der Absummierung der Gesamtlängen nach Beendigung der Eingaben.

Im Programm ist mit folgenden Eingabebeschränkungen zu rechnen:

- im Höchstfall 99 Positionen;
- größtmögliche Stablänge 20,00 m;
- Mindeststablänge 0,01 m;
- maximal 999 Stück je Position;
- Stabdurchmesser ⌀ 4 bis ⌀ 42 mm von 2 zu 2 mm.

Wegen des relativ großen Umfangs der Ausgaben wird dieses Programm nur in Verbindung mit dem Drucker benutzt. Eingaben sind vom Summenabruf getrennt anwählbar eingerichtet; die Abrufautomatik tritt erst nach der Eingabe der 99. Position ein. Nachdem mit irrtümlich ausgelösten vorzeitigen Abrufen zu rechnen ist, hat das Programm eine Fortsetzungsmöglichkeit (wie im Testbeispiel dargestellt). Die Speicherlöschung wird erst vor einer neuen Verarbeitung durchgeführt, so daß die anwählbare Programmfortsetzung ohne Folgen für den Datenbestand bleibt.

```
10:"ARMI":CLEAR :
   PRINT "****  B
   ewehrungsplan
    ****";DIM DM(
   24):CSIZE 2:
   COLOR 0:GOSUB
   40
20:LPRINT "Bewehr
   ungs-Tabelle";
   GOSUB 40:LF 1:
   LPRINT "DEF Ve
   rarbeitung";
   GOSUB 50:
   LPRINT "A - Ei
   ngaben"
30:LPRINT "F - Fo
   rts.Eingaben";
   LPRINT "S - Su
   mmenabruf";
   GOSUB 50:LF 4:
   END
40:LPRINT "******
   ***********";
   RETURN
50:LPRINT "------
   -----------";
   RETURN
```

```
 60:"A";PRINT "Ein
    gaben";LF 1;
    GOSUB 350:FOR
    I=1TO 24
 70:DM(I)=0:NEXT I
    :P=1
 80:WAIT 1:USING :
    PRINT "P.";P;"
    ;";" Stueck =
    ";
 90:INPUT S
100:CLS :IF (S<1)
    OR (S>999)OR (
    S-INT S<>0)
    THEN 80
110:PRINT "P.";P;"
    :";" Durchm. (
    mm) = ";
120:INPUT D
130:CLS :IF (D<4)
    OR (D>42)OR (D
    -INT D<>0)OR (
    D/2-INT (D/2)<
    >0)THEN 110
140:PRINT "P.";P;"
    :";" Slg. (m)
    = ";
150:INPUT L
160:CLS :IF (L<=0)
    OR (L>20)OR (1
    00*L-INT (100*
    L)<>0)THEN 140
170:USING "###";
    TAB 0:LPRINT P
    ;
180:USING "####";
    TAB 3:LPRINT S
    ;
190:USING "###";
    TAB 8:LPRINT D
    ;
200:USING "###.##"
    ;TAB 12:LPRINT
    L:INPUT "Korre
    kt? nein 1(ENT
    ER)";Z:LPRINT
    "Irrtum":GOTO
    80
210:DM(D/2-1)=DM(D
    /2-1)+L*S:P=P+
    1
215:IF P>99THEN 24
    0
220:INPUT "Weiter?
    nein 1(ENTER)
    ";Z:WAIT :GOTO
    240
230:GOTO 80
240:"S":PRINT "Sum
    menabruf":LF 2
    :G=0:LPRINT "S
    ummen: ":GOSUB
    50:LF -1:FOR I
    =1TO 24
250:IF DM(I)=0THEN
    310
260:LF 1:D=(I+1)*2
    :LPRINT "o";
270:TAB 0:LPRINT "
    / (mm)";USING
    "############"
    ;D
280:F=(INT ((D/2)^
    2*Л*7.85+.5))/
    1E3:USING "###
    ######.###";
    LPRINT "kg/m";
    F
290:USING "#####.
    ##";LPRINT "Ge
    s.  (m)";DM(I)
300:E=INT (DM(I)*F
    *100+.5)/100:
    LPRINT "Ges. (
    kg)";E:G=G+E
310:NEXT I:IF G>0
    GOSUB 50:
    LPRINT "Summe(
    kg)";G:LF 4
320:END
330:"F":IF S=0THEN
    60
340:LF 1:LPRINT "F
    ortsetzung";
    GOSUB 350:GOTO
    80
350:LPRINT "Eingab
    en:";LPRINT "P
    os Stk    o";
360:TAB 10:LPRINT
    "/  Sl(m)";
    GOSUB 50:
    RETURN
```

**Programmlisting 3.10** Bewertungstabelle für Stahlbetonbauteile

**Bedienungsanleitung**

1. Programm mit RUN (ENTER) oder RUN "ARMI" (ENTER) starten.

2. Kontrollanzeige "**** Bewehrungsplan ****" mit (ENTER) löschen; Ausdruck einer kurzen Verarbeitungsanleitung. Die Anzeige verlöscht bis auf das Bereitschaftssymbol nach einem mehrmaligen Zeilenvorschub zum bequemen Abtrennen des Druckstreifens.

3. Eingaben mit (DEF) A anwählen.

4. Kontrollanzeige "Eingaben" mit (ENTER) löschen; Ausdruck einer Titelzeile für die Kontrollausdrucke der Eingaben.

5. Bei Anzeige "Pos. N: Stueck = ?" (N = laufende Positionsnummer) Stückzahl der Elemente der angezeigten Position eintasten und (ENTER) drücken. Die Stückzahl muß zwischen 1 und 999 liegen und ganzzahlig sein.

6. Bei Anzeige "Pos. N: Durchm. (mm) = ?" Durchmesser ganz- und geradzahlig zwischen einschließlich 4 und 42 mm eintasten und (ENTER) drücken.

7. Bei Anzeige "Pos. N: Slg. (m) = ?" Schnittlänge zwischen 0,01 und 20,00 m mit

2 Dezimalen eintasten und (ENTER) drücken; die Eingaben werden zur Kontrolle in einer Zeile ausgedruckt.

8. Bei Anzeige "Korrekt? nein 1 (ENTER)_" über die weitere Fortsetzung entscheiden:

   8.1. Eingabe nicht korrekt: Beliebige Zahl eintasten, (ENTER) drücken und nach Textausdruck "Irrtum" positionsbezogene Eingaben ab Punkt 5 wiederholen.

   8.2. Eingabe korrekt: (ENTER) ohne vorangehende Zahleneingabe drücken.

9. Bei Anzeige "Weiter? nein 1 (ENTER)_" über die weitere Fortsetzung entscheiden:

   9.1. Eingaben fortsetzen: (ENTER) ohne vorangehende Zahleneingabe drücken und nächste Position ab Punkt 5 eingeben.

   9.2. Eingaben abschließen und Summen abrufen: Beliebige Zahl eintasten und (ENTER) drücken.

10. Kontrollanzeige "Summenabruf" mit (ENTER) löschen. Dieser Punkt kann auch bei irrtümlich angewählter Fortsetzung mit (DEF) S angewählt werden. Die Ergebnisse werden in Übereinstimmung mit dem Testbeispiel ausgedruckt. Es ergibt sich das gleiche Bild wie bei der Verarbeitung von Hand. Nach dem Summenabruf verlöscht die Anzeige bis auf das Bereitschaftssymbol nach einem mehrmaligen Zeilenvorschub.

11. Sollte der Summenabruf irrtümlich vorzeitig erfolgt sein, kann die Fortsetzung der Eingaben mit (DEF) F angewählt werden. Die Anwahl der Eingabefortsetzung zu Beginn einer Verarbeitung führt zur Eingabenanwahl in Punkt 4 zurück.

12. Weitere Verarbeitungen können ab Punkt 1 oder 3 aufgenommen werden.

```
******************          ø (mm)          14        Summen:
Bewehrungs-Tabelle          kg/m         1.208        ------------------
******************          Ges.   (m)   28.80        ø (mm)           6
                            Ges.  (kg)   34.79        kg/m         0.222
DEF Verarbeitung                                      Ges.   (m)   36.60
------------------          ø (mm)          20        Ges.  (kg)    8.13
A - Eingaben                kg/m         2.466
F - Forts.Eingaben          Ges.   (m)   61.40        ø (mm)          10
S - Summenabruf             Ges.  (kg)  151.41        kg/m         0.617
------------------          ------------------        Ges.   (m)    3.00
Eingaben:                   Summe(kg)    205.74        Ges.  (kg)    1.85
Pos Stk    ø  Sl(m)
------------------                                    ø (mm)          12
   1   4  20  12.10                                   kg/m         0.888
   2   2  20   6.50         Fortsetzung               Ges.   (m)   22.00
   3   6  14   4.80         Eingaben:                 Ges.  (kg)   19.54
   4   8  12   2.75         Pos Stk    ø  Sl(m)
                           -------------------        ø (mm)          14
Summen:                       5   8  20   2.75        kg/m         1.208
------------------         Irrtum                     Ges.   (m)   28.80
ø (mm)          12            5   2  10   1.50        Ges.  (kg)   34.79
kg/m         0.888            6  30   6   1.22
Ges.   (m)   22.00                                    ø (mm)          20
Ges.  (kg)   19.54                                    kg/m         2.466
                                                      Ges.   (m)   61.40
                                                      Ges.  (kg)  151.41
                                                      ------------------
                                                      Summe(kg)   215.72
```

**Beispiel zu 3.10** Bewertungstabelle für Stahlbetonbauteile mit Fortsetzung nach vorzeitiger Absummierung

## 3.11 Zeitstudien und Auswertung

Das vorliegende Programm ist eines der anspruchsvollsten dieser Sammlung und zeigt am deutlichsten, daß sich der PC-1500 auch in der praktischen Anwendung als Arbeitsplatzrechner bewährt. Durch den Wechsel zwischen Betrieb sowohl mit Anzeige als auch über den angeschlossenen Drucker erweist sich das Gerät in der industriellen Anwendung als sehr flexibel.

Wer hat nicht schon unter der Last der Auswertung einer Reihe von Zeitstudien gestöhnt, die ihrer Aufarbeitung harren, zu deren Abwicklung man zufolge neu durchzuführender Studien jedoch kaum kommt. Oft ist es nicht allein der Zeitaufwand, sondern auch die Ermüdung, die zur zeitweiligen Ablehnung dieser Routinetätigkeit führen.

In Zeiten der Abflachung einer wirtschaftlichen Aufschwungphase gebietet es die Vernunft, noch mehr als bisher auf sparsame Verwendung von Rohmaterialien und Arbeitszeit zu achten. Die Durchführung von Zeitstudien als Teil der Administration in der industriellen Produktion führt nicht allein zur Festsetzung von Löhnen, sondern dient auch zur Feststellung von Produktionszeiten für die Erstellung der Kalkulationsrichtlinien für bestimmte Produkte.

Der Fachmann kennt dabei das Problem der Einschätzung der Intensität einer Arbeitsleistung über den Leistungsgrad; auch dieses Problem läßt sich in dem vorliegenden Programm berücksichtigen. Das Programm dient nicht allein zur Auswertung von Zeitstudien, sondern läßt sich zufolge des eingebauten Timers auch zur Erfassung der Teilarbeitszeiten eines Arbeitszyklus verwenden, wobei bis zu 99 Hauptarbeitsgänge in einem Zyklus vorhanden sein können. Das dürfte bei weitem ausreichen; an Nebenzeiten können wir bis zu 9 verschiedene Zeitarten berücksichtigen.

Um die Bedienung zu erleichtern, zeigt der Rechner entsprechend textlich gestaltet den laufenden Arbeitsgang an. Die Hauptarbeitszeiten eines Zyklus werden über eine einzige Taste eingespeichert, für Nebenzeiten sind 9 zusätzliche Tasten reserviert, da Nebenarbeiten im allgemeinen nicht zyklisch ablaufen wie Arbeitsgänge eines Zyklus der Hauptarbeitszeiten.

Die Eingabe der Zeitwerte laufen nach folgendem Schema ab: Der angezeigte Arbeitsgang wird mit einer der soeben erwähnten Tasten abgeschlossen, mit der gleichzeitig der nächstfolgende Arbeitsgang eröffnet wird, deren Text nun wieder solange angezeigt wird, bis der Arbeitsgang beendet ist. Es wird empfohlen, die Vorwahltaste (DEF) immer sofort zu drücken, damit bei Beendigung eines Arbeitsganges sofort die betreffende Buchstabentaste betätigt werden kann. Der letzte in einer Zeitaufnahme zu berücksichtigende Arbeitsvorgang muß allerdings mi einer gesondert gewählten Abschlußtaste beendet werden. Nach der Betätigung der angeführten Tasten wird die letzte Differenzzeit berechnet und dem zuletzt angesprochenen Arbeitsgangspeicher zugerechnet. Außerdem werden die Anzahlen der einzelnen Vorgänge innerhalb eines Hauptarbeitsganges für eine Mittelwertbildung mitgezählt.

Der große Vorteil dieses Programms liegt nun darin, daß einerseits der Summenabruf beliebig oft wiederholt werden kann, aber daß dabei auch unterschiedliche Leistungsgradserien eingegeben werden können. Sollte man sich bei einer Einspeicherung der Leistungsgrade geirrt haben, ist ein Wiederholungsabruf und eine Eingabe geänderter Leistungsgrade kein Problem. Es könnten auch Grenzleistungsgrade festgelegt werden, um die

Schwankungen durch den Einfluß unterschiedlicher Leistungsintensitäten besser beurteilen zu können.

Bei der Zeitaufnahme ist oft mit einer Unterbrechung eines Arbeitsganges zu rechnen. Auch für diese Fälle ist vorgesorgt: Die Wiederaufnahme des zuletzt gemessenen Arbeitsganges ist durch die Betätigung einer weiteren Taste möglich, durch die die Einrechnung der letzten Differenzzeit in den Speicher des noch nicht abgeschlossenen Arbeitsganges ermöglicht.

In die gesamte Verarbeitung sind verschiedene Sperren eingebaut, die eine unbefugte Inbetriebnahme eines bestimmten Programmzweiges zu einer falschen Zeit verhindern. Nach Beendigung der Aufnahme mit Betätigung der Stop-Taste sind weitere Einspeicherungen von Differenzzeiten nicht möglich. Andererseits ist vor Abschluß der Zeitaufnahme die Anwahl einer Auswertung wirkungslos.

Als Übungsbeispiel haben wir eine Produktionstätigkeit gewählt, die im Bereich der Hauptarbeitszeiten aus Zyklen besteht, die jeweils 6 Arbeitsgänge umfassen. Auch der Bereich der Nebenzeiten wurde mit 4 möglichen Varianten nicht ausgenützt. Gemessen wurden 10 Hauptzyklen; die Auswertung erfolgte zweimal, einmal mit und das andere Mal ohne Berücksichtigung eines Leistungsgrades für jeden Teilarbeitsgang.

**Speicherorganisation**

A(1)   bis   A(A)   — Arbeitsgangzähler
T(1)   bis   T(A)   — Arbeitsgangzeitsummen
A$(1) bis   A$(A) — Arbeitsgangbezeichnungen
L(1)   bis   L(A)   — Leistungsgrad in %
N(1)   bis   N(B)   — Nebenzeitsummen
N$(1) bis   N$(B) — Nebenzeitbezeichnungen
A — Anzahl der Arbeitsgänge je Zyklus
B — Anzahl der Nebenzeiten
D — Zeitdifferenz
E — Endzeit
F — aktuelle Fortschrittszeit
G — Arbeitsgangindex
H — MM.SS (Minuten, Sekunden)
I  — laufender Index
J — letzter Index
K — HH (Stunden)
L — letzte Fortschrittszeit
S — Startzeit
X — Sperre
Z — Zykluszähler

```
10: "ZEIT":CSIZE 2
    :COLOR 0:S$="Z
    eitstudie":T$=
    "******":U$="
     ":PRINT T$;U$
    ;S$;U$;T$
20: LF 1:GOSUB 80:
    LPRINT "*** ";
    S$;" ***";
    GOSUB 80:LF 1:
    LPRINT "DEF Ve
    rarbeitung";
    GOSUB 90
30: V$=" - Nebenze
    it ":W$=" - Ha
    uptzeit Ar-":X
    $="    beitsg
    ang "
40: LPRINT "V - Vo
    rlauf":LPRINT
    "B - Zeitaufna
    hme":LPRINT "N
     - Auswertung"
    :LF 1:LPRINT "
      Eingaben:"
50: LPRINT "A";V$;
    "1":LPRINT "S"
    ;V$;"2":LPRINT
    "D";V$;"3":
    LPRINT "F";V$;
    "4":LPRINT "G"
    ;V$;"5":LPRINT
    "H";V$;"6"
60: LPRINT "J";V$;
    "7":LPRINT "K"
    ;V$;"8":LPRINT
    "L";V$;"9":
    LPRINT "Z";W$;
    X$;"neu":
    LPRINT "X";W$;
    X$;"alt"
70: LPRINT "M - En
    de Aufnahme":
    GOSUB 90:LF 4:
    END
80: LPRINT "******
    ************":
    RETURN
90: LPRINT "------
    ------------":
    RETURN
100:"V":IF (R=0)
    AND (X=1)PRINT
    "Aufnahme ausw
    erten":END
105:PRINT "Vorlauf
    ":CLEAR :INPUT

    "Agg. je Zyklu
    s = ";A:IF A>0
    IF A<100IF A-
    INT A=0THEN 12
    0
110:GOTO 100
120:INPUT "Zahl Ne
    benzeiten = ";
    B:IF B>0IF B<1
    0IF B-INT B=0
    THEN 140
130:GOTO 120
140:DIM A(A),A$(A)
    ,L(A),T(A),N(B
    ),N$(B):LF 2:
    LPRINT "Bez. H
    auptzeiten":
    GOSUB 80:FOR I
    =1TO A
150:PRINT "Agg";I;
    " = ";
160:INPUT A$(I)
170:CLS :LPRINT "A
    rbeitsgang";I;
    ":":LPRINT "
    ";A$(I):NEXT I
    :GOSUB 90:LF 2
    :LPRINT "Bez.
    Nebenzeiten":
    GOSUB 80
180:FOR I=1TO B
190:PRINT "Nzt";I;
    " = ";
200:INPUT N$(I)
210:CLS :LPRINT "N
    ebenzeit";I;":
    ":LPRINT "   ";
    N$(I)
215:NEXT I:GOSUB 9
    0:LF 4:END
220:F=TIME :F=100*
    (F-INT F):F=60
    *INT F+100*(F-
    INT F):D=F-L:L
    =F:IF J<>0LET
    N(J)=N(J)+D:
    GOTO 240
230:T(H)=T(H)+D:A(
    H)=A(H)+1
240:J=I
250:PRINT X$:END
260:"B":IF (R=0)
    AND (X=1)PRINT
    "Aufnahme ausw
    erten":END
265:PRINT "Start Z
    eitaufnahme";

    FOR I=1TO A
270:A(I)=0:T(I)=0:
    L(I)=0:NEXT I:
    FOR I=1TO B
280:N(I)=0:NEXT I:
    S=TIME :L=100*
    (S-INT S):L=60
    *INT L+100*(L-
    INT L):G=0:I=0
    :J=1:R=1:X=0:Z
    =0
290:"A":I=1:GOTO 3
    80
300:"S":I=2:GOTO 3
    80
310:"D":I=3:GOTO 3
    80
320:"F":I=4:GOTO 3
    80
330:"G":I=5:GOTO 3
    80
340:"H":I=6:GOTO 3
    80
350:"J":I=7:GOTO 3
    80
360:"K":I=8:GOTO 3
    80
370:"L":I=9
380:IF X=1THEN 500
390:IF I>BTHEN 250
400:X$=N$(I):H=G:
    GOTO 220
420:"X":IF X=1THEN
    500
430:IF G=1LET Z=Z-
    1:G=A
440:A(H)=A(H)-1:G=
    G-1
450:"Z":IF X=1THEN
    500
470:I=0:H=G:G=G+1:
    IF G>ALET G=1:
    Z=Z+1
480:X$=A$(G):GOTO
    220
500:"M":IF X=1
    PRINT "Aufnahm
    e abgeschlosse
    n":END
510:E=TIME :X$="En
    de Aufnahme":X
    =1:R=0:H=G:IF
    H=ALET G=1:Z=Z
    +1
520:GOTO 220
530:"N":IF R=1
    PRINT "Zeitauf
```

```
nahme?";END
535:D$="Auswertung
    ";PRINT D$;FOR
    I=1TO A
540:L(I)=0:NEXT I:
    INPUT "L-Grad?
    nein 1(ENTER)
    ";L:GOTO 590
550:FOR I=1TO A
560:PRINT "LG:";A$
    (I);"  %=";
570:INPUT L(I)
580:CLS :L(I)=L(I)
    /100:NEXT I
590:LF 2:LPRINT "
       ";D$:GOSUB
    80:LPRINT "Zei
    ten in Sekunde
    n"
591:M=INT (INT (
    INT S/100)/100
    )
592:T=INT (INT S/1
    00)/100:T=100*
    (T-INT T):T$=
    STR$ T:M$=STR$
    M
593:LPRINT "Datum:
    ";T$;".";M$;
    ".":LPRINT "Be
    ginn:";100*(S/
    100-INT (S/100
    ))
594:LPRINT "Ende:
    ";100*(E/100-
    INT (E/100))
599:LF 2:LPRINT "H

auptzeiten":
    GOSUB 90:T=0:
    FOR I=1TO A
600:LPRINT A$(I),T
    (I):T=T+T(I):
    NEXT I:GOSUB 9
    0:LPRINT "Summ
    e",T:LF 2:
    LPRINT "Nebenz
    eiten":GOSUB 9
    0:U=0
610:FOR I=1TO B
620:LPRINT N$(I),N
    (I):U=U+N(I):
    NEXT I:GOSUB 9
    0:LPRINT "Summ
    e",U:LF 2:
    LPRINT "Summe
    Hauptzeiten",T
630:LPRINT "Summe
    Nebenzeiten",U
    :GOSUB 90:
    LPRINT "Summe
    Gesamtzeiten",
    T+U
640:Y=E:GOSUB 720
641:K=M:Y=S:GOSUB
    720:K=K-M:LF 1
645:LPRINT "Ges. Z
    eit gemessen",
    K
650:LF 2:LPRINT "D
    urchschnitts-"
    :LPRINT "Haupt
    zeiten":GOSUB
    90:M=0:FOR I=1
    TO A

660:Y=T(I)/A(I):IF
    L(I)<>0LET Y=Y
    *L(I)
670:M=M+Y:L$=STR$
    L(I):T$=STR$ T
    (I):A$=STR$ A(
    I):LPRINT A$(I
    ):LPRINT "   ";
680:IF L(I)<>0
    LPRINT L$;"*";
690:LPRINT T$;"/";
    A$;"=":LPRINT
    Y:NEXT I:GOSUB
    90:LPRINT "Ges
    amtdurchschnit
    t",M
700:LF 2:LPRINT "D
    urchschnitts-"
    :LPRINT "Neben
    zeiten":LPRINT
    "Gesamtzyklen=
    ";Z:GOSUB 90:M
    =0:FOR I=1TO B
710:LPRINT N$(I),N
    (I)/Z:M=M+N(I)
    /Z:NEXT I:
    GOSUB 90:
    LPRINT "Gesamt
    durchschnitt",
    M:X=0:LF 4:END
720:Y=Y/100:Y=100*
    (Y-INT Y):M=36
    00*INT Y:Y=100
    *(Y-INT Y):M=M
    +60*INT Y+100*
    (Y-INT Y):
    RETURN
```

**Programmlisting 3.1** Zeitstudien und Auswertung

## Bedienungsanleitung

1. Rechner an den Drucker anschließen und Programm mit RUN (ENTER) oder RUN "ZEIT" (ENTER) starten.

2. Kontrollanzeige "****** Zeitstudie ******" mit (ENTER) löschen; Ausdruck einer Verarbeitungsanleitung in Übereinstimmung mit dem Beispielausdruck. Nach mehrfachem Zeilenvorschub und Verlöschen der Anzeige bis auf das Bereitschaftssymbol ist der Programmvorlauf beendet.

3. Arbeitsgangbezeichnungen eingeben: (DEF) V drücken.

4. Kontrollanzeige "Vorlauf" mit (ENTER) löschen. Wird diese Anwahl bei abgeschlossener aber noch nicht ausgewerteter Studie betätigt, erscheint der Fehlerhinweis "Aufnahme auswerten". Die Anzeige verlöscht nach Betätigung der (ENTER)-Taste.

5. Bei Anzeige "Agg. je Zyklus =_" Anzahl der Hauptarbeitsgänge eines Zyklus als ganze zwischen einschließlich 1 und 99 liegende Zahl eintasten und (ENTER) drücken.

6. Bei Anzeige "Zahl Nebenzeiten = _" Anzahl der Nebenzeiten als eine zwischen einschließlich 1 und 9 liegende ganze Zahl eintasten und (ENTER) drücken. Sämtliche nachfolgenden Eingaben, auch die der Hauptarbeitsgangbezeichnungen, werden zur Kontrolle ausgedruckt.

7. Bei Anzeige "Agg NN = " (NN = laufende Arbeitsgangnummer) (ENTER) drücken.

8. Bei Anzeige "Agg NN = ?" Arbeitsgangbezeichnung mit höchstens 16 Zeichen (Buchstaben) eintasten und (ENTER) drücken. Werden längere Zeichenketten eingespeichert, werden nur die ersten 16 Zeichen berücksichtigt. Sind noch nicht alle in Punkt 5 angewählten Bezeichnungen eingegeben, wird so lange bei Punkt 7 fortgesetzt, bis die letzte Bezeichnung eingespeichert ist.

9. Bei Anzeige "Nzt N = " (N = laufende Nummer einer Nebenzeit) (ENTER) drücken.

10. Bei Anzeige "Nzt N = ?" Nebenzeitbezeichnung mit höchstens 16 Zeichen eintasten und (ENTER) drücken. Die Fortsetzung erfolgt bei Punkt 9, so lange noch nicht alle in Punkt 6 angewählten Bezeichnungen eingespeichert sind. Sind alle Bezeichnungen eingespeichert, erfolgt nach Ausgabe der Bezeichnungen ein mehrfacher Zeilenvorschub, worauf die Anzeige bis auf das Bereitschaftssymbol verlöscht. Der Rechner ist auszuschalten und vom Drucker zu trennen, damit die Zeitaufnahme selbst ohne Drucker vor Ort durchgeführt werden kann.

11. Die Zeitaufnahme vor Ort nach Einschalten des Rechners mit (DEF) B starten. Wird der Fehlerhinweis "Aufnahme auswerten" angezeigt, wurde ein neuer Startversuch ohne vorangehende Auswertung der letzten Zeitausnahme durchgeführt. In diesem Fall zuerst die letzte Ausnahme auswerten (siehe Punkt 14).

12. Kontrollanzeige "Start Zeitaufnahme" mit (ENTER) löschen; die Zeitaufnahme ist damit gestartet. Die erste Nebenzeitbezeichnung wird angezeigt. Man wird daher mit einer Rüstzeit (Vorbereitungszeit) beginnen, da das Programm grundsätzlich mit der ersten Nebenzeit startet.

    12.1. Start einer Hauptarbeitszeit und letzte laufende Zeit abschließen: (DEF) Z drücken.

    12.2. Einrechnen einer Hauptzeit in die zuletzt angesprochene Hauptzeitart nach einer Unterbrechung: (DEF) X drücken.

    12.3. Nebenzeit starten: (DEF) A, S, D, F, G, H, J, K, L drücken. Sind nicht alle Nebenzeittasten definiert, d.h. nicht alle genannten Tasten mit bestimmten Nebenzeiten belegt, ändert sich die jeweilige Anzeige dann nicht, wenn eine nicht definierte Taste gedrückt wird.

    12.4. Letzten Arbeitsgang abschließen und Aufnahme beenden: (DEF) M drücken.

13. Kontrollanzeige "Ende Aufnahme" mit (ENTER) löschen. Rechner abschalten.

14. Vor Zeitaufnahmenauswertung Rechner wieder an den Drucker anschließen und Auswertung mit (DEF) N starten.

15. Kontrollanzeige "Auswertung" mit (ENTER) löschen.

16. Bei Anzeige "L-Grad? nein 1 (ENTER)_" über die weitere Fortsetzung entscheiden:

    16.1. Auswertung ohne Berücksichtigung von Leistungsgraden: Beliebige Zahl eintasten, (ENTER) drücken und bei Punkt 19 fortsetzen.

16.2. Berücksichtigung von Leistungsgraden: (ENTER) ohne vorangehende Zahleneingabe drücken.

17. Bei Anzeige "LG 'Arbeitsgang' % = " (ENTER) drücken.

18. Bei Anzeige "LG 'Arbeitsgang' % = ?" Leistungsgrad in ganzzahligen Prozenten eintasten und (ENTER) drücken. Eingaben der Punkte 17/18 so lange wiederholen, als Arbeitsgänge in Punkt 5 eingestellt wurden.

19. Ergebnisausdruck analog zum Testbeispiel. Nach Beendigung des Ausdrucks erfolgt ein mehrfacher Zeilenvorschub, und mit dem Verlöschen der Anzeige bis auf das Bereitschaftssymbol ist die Auswertung beendet.

20. Weitere Auswertungen mit oder ohne Berücksichtigung von Leistungsgraden können ab Punkt 14 aufgenommen werden.

*Fehlerhinweise:*

- "Ende Aufnahme": Nach Betätigung von (DEF) M können keine weiteren Zeiteinspeicherungen vorgenommen werden; derartige Versuche werden mit dem genannten Fehlerhinweis beantwortet.
- "Zeitaufnahme?": Vor Betätigung von (DEF) M kann keine Auswertung vorgenommen werden; die letzte Verarbeitung war nicht gestoppt.
- "Aufnahme auswerten": Ein Programmvorlauf mit Eingabe der Arbeitsgangbezeichnungen kann vor einer Auswertung nicht angewählt werden.
- "Aufnahme abgeschlossen": Nach Betätigung von (DEF) M können keine weiteren Einspeicherungen von Differenzzeiten vorgenommen werden; derartige Versuche werden mit dem genannten Fehlerhinweis beantwortet.
- Keine Änderung der Anzeige: Betätigung einer nicht definierten Nebenzeittaste.

```
*******************    Bez. Hauptzeiten          Auswertung
*** Zeitstudie ***    *******************    *******************
*******************    Arbeitsgang 1:         Zeiten in Sekunden
                         Einformen            Datum:   26.11.
DEF Verarbeitung       Arbeitsgang 2:         Beginn:  14.4608
------------------       Material             Ende:    14.5417
V - Vorlauf            Arbeitsgang 3:
B - Zeitaufnahme         Herstellen
N - Auswertung         Arbeitsgang 4:         Hauptzeiten
                         Transportieren       ------------------
    Eingaben:          Arbeitsgang 5:         Einformen
A - Nebenzeit 1          Ausformen                           62
S - Nebenzeit 2        Arbeitsgang 6:         Material
D - Nebenzeit 3          Ruecktransport                      30
F - Nebenzeit 4        ------------------     Herstellen
G - Nebenzeit 5        Bez. Nebenzeiten                      51
H - Nebenzeit 6        *******************    Transportieren
J - Nebenzeit 7        Nebenzeit 1:                          92
K - Nebenzeit 8          Ruestzeiten         Ausformen
L - Nebenzeit 9        Nebenzeit 2:                          56
Z - Hauptzeit Ar-        Verteilzeiten       Ruecktransport
    beitsgang neu      Nebenzeit 3:                          74
X - Hauptzeit Ar-        Materialmangel      ------------------
    beitsgang alt      Nebenzeit 4:          Summe
M - Ende Aufnahme        Maschinenstop                      365
------------------     ------------------
```

```
Nebenzeiten           Durchschnitts-          Durchschnitts-
                      Hauptzeiten             Hauptzeiten
-----------------     -----------------       -----------------
Ruestzeiten           Einformen               Einformen
              40      62/10=                  0.75*62/10=
Verteilzeiten                        6.2                      4.65
              17      Material                Material
Materialmangel        30/10=                  1*30/10=
              31                       3                         3
Maschinenstop         Herstellen              Herstellen
              36      51/10=                  1.1*51/10=
-----------------                    5.1                      5.61
Summe                 Transportieren          Transportieren
             124      92/10=                  0.85*92/10=
                                     9.2                      7.82
                      Ausformen               Ausformen
                      56/10=                  0.7*56/10=
Summe Hauptzeiten                    5.6                      3.92
             365      Ruecktransport          Ruecktransport
Summe Nebenzeiten     74/10=                  0.95*74/10=
             124                     7.4                      7.03
-----------------     -----------------       -----------------
Summe Gesamtzeiten    Gesamtdurchschnitt      Gesamtdurchschnitt
             489                    36.5                    32.03

Ges. Zeit gemessen
             489
                      Durchschnitts-          Durchschnitts-
                      Nebenzeiten             Nebenzeiten
                      Gesamtzyklen= 10        Gesamtzyklen= 10
                      -----------------       -----------------
                      Ruestzeiten             Ruestzeiten
                                       4                         4
                      Verteilzeiten           Verteilzeiten
Beispiel zu 3.11                     1.7                      1.7
Zeitstudien           Materialmangel          Materialmangel
und                                  3.1                      3.1
Auswertung            Maschinenstop           Maschinenstop
                                     3.6                      3.6
                      -----------------       -----------------
                      Gesamtdurchschnitt      Gesamtdurchschnitt
                                    12.4                    12.4
```

## 3.12 Zinsenrückrechnung (Ratenkauf — Barkauf)

Sonderangebote, oftmals von sogenannten besonderen Zahlungsbedingungen begleitet, gibt es nicht nur beim Verkauf von Konsumgütern. Ähnliche "Verkaufsmethoden" findet man auch in anderen Bereichen des täglichen Lebens.

Im Grunde genommen geht es dabei um das Herausstellen des Slogans "Heute kaufen — morgen bezahlen". Dabei wird von der Annahme ausgegangen, daß der *Barkauf* (sofortige Bezahlung bei Warenübernahme) den Käufer im Augenblick stärker belastet, als der *Ratenkauf* (Bezahlung erfolgt in periodisch gleichbleibenden Beträgen). Der Käufer weiß zwar meist auch, daß der Ratenkauf in Summe mehr kostet; er kann sich anhand der absoluten Zahlen ein Bild machen, um wieviel mehr er im Fall des Ratenkaufs auslegen muß. Er weiß allerdings nicht, zu welchem Zinssatz er den Ratenkauf angeboten erhält und ob er nicht besser gefahren wäre, sich bei seinem Bankinstitut einen Kredit zu besorgen, als dem Lieferanten das Kreditgeschäft zu überlassen.

Beim Versuch, Zinsen zu berechnen, stoßen wir sofort auf rechentechnische Probleme: In der bekannten Rentenformel

$$R = A \cdot \frac{q^n \cdot (q - 1)}{q^n - 1}$$

ist der Zinssatz p nicht leicht herauszurechnen. Überdies ist er im Wert q versteckt, in dem zwischen dem Zinssatz p und dem Aufzinsungsfaktor q folgende Beziehung enthalten ist:

$$q = 1 + p/100.$$

Das Rechenproblem besteht darin, daß q sowohl allein für sich als auch in einer Potenz $q^n$ gegeben ist. Nachdem wir hier nicht in Probleme der Logarithmierung einsteigen wollen, suchen wir unser Heil in einem anderen Lösungsvorgehen. Nachzutragen ist noch, daß in der Rentenformel R die Rate und A das Anfangskapital bedeutet.

Weil unser PC-1500 sehr schnell arbeitet, werden wir den Zinssatz in Form einer iterativen Rückrechnung ermitteln. Die Iterationsrechnung wird mit einem angenommenen Zinssatz begonnen. Daraufhin wird geprüft, ob dieser Zinssatz dem der Rentenformel entspricht. Ist dies nicht der Fall, wird der Zinssatz geändert und erneut abgeprüft. Dies wird so lange fortgesetzt, bis aufgrund von Gleichheit auf beiden Seiten der Formel die Berechnung abgebrochen werden kann. Dabei wird es ausreichen, den Zinssatz beispielsweise auf zwei Dezimalstellen genau zu bestimmen. Im Programm wird mit einem Zinssatz 100 % begonnen. In der ersten Stufe wird der Zinssatz von 10 zu 10 vermindert. Wird der tatsächliche Zinssatz unterschritten, erfolgt als erstes eine Rückführung der Verminderung, der Verminderung des Differenzprozentsatzes auf 1/10 des letzten Wertes und ein neuerlicher Start. Dies geht so lange, bis nach Vorgabe der Genauigkeit in Form von Dezimalstellen der richtige Prozentsatz gefunden ist. Das Programm ist dabei angewiesen, nach der letzten Operation die Berechnungen abzubrechen, so daß sich als Ergebnis rechentechnisch gesehen ein zu kleiner Prozentsatz ergibt, was aber dem Sinn der Operationen keinen Abbruch tut. Wesentlicher als die Tatsache, ob der Prozentsatz mit 7,782 oder 7,783 errechnet werden sollte, ist die Größenordnung. Zwischen beiden genannten Werten besteht ein anderer Zusammenhang, als zwischen 7,78 und beispielsweise 12,75! Die Verarbeitung kann mit oder ohne Drucker ausgeführt werden.


**Speicherorganisation**

B           — Laufzeit Jahre
C           — Zinssatzdifferenz (10, 1, 0.1, 0.01, etc.)
D           — Jahreszinsen
A           — Verhältnis Rate/Barwert
I           — Jahresrate
J           — Dezimalstellen
K           — Barwert
E, F, G, H — Hilfsspeicher
KZ          — Verarbeitungskennzeichen

```
10:"ZIRR":CLEAR :          100:IF (I<1)THEN 8        220:GOSUB (J+29)*1
   PRINT "** Zins             0                          0:IF KZ=1PRINT
   enrueckrechnun        110:IF KZ=2LPRINT              "Jahreszinsen
   g **"                     "Monatsrate =              =";D;" %";GOTO
20:KZ=1:INPUT "An             ",I/12                     240
   zeige 1/Druck         120:INPUT "Laufzei        230:LPRINT "Jahres
   2(ENTER)";KZ:             t Monate = ";B           zinsen % =",D:
   IF (KZ<1)OR (K            :B=B/12:GOTO 1           GOSUB 280
   Z>2)OR (KZ-INT            40                    240:USING : INPUT "
   KZ<>0)THEN 20         130:INPUT "Laufzei            Weiter? ja 1(E
30:IF KZ=2CSIZE 2            t Jahre = ";B             NTER)";Z:GOTO
   :COLOR 0:LF 1:        140:IF (B<=0)OR (B            50
   GOSUB 270:                >99)THEN 120         250:IF KZ=2LF 4
   LPRINT "Zinssa        150:IF KZ=2LPRINT         260:END
   tzberechnung";            "Laufzeit Jahr        270:LPRINT "*****
   GOSUB 270                 e =",B:GOSUB 2            ***********";
40:J=2:INPUT "Dez            80                       RETURN
   imalen = ";J:         160:D=0:C=100:A=1/        280:LPRINT "------
   IF (J<0)OR (J>            K                         -----------";
   6)OR (J-INT J<        170:D=D+C:IF D<=10            RETURN
   >0)THEN 40                0THEN 200             290:USING "###";
50:INPUT "Barwert         180:IF KZ=1PRINT "            RETURN
   = ";K                     Ratenkauf unre        300:USING "###.#";
60:IF (K<1)OR (K>            ell";GOTO 240            RETURN
   1E10-1)THEN 50        190:LPRINT "Ratenk        310:USING "###.##"
70:IF KZ=2LF 3:             auf unreell";            :RETURN
   LPRINT "Barwer           GOSUB 280:GOTO        320:USING "###.###
   t =",K                    240                      ":RETURN
80:INPUT "Monatsr         200:E=D/100:F=(E+1        330:USING "###.###
   ate = ";I:I=12            )^B:G=F-1:H=E*            #":RETURN
   *I:GOTO 100               F/G:IF H<ATHEN        340:USING "###.###
90:INPUT "Jahresr            170                      ##":RETURN
   ate = ";I             210:D=D-C:C=C/10:        350:USING "###.###
                             IF C>=10^-J               ###":RETURN
                             THEN 170
```

**Programmlisting 3.12** Zinsenrückrechnung


**Bedienungsanleitung**

1. Programm mit RUN (ENTER) oder RUN "ZIRR" (ENTER) starten.

2. Kontrollanzeige "** Zinsenrueckrechnung **" mit (ENTER) löschen.

3. Bei Anzeige "Anzeige 1/Druck 2 (ENTER)_" über die Art der Ausgabe entscheiden:

   3.1. Anzeige: 1 (ENTER) oder nur (ENTER) drücken.

   3.2. Druck: 2 (ENTER) drücken, worauf ein Verarbeitungstitel ausgedruckt wird.

4. Bei Anzeige "Dezimalen =_" Genauigkeit in Form der gewünschten Anzahl an Dezimalstellen als ganze zwischen einschließlich 0 und 6 liegende Zahl eintasten und (ENTER) drücken. Die Betätigung von (ENTER) ohne vorangehende Zahleneingabe bewirkt die Einstellung von 2 Dezimalstellen.

5. Bei Anzeige "Barwert =_" Barkaufpreis als zwischen einschließlich 1 und 9999999999 gelegene Zahl eintasten und (ENTER) drücken. Die Eingabe wird zur Kontrolle bei entsprechender Anwahl ausgedruckt.

6. Bei Anzeige "Monatsrate = _" entsprechenden Zahlenwert eintasten, (ENTER) drücken und bei Punkt 8 fortsetzen. Wird (ENTER) ohne vorangehende Zahleneingabe betätigt, kommt es zur Eingabe einer Jahresrate.

7. Bei Anzeige "Jahresrate = _" entsprechenden Zahlenwert eintasten und (ENTER) drücken. Ob nun die Eingabe nach Punkt 7 oder 8 vorgenommen wurde, es wird in beiden Fällen als Kontrollausdruck die monatliche Zahlung ausgegeben. Die Betätigung von (ENTER) ohne vorangehende Zahleneingabe bewirkt die Wiederholung der Eingabe ab Punkt 6.

8. Bei Anzeige "Laufzeit Monate = _" Anzahl der Rückzahlungsraten eintasten und (ENTER) drücken sowie bei Punkt 10 fortsetzen. Die Betätigung von (ENTER) ohne vorangehende Zahleneingabe führt zur Einspeicherung der Laufzeit in Jahren.

9. Bei Anzeige "Laufzeit Jahre = _" Kreditlaufzeit in Jahren eingeben und die Eingabe mit (ENTER) abschließen. Die Betätigung von (ENTER) ohne vorangehende Zahleneingabe bewirkt die Wiederholung der Eingabe ab Punkt 8. Ob nun die Laufzeit nach Punkt 8 oder 9 eingegeben wurde, zur Kontrolle wird die Laufzeit in Jahres ausgegeben. Eine Eingabedokumentation über die Anzeige ist in diesem Programm nicht vorgesehen, da bei Eingabeirrtümern ohne besonderen Zeitaufwand eine Berechnung sofort wiederholt werden kann, wenn über das erzielte Ergebnis Zweifel herrschen sollte.

10. Die Ergebnisausgabe erfolgt je nach Anwahl über den Drucker oder die Anzeige; im zweiten Fall Ergebnisanzeige mit (ENTER) löschen.

11. Bei Anzeige "Weiter? ja 1 (ENTER)_" über die weitere Fortsetzung entscheiden:

    11.1. Weitere Zinsrückrechnungen durchführen: Beliebige Zahl eintasten, (ENTER) drücken und nächste Verarbeitung ab Punkt 5 aufnehmen.

    11.2. Operationen beenden: (ENTER) ohne vorangehende Zahleneingabe drücken. Im Fall des Betriebes über einen Drucker erfolgt ein mehrfacher Zeilenvorschub zum bequemen Abtrennen des Druckstreifens, worauf in beiden Betriebsarten die Anzeige bis auf das Bereitschaftssymbol verlöscht.

In diesem Fall und auch bei einem Wechsel in der Genauigkeit (Neuanwahl der Dezimalstellen) ist mit einer neuen Verarbeitung bei Punkt 1 zu beginnen.

In den einzelnen Testbeispielen findet sich ein Texthinweis "Ratenkauf unreell"; dieser Hinweis wird dann ausgegeben, wenn der Prozentsatz der Verzinsung über 100 % liegt. Durch eine Änderung in Programmzeile 170 lassen sich aber auch andere Grenzen ziehen. Im vierten Beispiel findet sich ein Angebot, das eigentlich einen zinsenloser Kredit darstellt. Nicht geprüft wird in diesem Zusammenhang, ob ein Verkäufer Geld verschenkt, wenn die Summe der Rückzahlungsraten kleiner ist als der Barwert.

```
*****************      Barwert  =
Zinssatzberechnung                   36700
*****************      Monatsrate  =
                                       900
                      Laufzeit Jahre  =
                                         4
                      - - - - - - - - - - - - - - - - - -
                      Jahreszinsen % =
                                     6.857
                      - - - - - - - - - - - - - - - - - -
```

```
Barwert  =                Barwert  =                Barwert  =
          45800                     39800                     39800
Monatsrate =              Monatsrate =              Monatsrate =
          950                       93                        1860
Laufzeit Jahre =          Laufzeit Jahre =          Laufzeit Jahre =
          4                         4                         4
------------------        ------------------        ------------------
Jahreszinsen % =          Jahreszinsen % =          Jahreszinsen % =
          0.000                     0.000                     42.467
------------------        ------------------        ------------------


Barwert  =                Barwert  =                Barwert  =
          40700                     39800                     39800
Monatsrate =              Monatsrate =              Monatsrate =
          960                       930                       9300
Laufzeit Jahre =          Laufzeit Jahre =          Laufzeit Jahre =
          4                         4                         4
------------------        ------------------        ------------------
Jahreszinsen % =          Jahreszinsen % =          Ratenkauf unreell
          5.157                     4.753
------------------        ------------------        ------------------
```

**Beispiele zu 3.12** Zinsenrückrechnung

## 3.13 Kredittilgung

Die Erstellung eines Tilgungsplanes ist Grundvoraussetzung für die Abwicklung eines Kreditgeschäftes und liegt vor allem im Interesse des Kreditnehmers. Mit Hilfe dieses Planes kann der Finanzplan erstellt werden, der Auskunft über den zeitlichen Ablauf von Einnahmen und Ausgaben geben kann. Das vorliegende Programm zur Erstellung eines derartigen Tilgungsplanes für eine Kreditrückzahlung unterscheidet sich von anderen gleichartigen Lösungen durch den Umstand, daß hier von unterschiedlichen Kombinationen von Ausgangswerten ausgegangen werden kann:

- Gegeben: Laufzeit Jahre, Zinstermine, Rate, Zinssatz; gesucht: Anfangskapital.
- Gegeben: Anfangskapital, Laufzeit Jahre, Zinstermine, Zinssatz; gesucht: Rate.
- Gegeben: Anfangskapital, Zinstermine, Rate, Zinssatz: gesucht: Laufzeit.

Mit Zinsterminen sind die meist vierteljährlich im vorhinein vorgenommenen Verzinsungen gemeint (= 4 Termine); eine jährliche Verzinsung bedeutet 1 Termin. Die Rate enthält die Anteile für Kapitaltilgung und Zinsendienst.

Alle drei der genannten Aufgabenstellungen münden in der Auflistung eines Tilgungsplanes; die Zinsen werden im vorhinein kapitalisiert. Einer Differenz nach Zahlung der letzten Rate wird keine Bedeutung beigemessen; im Beispielfall beträgt diese Differenz −0,41 DM. Es wurde um diesen Betrag zuviel eingezahlt. Es könnte auch vereinbart werden, daß ein sich allenfalls ergebender Differenzbetrag überdie letzte Rate ausgeglichen wird. Nicht berücksichtigt sind auch Nebenkosten bei der Kreditaufnahme; diese werden im vorliegenden Programm als Teil des Anfangskapital betrachtet.

Das Programm kann nur mit Drucker gefahren werden.

Im Programm wird mit folgenden Grenzwerten gearbeitet:

- Anfangskapital: Ganzzahlig zwischen einschließlich 1 und 9999999999.
- Rate: Ganzzahlig zwischen einschließlich 1 und Anfangskapital.
- Zinssatz: Größer 0 und kleiner oder gleich 100.
- Laufzeit Jahre: Größer 0 und kleiner 100.
- Zinstermine pro Jahr: Ganzzahlig zwischen einschließlich 1 und 52.

**Formelsammlung**

*Ratenberechnung* (gerundet auf Zahl mit 2 Dezimalstellen)

$$R = A \cdot \frac{q^n \cdot (q - 1)}{q^n - 1}$$

*Anfangskapital* (gerundet auf ganze Zahl)

$$A = R \cdot \frac{q^n - 1}{q^n \cdot (q - 1)}$$

*Laufzeit Perioden* (gerundet auf ganze Zahl)

$$n = \frac{\log R - \log (R + A - A \cdot q)}{\log q}$$

*Legende*
  A = Anfangskapital
  R = Rate
  n = Laufzeit in Perioden (Termine/Jahr · Jahre)
  q = Aufzinsungsfaktor (= 1 + p/100)
  p = Zinssatz %

**Speicherorganisation**

A — Anfangskapital
E — Endkapital
I — Index
K — Kapitaldienst
L — Laufzeit Jahre
N — Perioden
O — Zinssatz Periode
P — Perioden/Jahr
R — Rate
S — Restkapital
T — Zinsendienst
V — q
W — q − 1 = p/100
X — $q^n$
Y — $q^n - 1$
Z — Zinssatz Jahr

```
10:"TILG":S$="Til       75:GOTO 240             230:O=Z/P:W=O/100:
   gungsplan":U$=     80:"D":PRINT "Lau          U=W+1:X=U^N:Y=
   "*****":V$="          fzeit":GOSUB 9          X-1:RETURN
   ":PRINT U$;V$;        0:GOSUB 150:        240:LF 1:LPRINT "
   S$;V$;U$:CSIZE        GOSUB 180:              Ausgangszahle
   2:COLOR 0:LF 1        GOSUB 210:N=            n":GOSUB 40:
   :GOSUB 40             INT ((LOG R-           USING "#######
20:LPRINT "     ";S      LOG (R+A-A*U))         ####.##";
   $:GOSUB 40:LF         /LOG U+.5)             LPRINT "Kapt";
   1:LPRINT "DEF     85:L=INT (N/P+.5)          A:E=R*N:S=A
   Verarbeitung":       :GOTO 240           250:LPRINT "Endw";
   GOSUB 50          90:INPUT "Anfangs          E:LPRINT "Rate
30:LPRINT "A - An        kapital=";A            ";R:USING "###
   fangskapital":   100:IF (A<1)OR (A)          ##.##":LPRINT
   LPRINT "S - Ru        1E10-1)OR (A-          "Zinssatz %";Z
   eckz. Rate":          INT A<>0)THEN          :USING "####"
   LPRINT "D - La        90              260:LPRINT "Laufze
   ufzeit":GOSUB    110:RETURN                   it Jahre";L:
   50:LF 4:END      120:INPUT "Laufzei          LPRINT "Period
40:LPRINT "******        t Jahre=";L            en/Jahr ";P:
   **********";     130:IF (L<=0)OR (L           GOSUB 50:LF 1:
   RETURN               >99)THEN 120            LPRINT "     Til
50:LPRINT "------    140:RETURN                  gungsplan";
   ------------";   150:INPUT "Periode          GOSUB 40
   RETURN               n/Jahr=";P          270:FOR I=1TO N
60:"A":PRINT "Anf    160:IF (P<=0)OR (P     280:USING :J=INT (
   angskapital":        >52)OR (P-INT          (I-1)/P+1):T=
   GOSUB 120:           P<>0)THEN 150          INT (100*S*W+.
   GOSUB 150:       170:N=L*P:RETURN            5)/100:K=R-T:S
   GOSUB 180:       180:INPUT "Rate=";          =S+T-R:LF 1
   GOSUB 210:A=         R                   290:LPRINT "Period
   INT (R*Y/(W*X)   190:IF (R<=0)OR (R          e";I;", Jahr";J
   +.5):GOTO 240        >=A)OR (R-INT          :GOSUB 50
70:"S":PRINT "Rue       R<>0)THEN 180      300:USING "#######
   ckzahlungsrate   200:RETURN                  ####.##";
   ";GOSUB 90:      210:INPUT "Zinssat          LPRINT "Tilg";
   GOSUB 120:           z %=";Z                K:LPRINT "Zins
   GOSUB 150:       220:IF (Z<=0)OR (Z          ";T:LPRINT "Re
   GOSUB 210:R=         >100)THEN 210          st";S:NEXT I:
   INT (A*W*X/Y+.                               LF 4:USING :
   5)                                           END
```

**Programmlisting 3.13** Kredittilgung

**Bedienungsanleitung**

1.  Programm mit RUN (ENTER) oder RUN "TILG" (ENTER) starten.

2.  Kontrollanzeige "***** Tilgungsplan *****" mit (ENTER) löschen; Ausdruck einer kurzen Verarbeitungsanleitung. Verlöschen der Anzeige bis auf das Bereitschaftssymbol nach mehrmaligem Zeilenvorschub des Druckers.

3.  Art der Berechnung eines Tilgungsplanes anwählen:

    3.1. Gesucht Anfangskapital: (DEF) A drücken. Nachfolgend sind bei Anzeige der entsprechenden Eingabehinweise und bei Beachtung der einleitend angegebenen Zahlengrenzen folgende Eingaben zu tätigen: Laufzeit Jahre, Perioden/ Jahr, Rate, Zinssatz.

3.2. Gesucht Rate: (DEF) S drücken. Folgende Eingaben tätigen und mit (ENTER) abschließen: Anfangskapital, Laufzeit Jahre, Perioden/Jahr, Zinssatz.

3.3. Gesucht Laufzeit: (DEF) D drücken. Folgende Eingaben tätigen und mit (ENTER) abschließen: Anfangskapital, Perioden/Jahr, Rate, Zinssatz.

4. Ausdruck eines Tilgungsplanes. Nach Beendigung des Ausdrucks und mehrfachem Zeilenvorschub zum bequemen Abtrennen des Druckstreifens verlöscht die Anzeige bis auf das Bereitschaftssymbol. Weitere Verarbeitungen können ab Punkt 1 oder 3 aufgenommen werden.

Aus dem Testbeispiel kann nicht entnommen werden, aufgrund welcher Ausgangslage die Erstellung des Tilgungsplanes vorgenommen wurde; schließlich ist es ja für dieses Programm unwesentlich, da bei sämtlichen Aufgabenstellungen alle offenen Fragen beantwortet werden.

```
******************
   Tilgungsplan
******************


DEF Verarbeitung          Periode 3, Jahr 1         Periode 8, Jahr 2
------------------        ----------------          ----------------
A - Anfangskapital        Tilg      777.53          Tilg      855.82
S - Rueckz. Rate          Zins      164.47          Zins       86.18
D - Laufzeit              Rest     7711.47          Rest     3591.95
------------------
                          Periode 4, Jahr 1         Periode 9, Jahr 3
                          ----------------          ----------------
   Ausgangszahlen         Tilg      792.59          Tilg      872.41
******************        Zins      149.41          Zins       69.59
Kapt      10000.00        Rest     6918.88          Rest     2719.54
Endw      11304.00
Rate        942.00        Periode 5, Jahr 2         Periode 10, Jahr 3
Zinssatz %    7.75        ----------------          ----------------
Laufzeit Jahre   3        Tilg      807.95          Tilg      889.31
Perioden/Jahr    4        Zins      134.05          Zins       52.69
------------------        Rest     6110.93          Rest     1830.23

   Tilgungsplan          Periode 6, Jahr 2         Periode 11, Jahr 3
******************        ----------------          ----------------
                          Tilg      823.60          Tilg      906.54
Periode 1, Jahr 1         Zins      118.40          Zins       35.46
----------------          Rest     5287.33          Rest      923.69
Tilg      748.25
Zins      193.75          Periode 7, Jahr 2         Periode 12, Jahr 3
Rest     9251.75          ----------------          ----------------
                          Tilg      839.56          Tilg      924.10
Periode 2, Jahr 1         Zins      102.44          Zins       17.90
----------------          Rest     4447.77          Rest       -0.41
Tilg      762.75
Zins      179.25
Rest     8489.00
```

**Testbeispiel zu 3.13** Kredittilgung

## 3.14 Frachttabelle

Mit Hilfe eines Computers lassen sich beispielsweise Frachtkosten unter Beachtung bestimmter Voraussetzungen nahezu stufenlos berechnen. Ist ein Computer zwar vorhanden, aber augenblicklich nicht für die Ermittlung von Frachtkosten einzusetzen, ist für diesen Fall der umgekehrte Weg der Kalkulation von Frachtkosten anhand einer Tabelle der bessere. Anhand von Frachttabellen lassen sich ebenso rasch Frachtauskünfte erteilen.

Bei der Ermittlung von Frachtkosten gehen wir von folgender Formel aus:

$$\text{Kosten je t} = \frac{2 \cdot \text{Wegstrecke km} \cdot \text{Kosten je km}}{\text{Gesamtfracht t}} \cdot$$

Die Kosten der Gewichtseinheit errechnen sich aus dem Produkt der doppelten Wegstrecke und den km-abhängigen Kosten geteilt durch die Gesamtfracht.

In unserem Programm wird einmal von den Kosten je Streckeneinheit in km ausgegangen, die kleinste und die größte Wegstrecke festgelegt, die Abstufung der Tabellenwerte wegstreckenbezogen gewählt, sowie Mindest-, Höchstfracht und Frachtabstufung bestimmt. Die Frachtberechnung wird auf zwei Dezimalstellen kaufmännisch gerundet. Man könnte aber auch grundsätzlich nur aufrunden und die Tabellenwerte ganzzahlig darstellen; in diesem Fall müßte die Programmzeile 31Ø durch die folgenden ersetzt werden:

```
31Ø:  H = 2 * F * I */J: IF H − INT H <> Ø LET H = INT (H + 1)
315:  USING "III": TAB 1: LPRINT J;
```

Währungsbezeichnungen können bis zu 8 Zeichen lang eingegeben werden. Wegen des Umfangs der Ausgaben wird dieses Programm nur mit Drucker betrieben.


**Speicherorganisation**

A — Mindestfracht t
B — Höchstfracht t
C — Frachtstufe t (Unterschied von Tabellenwert zu Tabellenwert)
D — Mindestentfernung km
E — Höchstentfernung km
G — Entfernungsstufe km (Unterschied von Einzeltabelle zu Einzeltabelle)
F — Frachtkosten je km
I — Index Entfernung km
J — Index Fracht t
H — aktuelle Frachtkosten je km bei gegebener Entfernung und Frachtgröße

```
10:"CARG":CLEAR :          130:IF (E<=D)OR (E        260:LPRINT "Gew.Un
   S$="Fracht-Tab             >300)OR (E-INT         terschied";
   elle":CSIZE 2:             E<>0)THEN 120          LPRINT "t   ";C
   COLOR 0:PRINT        140:LPRINT "Hoechs          :GOSUB 350
   "****   ";S$;"          tentfernung";      270:LF 1:LPRINT "
    ****"                   LPRINT "km ";E          Tabellen-Wert
20:LF 1:GOSUB 340       150:INPUT "Untersc          e";GOSUB 340
   :LPRINT "* ";S          hied km = ";G      280:FOR I=DTO E
   $;" *";GOSUB 3      160:IF (G<1)OR (G>          STEP G
   40                      10)OR (G-INT G     290:LF 1:LPRINT "E
30:INPUT "Waehrun          <>0)THEN 150          ntfernung";
   g = ";W$            170:LPRINT "Entf.U          USING "####";I
40:IF W$=""THEN 3          nterschied";          ;" km";LPRINT
   0                       LPRINT "km ";G          "Gew. t";TAB (
50:LF 1:LPRINT "        180:INPUT "Mindest          15-LEN W$);W$;
   Ausgangszahle           ladegewicht t          "/km";GOSUB 35
   n";GOSUB 350;           = ";A                  0
   USING "########     190:IF (A<5)OR (A>      300:FOR J=ATO B
   #.##"                   24)OR (A-INT A         STEP C
60:INPUT "km-Kost          <>0)THEN 180       310:H=INT (200*F*I
   en = ";F            200:LPRINT "Mindes          /J+.5)/100:
70:IF F<=0THEN 60          tladegewicht";         USING "###";
80:LPRINT "Fracht          LPRINT "t   ";A         TAB 1:LPRINT J
   rate je km";       210:INPUT "Hoechst          ;
   LPRINT W$;TAB          ladegewicht t      320:USING "#######
   7;F;USING "###          = ";B                  ##.##";TAB 6:
   #############"      220:IF (B<=A)OR (B          LPRINT H:NEXT
90:INPUT "Mindest          >24)OR (B-INT          J:GOSUB 350:
   entfernung = "          B<>0)THEN 210          NEXT I:LF 4:
   ;D                  230:LPRINT "Hoechs          INPUT "Neue Ta
100:IF (D<10)OR (D         tladegewicht";         b? ja 1(ENTER)
    >300)OR (D-INT         LPRINT "t   ";B         ";Z:GOTO 50
    D<>0)THEN 90       240:INPUT "Unterch     330:END
110:LPRINT "Mindes         ied t = ";C       340:LPRINT "******
    tentfernung";     250:IF (C<1)OR (C>          ***********";
    LPRINT "km ";D         10)OR (C-INT C         RETURN
120:INPUT "Hoesten         <>0)THEN 240      350:LPRINT "------
    tfernung = ";E                               ------------";
                                                 RETURN
```

**Programmlisting 3.14** Frachttabelle


## Bedienungsanleitung

1. Programm mit RUN (ENTER) oder RUN "CARG" (ENTER) starten.

2. Kontrollanzeige "**** Fracht-Tabelle ****" mit (ENTER) löschen; Ausdruck eines Verarbeitungstitels.

3. Bei Anzeige "Waehrung =_" im Höchstfall 8 Zeichen umfassende Währungsbezeichnung eintasten und (ENTER) drücken; Textausdruck "Ausgangszahlen".

4. Bei Anzeige "km-Kosten =_" Frachtkosten je km Fahrstrecke eintasten und (ENTER) drücken; Ausdruck der Eingabe zur Kontrolle. Es werden nur Zahlen größer 0 angenommen.

5. Bei Anzeige "Mindestentfernung = _" geringste Entfernung in km eintasten und (ENTER) drücken; Kontrollausdruck der Eingabe. Es werden nur ganze Zahlen zwischen einschließlich 10 und 300 angenommen. Werden andere Grenzwerte gewünscht, muß das Programm in Zeile 100 entsprechend geändert werden.

6. Bei Anzeige "Hoechstentfernung = _" größtmögliche Wegstrecke in km eintasten und (ENTER) drücken; Kontrollausdruck der Eingabe. Es werden nur Zahlen zwischen einschließlich Mindestentfernung und 300 angenommen. Werden andere Grenzwerte gewünscht, ist das Programm in Zeile 130 entsprechend abzuändern.

7. Bei Anzeige "Unterschied km = _" Tabellenabstufung in km eintasten und (ENTER) drücken; Kontrollausdruck der Eingabe. Es werden nur ganze Zahlen zwischen einschließlich 1 und 10 angenommen. Werden andere Grenzwerte gewünscht, ist das Programm in Zeile 160 entsprechend abzuändern.

8. Bei Anzeige "Mindestladegewicht t = _" geringste Ladung in t eintasten und (ENTER) drücken; Kontrollausdruck der Eingabe. Es werden nur ganze zwischen einschließlich 5 und 24 liegende Zahlen angenommen. Allfällige Änderungen in Zeile 190 vornehmen.

9. Bei Anzeige "Hoechstladegewicht t = _" größte Ladekapazität in t eintasten und (ENTER) drücken; Kontrollausdruck der Eingabe. Es werden nur ganze zwischen einschließlich Mindestladegewicht und 24 liegende Zahlen angenommen (Änderungen in Zeile 220 vornehmen).

10. Bei Anzeige "Unterschied t = _" Gewichtsabstufung in t eintasten und (ENTER) drücken; Kontrollausdruck der Eingabe. Es werden nur zwischen einschließlich 1 und 10 liegende ganze Zahlen angenommen. Allfällige Änderungen in Programmzeile 250 vornehmen. Es werden nur soviele Einzeltabellen gewichtsabgestuft ausgedruckt, als durch die Entfernungsabstufungen sowie Mindest- und Größtentfernung möglich sind; mehrfacher Zeilenvorschub.

11. Bei Anzeige "Neue Tab? ja 1 (ENTER) _" über die weitere Fortsetzung entscheiden:

    11.1. Weitere Frachttabelle berechnen: Beliebige Zahl eintasten, (ENTER) drücken und die neue Verarbeitung ab Punkt 3 aufnehmen.

    11.2. Berechnungen abschließen: (ENTER) ohne vorangehende Zahleneingabe drücken; die Anzeige verlöscht bis auf das Bereitschaftssymbol. Eine neue Verarbeitung kann in diesem Fall nur ab Punkt 1 aufgenommen werden.

```
*******************        Ausgangszahlen           Tabellen-Werte
* Fracht-Tabelle *     ----------------------    ******************
*******************
                       Frachtrate je km
                       DM            2.50         Entfernung  50 km
                       Mindestentfernung          Gew. t        DM/km
                       km              50         ----------------------
                       Hoechstentfernung            10          25.00
                       km              80           12          20.83
                       Entf.Unterschied             14          17.86
                       km              10           16          15.63
                       Mindestladegwicht            18          13.89
                       t               10           20          12.50
                       Hoechstladegewicht           22          11.36
                       t               24           24          10.42
                       Gew.Unterschied            ----------------------
                       t                2
```

```
Entfernung  60 km     Entfernung  70 km     Entfernung  80 km
Gew. t      DM/km     Gew. t      DM/km     Gew. t      DM/km
--------------------  --------------------  --------------------
   10       30.00        10       35.00        10       40.00
   12       25.00        12       29.17        12       33.33
   14       21.43        14       25.00        14       28.57
   16       18.75        16       21.88        16       25.00
   18       16.67        18       19.44        18       22.22
   20       15.00        20       17.50        20       20.00
   22       13.64        22       15.91        22       18.18
   24       12.50        24       14.58        24       16.67
--------------------  --------------------  --------------------
```

**Beispiel zu 3.14** Frachttabelle


## 3.15 Handelswarenkalkulation

Um keinen geschäftlichen Blindflug zu riskieren, bedarf es der Feststellung der Kosten für die Herstellung oder den Vertrieb von Produkten. Im Bereich einer reinen Handelstätigkeit gibt es die verschiedensten Voraussetzungen, eine Kostenrechnung und damit eine Kalkulation abzuwickeln. Kalkulationen im Handel sind aber trotz ihrer vielfältigen Formen leichter zu durchschauen, als dies in Produktionsbetrieben der Fall ist.

Das vorliegende Programm kann nur eine Möglichkeit von vielen darstellen. Es wurde eine Reihe von Kostenarten eingebaut. Ein findiger Kopf kann das vorliegende Programm leicht auf seinen eigenen Bedarf zuschneiden; fehlende Bausteine lassen sich ebenso leicht einbauen, wie überflüssige entfernt werden können.

Durch die eingebauten fixen Bezugskosten lassen sich losgrößenabhängige Kalkulationen ausführen (wie am Testbeispiel vorgeführt wird). Um den Vorgang leichter zu verstehen, wird das erste der beiden Beispiele ausführlich dargestellt. Aus dem Kalkulationsschema läßt sich dann auch leicht ein auf andere Weise aufgebautes ableiten und in entsprechende Programmänderungen umsetzen:

| Kostenart (Losgröße 1000 Stück) | DM/Stück |
|---|---|
| Listenpreis ab Lieferant | 50,00 |
| Preisnachlaß 20 % | − 10,00 |
| Frachtkosten 10 kg · 100/1000 | + 1,00 |
| Bezugskosten 500/1000 | + 0,50 |
| Lagerkosten fix | + 0,50 |
| Zwischensumme | 42,00 |
| Gemeinkostenzuschlag 10 % | + 4,20 |
| Einstandspreis | 46,20 |
| Rohaufschlag 50 % | + 23,10 |
| Verkaufspreis | 69,30 |

Das Programm bewältigt also nicht allein die Feststellung des Einstandspreises, sondern setzt zusätzlich auch den Verkaufspreis fest.

Als Teil eines umfangreicheren Programmes kann mit Hilfe der DATA-Anweisung und des Einbaues verschiedener Ausgangswerte eine vollautomatisch ablaufende Kalkulation vorgenommen werden, ohne daß nach jeder Kalkulation eine neue Eingabe erforderlich wird. Die Ausgangswerte stellen somit einen Teil des Programmes dar, der zu Beginn jeder neuen Verarbeitung in das Programm im Wege leicht durchführbarer Programmänderungen neu gestaltet wird.

Wegen der Vielfalt an Ein-/Ausgabeoperationen ist der Betrieb mit einem Drucker sinnvoller, es kann aber auch mit Hilfe der Anzeige gearbeitet werden.

## Speicherorganisation

A   — Rohaufschlag %
B   — Bezugskosten fix
E   — Losgröße Einheiten je Sendung
F   — Frachtkosten je Tonne
G   — Gemeinkostenzuschlag %
L   — Lagerkosten je Einheit
P   — Listenpreis je Einheit
R   — Preisnachlaß %
T   — Masse (Gewicht) je Einheit in kg
W   — Hilfsspeicher
Z   — Verarbeitungskennzeichen
EP  — Einstandspreis je Einheit
VP  — Verkaufspreis je Einheit

```
10: "HAWA": CLEAR :
    S$="Kalkulatio
    n ":T$="Handel
    swaren":U$="
    ":PRINT " ";S
    $;T$
20: Z=1: INPUT "Anz
    eige 1/Druck 2
    (ENTER)";Z: IF
    (Z<1)OR (Z>2)
    OR (Z-INT Z<>0
    )THEN 20
30: IF Z=2THEN 80
40: PRINT "(DEF)F:
    Frachtkosten
    p.T.";PRINT "(
    DEF)B: Bezugsk
    osten fix"
50: PRINT "(DEF)N:
    Preisnachlass
    %";PRINT "(DE
    F)L: Lagerkost
    en p.Eht"
60: PRINT "(DEF)K:
    Geimeinkosten
    %";PRINT "(DE
    F)C: Rohaufsch
    lag %"
70: PRINT "(DEF)A:
    Kalkulation";
    GOTO 140
80: LF 1:CSIZE 2:
    COLOR 0:GOSUB
    120:LPRINT U$;
    S$:LPRINT U$;T
    $:GOSUB 120:LF
    1:LPRINT "DEF
    Verarbeitung";
    GOSUB 130
90: LPRINT "F - Fr
    achtkosten"
95: LPRINT "B - Be
    zugskosten";
    LPRINT "N - Pr
    eisnachlass"
100:LPRINT "L - La
    gerkosten";
    LPRINT "G - Ge
    meinkosten";
    LPRINT "C - Ro
    haufschlag"
110:LPRINT "X - Ko
    stentabelle";
    LPRINT "A - Ka
    lkulation";
    GOSUB 130:
    GOSUB 140:LF 4
    :END
120:LPRINT "*****
    *************";
    RETURN
130:LPRINT "------
    ------------";
    RETURN
140:VL=1:GOSUB 190
    :VL=0: IF Z=1
    END
150: "X": IF Z=1END
160:LF 2:USING "##
    ########.##";
    LPRINT " Kost
    en-Tabelle";
    GOSUB 120:
    LPRINT "Fracht
    kosten p. T",F
```

```
170:LPRINT "Bezugs      erkosten p.Eht        =EP*(1+A/100)
    kosten fix",B:      =";L:GOTO 300     450:IF Z=1THEN 480
    LPRINT "Preisn   290:GOTO 280         455:LF 2:LPRINT "K
    ochlass %",R:    300:IF VL=0END          osten-Kalkulat
    LPRINT "Lagerk   310:"G":INPUT "Gem       ion":GOSUB 120
    osten p. Eht",       einkosten %=";   460:USING "#######
    L                    G:GOTO 330              ####.##";
180:LPRINT "Gemein   320:GOTO 310             LPRINT "Listen
    kosten %",G:     330:IF VL=0END           preis",P:
    LPRINT "Rohauf   340:"C":INPUT "Roh        LPRINT "Masse
    schlag %",A:         aufschlag %=";       kg",T:LPRINT "
    USING :LF 4:         A:GOTO 360           Losgroesse Eht
    END              350:GOTO 340             ",E
190:"F":INPUT "Fra   360:IF VL=0END       470:GOSUB 130:
    chtkosten p.T.   370:RETURN               LPRINT "Einsta
    =";F:GOTO 210    380:"A":INPUT "Lis       ndspreis",EP:
200:GOTO 190             tenpreis=";P:        LPRINT "Verkau
210:IF VL=0END           GOTO 400             fspreis",UP:
220:"B":INPUT "Bez   390:GOTO 380             USING :GOTO 49
    ugskosten fix=   400:INPUT "Masse k       0
    ";B:GOTO 240         g=";T:GOTO 420   480:PRINT "E-Preis
230:GOTO 220         410:GOTO 400             =";EP:PRINT "
240:IF VL=0END       420:INPUT "Losgroe       V-Preis =";UP
250:"N":INPUT "Pre       sse Eht=";E:     490.INPUT "Weiter?
    isnachlass %="       GOTO 440             nein 1(ENTER)
    ;R:GOTO 270      430:GOTO 420             ";W:GOTO 510
260:GOTO 250         440:EP=(P-P*R/100+   500:GOTO 380
270:IF VL=0END           T*F/1000+B/E+L   510:IF Z=2LF 4
280:"L":INPUT "Lag       )*(1+G/100):UP   520:END
```

**Programmlisting 3.15** Handelswarenkalkulation


## Bedienungsanleitung

1. Programm mit RUN (ENTER) oder RUN "HAWA" (ENTER) starten.

2. Kontrollanzeige "Kalkulation Handelswaren" mit (ENTER) löschen.

3. Bei Anzeige "Anzeige 1/Druck 2 (ENTER)_" über die weitere Fortsetzung entscheiden:

   3.1. Anzeige: 1 (ENTER) oder nur (ENTER) drücken und bei Punkt 4 fortsetzen.

   3.2. Druck: 2 (ENTER) drücken und nach Ausdruck einer kurzen Verarbeitungsanleitung bei Punkt 5 fortsetzen.

4. Anzeige der Verarbeitungshinweise, die jeweils mit (ENTER) abgerufen werden.

5. Sämtliche Eingaben werden von Punkt 1 kommend automatisch angesteuert; sie können aber auch im Sinne einer Variantenrechnung einzeln angewählt werden, worauf nach jeder Einspeicherung die Anzeige bis auf das Bereitschaftssymbol verlöscht.

   5.1. Nach Einzelanwahl mit (DEF) F bei Anzeige "Frachtkosten p.T. = _" Frachtkosten je Tonne eintasten und (ENTER) drücken.

5.2. Nach Einzelanwahl mit (DEF) B bei Anzeige "Bezugskosten fix = _" die festen Bezugskosten je Sendung eintasten und (ENTER) drücken.

5.3. Nach Einzelanwahl mit (DEF) N bei Anzeige "Preisnachlass % = _" Rabatt in Prozenten eintasten und (ENTER) drücken.

5.4. Nach Einzelanwahl mit (DEF) L bei Anzeige "Lagerkosten p.Eht = _" Wert für Lagerkosten je Mengeneinheit eintasten und (ENTER) drücken.

5.5. Nach Einzelanwahl mit (DEF) G bei Anzeige "Gemeinkosten % =_" Gemeinkostenzuschlag in % eintasten und (ENTER) drücken.

5.6. Nach Einzelanwahl mit (DEF) C bei Anzeige "Rohaufschlag % =_" Rohaufschlag in % eintasten und (ENTER) drücken.

5.7. Nach Eingabe derletzten Kostenart verlöscht die Anzeige bis auf das Bereitschaftssymbol. Die Auflistung der Grundkostenarten in Form einer Kostenartentabelle in Übereinstimmung mit dem Ausdruck des Testbeispiels kann auch gesondert mit (DEF) X angewählt werden; wird aber zu Beginn automatisch ausgegeben. Allerdings bleibt die Anwahl bei Verarbeitung über die Anzeige wirkungslos.

6. Eine Kalkulation mit (DEF) A anwählen.

7. Bei Anzeige "Listenpreis = _" Preis ab Lieferant in der gewählten Mengeneinheit eintasten und (ENTER) drücken.

8. Bei Anzeige "Masse kg = _" Gewicht der bezogenen Mengeneinheit in kg eintasten und (ENTER) drücken.

9. Bei Anzeige "Losgröße Eht = _" Umfang der Bestellung in Mengeneinheiten eintasten und (ENTER) drücken.

10. Daraufhin wird der Einstandspreis bei Betrieb über die Anzeige angezeigt, wobei auf die Anzeige des Verkaufspreises mit (ENTER) weitergeschaltet werden muß. Bei Betrieb eines Druckers werden zuerst die Ausgangswerte und dann die Ergebnisse ausgegeben.

11. Bei Anzeige "Weiter? nein 1 (ENTER)_" über die weitere Fortsetzung entscheiden:

    11.1. Kalkulation fortsetzen:

        11.1.1. Gleichartige Kostenvoraussetzungen: (ENTER) ohne vorangehende Zahleneingabe drücken und bei Punkt 7 fortsetzen.

        11.1.2. Geänderte Kostenvoraussetzungen: Einzeländerungen ab Punkt 5 oder völlige Neueingabe ab Punkt 1 vornehmen.

    11.2. Verarbeitung abschließen: Beliebige Zahl eintasten und (ENTER) drücken, worauf die Anzeige bis auf das Bereitschaftssymbol verlöscht. Auch hier kann analog zu Punkt 11.1.2 weitergearbeitet werden.


Der Einbau dieses Programms in eine umfangreichere Lösung, wie eingangs angedeutet, bedingt nicht nur die Vorgabe der Ausgangswerte in einer DATA-Liste, sondern auch die Entfernung der Verarbeitungsentscheidung nach Punkt 11 ab den Zeilen 49Ø und den Ersatz derselben durch eine Schleifenkonstruktion.

```
*****************
    Kalkulation
   Handelswaren            Kosten-Tabelle        Kosten-Kalkulation
*****************         *******************    *******************
                         Frachtkosten p. T      Listenpreis
DEF Verarbeitung              100.00                        50.00
-----------------        Bezugskosten fix       Masse kg
                             500.00                        10.00
F - Frachtkosten         Preisnachlass %        Losgroesse Eht
B - Bezugskosten             20.00                       1000.00
N - Preisnachlass        Lagerkosten p. Eht     -------------------
L - Lagerkosten              0.50               Einstandspreis
G - Gemeinkosten         Gemeinkosten %                     46.20
C - Rohaufschlag             10.00             Verkaufspreis
X - Kostentabelle        Rohaufschlag %                     69.30
A - Kalkulation              50.00
-----------------


                                                Kosten-Kalkulation
                                                *******************
                                                Listenpreis
                                                           50.00
Testbeispiele zu 3.15                           Masse kg
Handelswarenkalkulation                                    10.00
                                                Losgroesse Eht
                                                          5000.00
                                                -------------------
                                                Einstandspreis
                                                           45.76
                                                Verkaufspreis
                                                           68.64
```

# Nachwort

Wenn von Ihnen auch nicht alle der hier in der vorliegenden Sammlung zusammengefaßten Programme durchgearbeitet wurden, weil eben das eine oder andere nicht in Ihr Anwendungsgebiet gepaßt hat, so war doch aus den bearbeiteten Programmen heraus zu lesen, daß sich diese Programmsammlung von anderen schon allein durch die praxisbezogene Programmierung unterscheidet. Außerdem handelt es sich hier nicht um Programme, die unverändert und unbesehen zu betreiben sind, sondern um Lösungen, die zwar jede für sich, aber auch im Rahmen umfangreicherer Aufgabenstellungen ihren Dienst tun können. Auf die Beachtung entsprechender Schnittstellen zu anderen Problemkreisen wurde fallweise aufmerksam gemacht.

Demnach ist die vorliegende Sammlung nicht nur eine Summe von Einzelaufgaben, sondern eine lebendige, immer wieder veränderbare Reihe von Problemlösungen, die mit den eigenen zu bewältigenden Aufgaben mitwachsen kann.

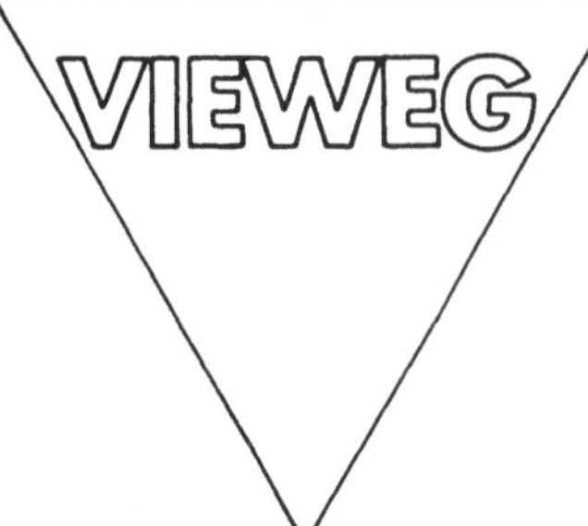


# Programmieren von Mikrocomputern

Band 10
Dietmar Herrmann

**Datenstrukturen in Pascal und BASIC**

Mit 12 Pascal- und 8 BASIC-Programmen. 1984. VI, 58 S.
16,2 X 22,9 cm. Br.

Inhalt: Aufzählungs- und Unterbereichstyp — Menge — Verbund — Feld — Liste — Stack — Schlange — Baum — Heap — Graph.

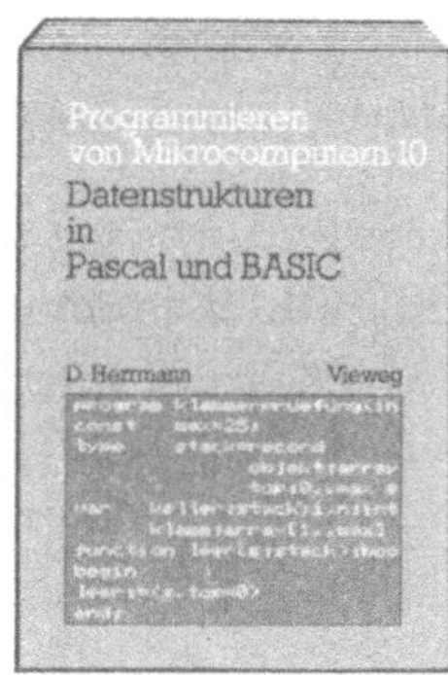

Band 11
Dietmar Herrmann

**Programmierprinzipien in BASIC und Pascal**

Mit 12 BASIC- und 13 Pascal-Programmen. 1984. VII, 59 S.
16,2 X 22,9 cm. Br.

Inhalt: Top-down-Methode — Algebraische Umformungen — Rekursion — Iteration — Backtracking-Verfahren — Teile- und Herrsche-Prinzip — Heuristische Methoden — Greedy-Methoden — Rückwärtsrechnen — Simulation.

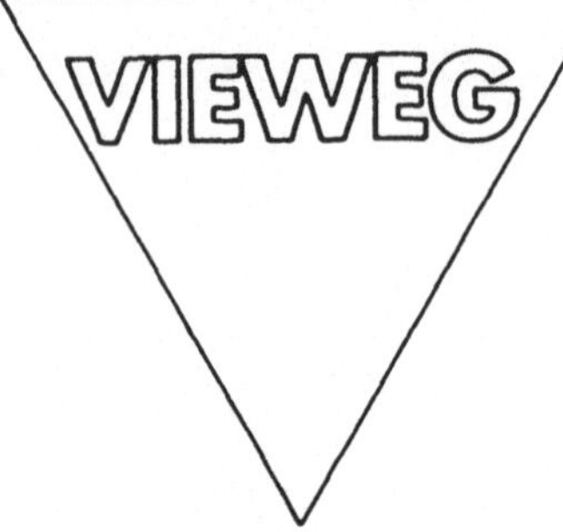


# Vieweg Programmbibliothek
# Mikrocomputer

Hrsg. von Harald Schumny

Band 7:

**PC-1500 Sammlung I**

Mathematik, Naturwissenschaft, Graphik, Spiele. 1984. VII, 102 S. mit 15 Progr. mit 1 Farbanhang. 16,2 X 22,9 cm. Br.

<u>Inhalt</u>: Mathematische Probleme — Naturwissenschaftliche Probleme — Graphische Darstellungen — Spiele — Farbanhang.

Band 9:

**PC-1500-Sammlung II**

Uhr, Kalender, Ranglisten, Testauswertungen, Notendurchschnitte, Geometrie, Zahlen. 1984. V, 71 S. mit 11. Progr. 16,2 X 22,9 cm. Br.

<u>Inhalt</u>: Datum und Uhrzeit — Kalender mit Wochennummern — Bewegliche Feiertage — Ranglisten — Testauswertungen — Notendurchschnitte — Dreiecksberechnungen — Quadrat, Rechtecke, Kreis, Ellipse I — Römische und arabische Zahlen — Zahlen — Periodische Dezimalbrüche.

Band 10:

**PC-1500 Sammlung III**

Schwingungsbilder, Graphische und perspektivische Darstellungen, Punktmatrix, Zählwerk-Zeit-Umrechnung, Räuber-Beute-Beziehung, Magische Quadrate, Würfeln, Zinsen und Tilgungsplan. 1984. V, 94 S. mit 12 Progr. mit 1. Farbanhang. 16,2 X 22,9 cm. Br.

<u>Inhalt</u>: Erzeugung von Lissajousschen Figuren — Schwingungsbilder — Graphische Darstellungen mit READ-DATA — Perspektivische Darstellungen — Punktmatrixanzeige — Simulation eines Fließgleichgewichts — Magische Quadrate — Würfeln mit Zufallszahlen — Zinsen und Tilgungsplan — 12 Programme mit Farbanhang.